唐代妇女的生命历程

姚平 著

的

**图书在版编目(CIP)数据**

唐代妇女的生命历程／（美）姚平著. —上海：上海古籍出版社，2020.5
ISBN 978-7-5325-9570-9

Ⅰ.①唐… Ⅱ.①姚… Ⅲ.①妇女－社会生活－研究－中国－唐代 Ⅳ.①D691.968

中国版本图书馆 CIP 数据核字(2020)第 062069 号

# 唐代妇女的生命历程

〔美〕姚 平 著
上海古籍出版社出版发行
（上海瑞金二路 272 号 邮政编码 200020）
(1) 网址：www.guji.com.cn
(2) E-mail：guji1@guji.com.cn
(3) 易文网网址：www.ewen.co
常熟人民印刷厂印刷
开本 890×1240 1/32 印张 13.75 插页 12 字数 281,000
2020 年 5 月第 1 版 2020 年 5 月第 1 次印刷
ISBN 978-7-5325-9570-9
K·2817 定价：78.00 元
如有质量问题,请与承印公司联系

1　单髻女立俑　唐天宝年间
　　陶质　高 40 厘米
　　西安东郊韩森寨出土
　　故宫博物院藏

2  簪花仕女图卷（局部一）  唐
绢本设色　纵 46 厘米　横 180 厘米
辽宁省博物馆藏

3  簪花仕女图卷（局部二）  唐

6　仕女　唐景云二年
陕西省乾县乾陵陪葬墓章怀太子墓后室东壁北侧
高 209 厘米　宽 208 厘米

7　女侍（观鸟捕蝉）　唐景云二年
陕西省乾县乾陵陪葬墓章怀太子墓后室西壁南侧
高 168 厘米　宽 175 厘米

8 净土变（局部）　唐

绢本设色　纵 137 厘米　横 101 厘米
大英博物馆藏
敦煌藏经洞发现

9 巾舞 唐显庆三年
陕西省长安县郭杜镇执失奉节墓墓室北壁
高 116 厘米 宽 70 厘米

10　女供养人　晚唐
敦煌 12 窟　西壁龛下
纵 77 厘米　横 114 厘米

11 女供养人 晚唐

敦煌 9 窟 东壁南侧下
纵 94 厘米 横 206 厘米

12　女坐俑　初唐
　　三彩釉陶　高 36.7 厘米
　　上海博物馆藏

13　女坐俑（局部二）　初唐

14 驰马女俑

三彩釉陶　通高 38 厘米　长 52 厘米
陕西省西安市西郊制药厂唐墓出土
陕西省西安市文物管理委员会藏

15　女乐俑　唐
陶质　高 19 厘米
湖南长沙近郊出土
湖南省博物馆藏

16　乐舞群俑（局部）　唐
陶质彩绘
故宫博物院藏

# 再版序

*伊沛霞*（Patricia Ebrey）

二十世纪九十年代，在美国，对中国妇女史或者说整个妇女史研究领域来说，都是一个令人振奋的年代，几乎每年都有多场不同规模或形式的讨论会，涉及中国文学中的妇女、女性的隔离、缠足、儒家与社会性别构建、社会性别与历史、家庭史和人口统计、中国艺术中的身体与面孔、社会性别与性等诸多主题。历史学家与人类学家在研究课题和方法方面互相批评借鉴；历史学家和研究文学艺术的学者之间也有诸多交流和讨论。很多来自中国的女研究生到美国之后首次接触到妇女史研究，基于对性别重要性的更清醒认识，她们成为这场重新审视中国历史、文化、社会的运动的最积极的参与者之一。

1990年姚平抵美之时，正值妇女史研究方兴未艾之际。当时我在伊利诺伊大学亚洲研究和历史系任教。姚平最早的专业是人类学。在她就读的第二年，她要求在我的指导下做一个中国妇女史的独立研究课题。我则建议她选上我春季学期的中国妇女史研究生课程。当时，关于清代以前妇女研究的英文著述寥寥无几。我们必须从回答最基本的问题开始：研究不同时期妇女的史料有哪些？时代变迁对妇女生活影响如何？与同时代世界其他社会相比，中国妇女的状况有何异同？如何避免五四时代对传统家庭制度的批判误导我们对史料的理解和运用？是否有可能协调我们从像《红楼梦》等小说中和从贞女节妇传中得到的有关妇女生活截然不同的观念与想法？我们课上使用的很多材料来自人类学家，其中几篇选自我刚与他人合编的《中国社会中的婚姻与不平等》（*Marriage and Inequality in Chinese Society*）。我当时还给学生们读了我关于宋代妇女和婚姻的专著《内闱》章节的草稿。因为姚平在复旦读硕士时的研究兴趣是西周，她为这门课写的期末论文也是有关这一朝代的。不久之后，当她决定转攻历史学博士时，我鼓励她选择一个稍后的、史料更加丰富的朝代作为新的研究重点。

自那以后的二十多年，姚平辛勤工作，逐渐扩展了我们对唐代妇女与社会性别的认知。她的博士论文（1997）深入考察了白居易（772—846）有关妇女与女性气质的论述。在博士毕业开始教学不久，姚平逐渐改变了研究方向，大大拓宽了她的史料基础。其成就之一是收集整理了几乎所有唐代妇女的墓志铭。在本书成书之时，这些墓志铭的数量大概是1500篇。姚平特别着眼于数据资料，因为对这些资料进行分析不仅可以显示男性作家记录了些什么，更重要的是它告诉我们唐代生活的某些具体情况：唐代男女何时结婚？其寿命几何？他们的墓志铭中通常包括多少子女？有唐一代这些数据有何变化？只要可能，姚平选择用数据说话，她避免泛泛地使用"有些妇女童年时就皈依佛教"之类的论述，而是选择告诉我们墓志铭中列举的尼姑在不同年龄段皈依的情况。

　　《唐代妇女的生命历程》是一本开山之作。它一方面反映了姚平对与社会性别有关的问题的深入思考，另一方面也代表了作者对文本诠释严肃认真的态度。因为只着眼于一个朝代，作者既可以考察历史变迁，又能同时兼顾社会阶层和宗教的差异。姚平在本书中不仅谨慎考量婚姻的法律、礼仪基础以及女性为人妻的生活，她同时把婚姻之外的女性（例如艺妓与尼姑女道）纳入讨论范畴。2018 年，为了纪念中国女性和社会性别研究期刊《男女》（*NAN NÜ Men, Women and Gender in China*）创刊二十周年，韩献博（Bret Hinsch）教授著文《十本改变我们对中国史看法的中文著作》（Ten Chinese Books That Changed Our View of Chinese History），《唐代妇女的生命历程》入选。韩教授认为，就提供有关唐代妇女的信息而言，没有任何其他著作可与之媲美。因此，本书再版可以说正当其时。

　　对执教者最大的奖赏是亲眼见证她的学生在教研方面成长成熟。在这个过程中我们唯一能做的是帮助他们有一个良好的开端，在那之后，每个学生须凭己之力，在错综复杂的学术界立足。过去的二十多年，姚平默默工作、锲而不舍，最终成为中国妇女史研究的带头人之一。对此，我由衷地感到欣慰。当然，我曾经给过她鼓励与建议，但她的成就是她自己长期努力、执着追求的结果。

2019 年 10 月

张聪 译

# 序 言

在中国历史上,唐代是一个非常有特色的时代,帝王的雄风,文人的张扬,佛道的兴盛,胡风的弥漫,都市的繁华,诗赋的辉煌……唐代在后人的心目中是多彩多姿的。唐代又是帝制中国从前期向后期转变的关键时期,土地私有化、经济重心和人口中心南移、进士集团在权力机构中占据优势、地方势力的扩张、学术思想的多元化……在历史学家看来,这些重大的历史转折都是在唐代发生的。

唐朝的这些特点对这一时代的妇女来说意味着什么呢? 唐代女性是如何在这个历史环境中度过她们的一生的呢? 本书旨在对唐代妇女的生活作一个多方位的观察,并通过这种观察来进一步丰富我们对唐代社会的理解。本书有四个着眼点:一、唐代规范性观念(normative concepts)对妇女生活的界定;二、妇女生活与唐代政治、社会、经济制度的关系;三、唐代妇女的自我标识(self-identity)以及影响她们的角色认同的因素;四、唐代妇女生活与唐代社会变迁的互动关系。本书的写作既得益于西方妇女史的研究成果,同时也是受到近年来中国唐史研究的启发的结果。

西方的妇女史(women's history)研究是与七十年代的女权主义

运动同时起步的,因此,早期的妇女史研究或注重于探讨历史中男女不平等的现象,或着眼于将妇女写入历史。1986 年,琼·斯科特(Joan Scott)提出,正如人种和阶级一样,历史研究应该把社会性别(gender)也作为历史分析的一个重要范畴,因为社会性别反映了某个历史阶段的规范性观念、社会制度和组织,以及自身标识的认同。[1] 自此,妇女史研究进入了一个新阶段:妇女史研究的目的不再仅仅局限于在史料中找妇女,而是旨在探索、理解、阐释妇女生活所反映的社会性别制度(gender institutions,如婚姻模式、家庭组合等),这些制度存在的原因及其特定的社会历史环境。从这个意义上来说,后现代历史研究不再把妇女看成是被动的角色,而是把她们看作创造历史的积极参与者(active participants)。近来,历史学家们又进一步强调,一个社会对社会性别的界定并不是一成不变的或单一的,因此,妇女史研究应注重观察和分析社会性别意义(gender meanings)在不同阶段和不同环境(contexts)中的重新演绎(re-interpretation)和争议(contestation)。[2]

西方妇女史研究为本书提供了一个总体研究方向,而国内近年来的唐史研究则为本书的写作提供了良好的基础和典范。以我之见,近来唐史研究的突破主要表现在三个方面。第一,在史料的运用

---

[1] 参见琼·W·斯科特(Joan W. Scott)《社会性别 —— 历史分析中的一个有用的范畴》(Gender: A useful category of Historical Analysis),载《美国历史评论》(American Historical Review)第 91 期(1986),第 1053—1075 页。

[2] 见约翰·涛须(John Tosh)《追求历史》(The Pursuit of History),朗门出版社(Longman)2002 年版,第 189 页。

上远远超越了对史籍文献的引据。与其他朝代相比,唐史研究的得
天独厚之处在于史料来源的丰富,而唐史专家们充分利用了这一优
势,近年来,以敦煌文稿[1]、吐鲁番文献、唐代墓志和考古发现为主
要史料来源的专题研究成绩尤为显著。[2] 第二,研究课题的选择已
完全摆脱了政治的影响而强调以再现历史真相为目的。近年来的唐
史研究有明显的多元化、细目化和科学化的趋向。张国刚先生曾将
八十年代以后的各个唐史研究领域总结为"制度史的钩沉索隐,政治
史的探幽发覆,经济史的推陈出新,社会史的异军突起,文化史的别
开生面"[3],这生动地反映了唐史研究在广度上的突破。第三,从实
态研究逐渐走向关系研究。唐代社会是一个有机体,它不仅有其自
身发展的特殊性,而且还是中国历史变迁中的一个重要环节,近来的
唐史研究非常注重探索特定历史现象与唐代社会本身的变化以及中
国社会长期的变迁过程的关系。以社会史为例,王晓丽《唐五代拟制
血亲研究》[4]、王楠《唐代女性在家族中的地位的变迁——对父权到
夫权转变的考察》[5],以及陈弱水《试探唐代妇女与本家的关系》[6]
等文通过探讨宗法制度在中国历史中确立—完善—动摇—瓦解的过
程及唐人对宗法制的理解来分析唐代的家庭和妇女的地位,反映了

[1] 参见郑阿财《二十世纪敦煌学的回顾与展望——中国大陆篇》,载《汉学研究通
　　讯》第19卷(2000)第2期。
[2] 参见张国刚《二十世纪隋唐五代史研究的回顾与展望》,载《历史研究》2001年第
　　2期。
[3] 同上。
[4] 载《中国社会历史评论》第一卷,1999年。
[5] 载《中国社会历史评论》第三卷,2001年。
[6] 载《"中研院"历史语言研究所集刊》第68本(1997)第1分。

唐史研究在深度上的突破。

　　除了引据史书、文集和敦煌文献外，本书最主要的史料来源是唐代墓志。本书之偏重墓志有三个原因。第一，从统计学的角度来看，墓志是价值最高的唐代史料。唐朝是中国历史上墓志最为繁多的一个时代，"皇族贵戚、达官显宦、一般官吏、庶民百姓、宫女尼姑、僧人道士，无不有墓志入葬"[1]。目前已整理出版的唐代墓志计有六千余篇，[2]其中一千五百余篇是为妇女撰写的，占墓志总数的四分之一强；为非士族成员撰写的墓志约为六百篇，占墓志总数的十分之一；此外，唐代的男性墓志也往往提到墓主的女性祖先和女性家庭成员，士族成员墓志中也有关于出身非士族的姻亲（如妾等）的情况。因此，虽然墓志所反映的人口抽样与唐代社会的实际人口组合差距甚远，但它是现有的唐代史料中最具有统计学意义的一种。

　　第二，唐墓志是唐朝时代特征的直接反映。唐人厚葬始于贞观前期，至开元、天宝之际尤盛。这自然是经济繁荣、社会安定、国势富强的一个结果，[3]也是中国古代事死如事生传统的延续，[4]但唐代厚葬之风行的一个更重要的原因是佛教对唐代社会的影响。虽然佛教一切皆空的真谛是针对现世的，但唐人似乎更愿意接受佛教中来

[1] 于平《中国历代墓志选编》，天津古籍出版社2000年版，第一册，第1页。
[2] 其中，周绍良、赵超《唐代墓志汇编》（上海古籍出版社1992年版，以下简称《汇编》）收有墓志3 543篇，周绍良、赵超《唐代墓志汇编续集》（上海古籍出版社2001年版，以下简称《续集》）收1 575篇，《全唐文》集墓志祭文925篇。不过，《全唐文》中有极一小部分墓志与《汇编》和《续集》重复。
[3] 参见李斌城、李锦绣、张泽咸等《隋唐五代社会生活史》，中国社会科学出版社1998年版，第285—290页。
[4] 参见牛志平《唐代婚丧》，西北大学出版社1996年版，第189—198页。

世的概念,而与佛教宗旨相悖的厚葬习俗则成了唐人为死者超度追福的手段之一。厚葬之风至唐末不衰,当与佛教的死后世界观有关,而为死者"勒镌盛迹"则是厚葬的重要环节之一。

唐代墓志的盛行也是与文人集团凭藉科举制而得以在权力体制中占据优势相关的。士族之家为了炫耀自己的地位和财富,往往以重金聘请著名文人为自己死去的亲属写墓志。比如,裴均死时,其子赠缣万段求志于韦处厚,称"宁饿不苟"。[1] 又如,开元年间的《唐故天水县君赵氏墓记》称,赵氏之夫王府君的铭文"是兵部郎中严识玄所造,其文词华丽,不可辄移",于是赵氏子女决定不另写合志,而只为赵氏撰写了一份简短的墓记。[2] 由于这种对著名文人所撰墓志的追求,墓志铭在唐代逐渐成为一种独立的文学体裁。文人们在编辑集子时往往将墓志铭与诗赋、文论、书信、游记等一视同仁,比如,白居易自编的《白氏文集》即专辟"墓志铭"类,收集了他撰写的 23 篇墓志,而刘禹锡编成的《柳河东集》中,收有柳宗元撰写的五十多篇墓志。

第三,唐墓志是探索唐代规范性观念和标识认同的难得的"原始材料"。在唐代,墓志的写作非常形式化,除了一些个人的细节(如出生、死亡、婚嫁、子女等)外,墓志对死者的描写多为歌功颂德的赞词。但是这些"理想化"的事迹和品德却十分集中地反映了一个时代的规范性观念和标识认同。比如,一个唐代的典范女性往往是"三岁知

---

[1]王谠《唐语林》,中华书局 1987 年版,第 25 页。
[2]《汇编》开元 496。

让,五岁知戒,七岁能女事,善笔札,读书通古"[1];笄年出嫁,"祇奉蒸尝,睦友娣姒,由中履顺,德礼无违"[2];为母时,"训女四德,示男六经"[3];"自丧所天,鞠育孤孺,屏弃人事,归依法门"[4];而"晚岁以禅诵自适"[5]。这些描述与其说是墓主生平的记录,还不如说是唐代社会对妇女在家庭中的角色的界定。此外,因为墓志铭的写作格式比较固定,这非常有助于我们探讨墓志内容所反映的唐代前后期在规范性观念、性别制度、角色认同等方面的变化及其原因。比如,唐代早期的"母训"多偏重于对儿子仕途的关心,而唐代中后期的"母训"则十分强调母亲们亲执诗书,诲而不倦,终使儿子进士及第的事迹。这一母亲角色和职责的变化反映了唐代权力结构从以旧士族集团为中心发展到以进士集团为中心的过程。

本书共分十章,分别探讨与唐代妇女生活关系最密切的三个方面:婚姻组合、夫妇关系及为人之母。

第一章讨论"笄年"一词在唐人观念中的生理意义和社会意义,女性初婚年龄及其在唐前后期的变化,唐代男性初婚年龄,以及墓志铭男女墓主初婚年龄记载中所反映的唐代社会性别观念。

第二章探讨婚姻组合的第一步——媒妁之言。本章的重点是:

---

[1]《唐郎州员外司户薛君妻崔氏墓志》,《续集》元和 075。
[2]《有唐卢氏故崔夫人墓铭并序》,《汇编》大中 128。
[3]《唐朝议郎行凤州司仓参军上柱国司马君夫人新安孙氏墓志铭并序》,《汇编》元和 153。
[4]《左骁翊卫翟君墓志铭》,《汇编》上元 039。
[5]《故衢州司士参军李君夫人河南独孤氏墓志铭并序》,《汇编》大历 052。

唐代佛教与婚姻命中注定观的关系,婚姻命中注定观与当色为婚习俗的交结,父母之命在婚姻组合中的重要性以及父母之命的种种变相,同僚为媒与唐政治体制的关系,望族间自为婚姻在唐前后期的不同特点,以及进士集团的崛起与唐代婚姻组合的变化的关系。

第三章考察唐代官僚体制的完备和文人势力的上升对婚姻契约的影响,唐代有关婚姻契约的法律所反映的父权观念,唐代社会对婚礼和庙见礼的通融态度,以及唐代表亲婚的特点等。

第四章考订唐代夫妇的平均婚龄、夫妇间的年龄差异、夫妇合葬比例,以及这些数据前后期变化的原因。此外,本章还强调,唐代社会有关夫妇关系的规范性观念以"和同琴瑟"[1]为中心,而与唐以前的"相敬如宾"的主题有较大的区别。

第五章探讨唐代夫妇关系之外的两性契约关系,所涉及的课题包括男性有家无"室"的状况,男性娶妾的目的,妾及其所生子女在社会和家庭中的地位,妻妾关系,以及妾子与正妻的关系等。

第六章考察唐代婚姻关系中的一个特殊形态——冥间婚姻。冥婚在上古被视为非礼,但它在唐代(特别是盛唐时期)却十分盛行。它反映了唐代经济的繁荣,唐代死后世界观的更新,以及唐代社会对男女之情的开放态度。

第七章研究传统家庭角色之外的女性——女妓、女尼、女冠,这些女性对自我标识和角色的认同过程,唐代政治、社会制度的变化对

[1] 见《唐故段氏妻李夫人墓志铭并序》,《汇编》乾封045。

她们生活的影响,以及她们在唐代社会中的地位和作用。

第八章探讨唐代母亲(包括继母)的社会和家庭地位,唐代社会关于母亲角色的规范性观念的特点,以及唐代进士集团的崛起对唐代母仪观的影响。

第九章分析墓志、敦煌文献、医书等资料中所反映的唐人有关怀孕和分娩的观念和实践。此外,它还通过对唐代男女性死亡年龄的比较来推测妇女因产而亡的现象以及它在唐代前后的变化。这一章的统计数据表明,战争、人口流动、经济困难使唐代育龄妇女成为最容易受到冲击的牺牲品。

第十章研究唐代社会在对子女态度上所反映出的家庭观念,唐代妇女平均生育率低下的原因,唐代的子女性别比,以及唐代社会有关继嗣的观念和实践中所反映出的宗法制度渐趋松懈的倾向。

# 目　录

# 图表目录

第一章

# 笄　年

初笄梦桃李，新妆应摽梅。

疑逐朝云去，翻随暮雨来。

杂佩含风响，丛花隔扇开。

姮娥对此夕，何用久裴回。

——郑世翼《看新婚》

## 笄年的定义

　　笄是头饰的意思，笄年表示女子已成年，到了可以结婚的时候了。《礼记·曲礼上》道："男子二十冠而字。父前子名，君前臣名。女子许嫁，笄而字。"按郑玄注，笄年当是十五岁。但《礼记·杂记下》提到："女虽未许嫁，年二十而笄，礼之。"可见"笄年"在上古时期也有通融的余地。《玄怪录》在描述古元之梦中的"和神国"时讲到，在这个唐人的理想国度里，"人生二男二女，为邻则世世为婚姻。笄年而嫁，二十而娶，人寿一百二十"。[1] 这里的笄年当是与《礼记·曲礼上》一致的。在唐代，另外一个十分通用的词是"摽梅"。"摽梅"来自《诗经·召南》中的《摽有梅》，是梅子成熟后掉在地上的意思，暗示女子在体质上已发育成人，可以为人之妻。唐代诗人郑世翼的《看新婚》曾同时用"笄年"与"摽梅"两词来形容一个初长成的女子：

————————
[1] 牛僧孺《玄怪录》卷3《古元之》。

初笄梦桃李,新妆应摽梅。

疑逐朝云去,翻随暮雨来。

杂佩含风响,丛花隔扇开。

姮娥对此夕,何用久裴回。[1]


　　唐墓志铭中"摽梅"一词很常见。如"年及摽梅,言归刘氏"[2],"爰应摽梅,作嫔王氏"[3],或"摽梅之岁,作嫔□门"[4]。墓志铭中也有同时用笄年和摽梅来表示女子年龄已至问名之时,体格也成熟到了可以生儿育女的时候了。如开元年间的《大唐都总监丞张公夫人吉氏墓志并序》在陈述吉氏初婚时写道:"肇自初笄,嫔于茂族,懿摽梅之节,宜尔室家。"[5]

　　在唐代文献中,"笄年"多指年龄,而不是指许嫁之时。如《本事诗》记载了一位已过笄年的多情女子与唐文人崔护的恋情:


　　博陵崔护,姿质甚美,而孤洁寡合。举进士下第。清明日,独游都城南,得居人庄。一亩之宫,而花木丛萃,寂若无人。扣门久之,有女子自门隙窥之,问曰:"谁耶?"以姓字对,曰:"寻春独行,酒渴求饮。"女入,以杯水至,开门设床命坐,独倚小桃斜柯伫立,而意属殊

---

[1]《全唐诗》卷38。

[2]《唐故郡君杨夫人墓志铭》,《汇编》贞观169。

[3]《大唐故云骑尉王府君及夫人魏氏墓志铭并序》,《汇编》龙朔005。

[4]《续集》元和043。

[5]《汇编》开元218。

厚，妖姿媚态，绰有余妍。崔以言挑之，不对，目注者久之。崔辞去，送至门，如不胜情而入。崔亦眷盼而归，嗣后绝不复至。

及来岁清明日，忽思之，情不可抑，径往寻之。门墙如故，而已锁扃之。因题诗于左扉曰："去年今日此门中，人面桃花相映红。人面只今何处云，桃花依旧笑春风。"

后数日，偶至都城南，复往寻之，闻其中有哭声，扣门问之，有老父出曰："君非崔护邪？"曰："是也。"又哭曰："君杀吾女。"护惊起，莫知所答。老父曰："吾女笄年知书，未适人。自去年以来，常恍惚若有所失。比日与之出，及归，见左扉有字，读之，入门而病，遂绝食数日而死。吾老矣，此女所以不嫁者，将求君子以托吾身，今不幸而殒，得非君杀之耶？"又特大哭。崔亦感恸，请入哭之。尚俨然在床。崔举其首，枕其股，哭而祝曰："某在斯，某在斯。"须臾开目，半日复活矣。父大喜，遂以女归之。[1]

从这位多情女子的父亲的口中我们得知，她虽已及"笄年"，但"未适人"，她的婚事因她父亲一心想找一位"君子"而被拖延下来。这个故事似乎暗示，及笄之年的女性在生理上已完全成熟，而人为的阻止是造成她们"若有所失"的主要原因。"笄年"一词在敦煌变文中也经常出现，基本上都是用来表示年龄的。如《敦煌变文集新书》中搜集了这样一首描写人生历程之苦的《左街僧录大师压座文》：

---

[1] 孟棨《本事诗·情感第一》。

三界众生多爱痴，致令烦恼镇相随。

改头换面无休日，死去生来没了期。

饶俊须遭更姓字，任奸终被变形仪。

直教心里分明著，合眼前程总不知。

假饶不被改形仪，得个人身多少时。

十月处胎添相貌，三年乳哺作婴儿。

宁无命向脐风榭，也有恩从撮口离。

子细思量争不怕，才生便有死相随。

设使身成童子儿，年登七八岁鬐双垂。

父怜编草竹为马，母惜胭腮黛染眉。

女即使闻周氏教，儿还教念百家诗。

算应未及甘罗贵，早被无常暗里追。

笄年弱冠又何移，渐渐颜高即可知。[1]

从墓志铭来看，"笄年"一词在魏晋南北朝的墓志中就已很通用。如《魏故李氏吴郡君之铭》中讲到吴氏"始自笄年，言归茂族"。[2] 在唐墓志铭中，笄年也多指年龄。比如，大和年间的《唐故荣阳郑氏女墓志铭并序》提到，墓志主郑氏女死时"春秋逾笄五年"，她虽"登及嫁之岁"，却"无适人之礼"。[3] 在咸通年间的《唐故太原王氏女墓铭》

---

[1] 潘重规《敦煌变文集新书》卷1，中国文化大学中文研究所1983年版。
[2] 赵超《汉魏南北朝墓志汇编》，天津古籍出版社1990年版，西魏1。
[3] 《汇编》大和089。

中，未婚的王氏"寿逾既笄三而终"。[1]龙朔年间的《大唐陇西王府侯司马故妻窦夫人之铭并序》庆幸窦氏在"逾笄之年"仍能"归于侯氏"。[2]而乾符年间的《唐故文林郎试左武卫兵曹参军彭城刘府君夫人太原王氏墓志铭并序》则有"虽逾笄，未议问名之处"之叹。[3]也有些墓志铭提到死者出嫁时年尚"未及笄"。[4]如开元年间的《大唐故汴州尉氏县尉杨府君夫人河南源氏墓志铭并序》叙述道，源氏"年未笄，适弘农杨氏"。[5]又如，开元年间的《大唐故刘夫人墓志铭并序》中的记载也表明笄年是年龄的标志而不是身份的标志：

　　（刘）夫人年犹髫龀，孑然孤立，凌风残焰，余生几何。荏苒岁时，寄形无地。笄年甫及，仪范卓然，贞婉俱修，容德齐举，名芬闺党，誉洽州乡。韦公聘焉，果为淑德。[6]

在这篇墓志中，刘夫人虽从小失去父母，但因为她"容德齐举"而在"笄年甫及"之际就被丈夫韦公聘娶。

　　不过，从另外一些唐墓志铭来看，如果死者许嫁时已超过 15

---

[1]《汇编》咸通 017。
[2]《汇编》龙朔 035。
[3]《汇编》乾符 030。
[4]如《汇编》开成 051；《续集》贞元 019，大和 007 等。
[5]《汇编》开元 531。
[6]《汇编》开元 228。

岁,作者仍会用"笄年"来表示她结婚时的年龄。比如,永贞年间的《唐故朝散大夫豪郢二州刺史上柱国卢府君夫人陇西李氏墓志铭并序》明确提到,李夫人嫁给卢家时已19岁。但作者随即赞扬她道:"肇自笄年,嫔于卢氏,孝慈具举,妇道克勤。"[1]长庆年间的《大唐洛阳县尉王师正故夫人河南房氏墓志铭并序》也讲到,房氏之父早亡,她的母亲卢氏在她16岁时,"字而笄之","许妻于"王师正。[2]再如,元和年间的《唐故府别将秦府君夫人太原王氏墓志之铭并序》记载道:

> 夫人王氏,笄年伉俪,以仕秦门,卅余年,妇礼不亏于孝道,守闺阃无越于母仪,令淑余芳,辉光内外,享年五十六。[3]

一般来说,如果一位妻子已婚三十八、九年,唐墓志铭往往称"事夫族"[4]四十年。如果王氏"享年五十六",而她婚龄是"卅余年"的话,那么,她结婚时应至少已过17岁。这种在女性已逾正常婚龄时以"笄年"为许嫁之年的倾向反映了唐人以女性身份标志取代女性生理标志的愿望。

---

[1]《汇编》永贞002。
[2]《汇编》长庆011。
[3]《汇编》元和107。
[4] 如《唐故江南西道都团练副使侍御史荥阳郑府君夫人清河崔氏权厝志铭并叙》,《续集》元和005。

唐墓志铭还常常用"弱笄"[1]"初笄"[2]"笄初"[3]"幼笄"[4]
"副笄"[5]"始笄"[6]或"笄年之始"[7]来强调墓主在初长成之际已
"令誉早闻"[8]，为名门望族争而聘之。比如，元和年间的《唐故任氏
夫人墓志铭并序》讲到，任氏"才及笄初，慕适君子，乃从龟筮娉嫡，即
故试太常卿李府君"。[9]从某种意义上来说，"弱笄""幼笄"等词与其
说是强调了墓主的年龄之幼，还不如说是强调了墓主为人之妇
之早。[10]

　　唐朝廷并没有对"笄年"作过任何界定，但总的来说，唐朝的法定
结婚年龄放得很低。初唐之际，朝廷为了恢复经济，大力鼓励婚嫁。
《新唐书·太宗本纪》记载，贞观初年，太宗"诏民男二十、女十五以上
无夫家者，州县以礼聘娶；贫不能自行者，乡里富人及亲戚资送

[1] 如《汇编》永徽130，乾封016，咸亨041。
[2] 如《汇编》显庆091，龙朔001、025、063、082，麟德012，乾封045，咸亨101，上元
011，天授022，延载008，圣历006、035，长安054，景龙003、049，景云013、021，先
天001，开元027、218、369、428，天宝030、120、128、163、164、219，乾元012，永泰
002，贞元127、137，元和086、092，大和033、067，大中067、095、141，咸通057、
078，乾符023，光启002；《续集》永淳003，开元103、109，乾元006，大历017，建中
005，贞元029，元和066，大和004，大中058，咸通018。
[3] 如《汇编》开元034，元和047。
[4] 如《汇编》永徽144。
[5] 如《汇编》显庆074。
[6] 如《汇编》显庆149，天宝216，大中008。
[7] 如《汇编》乾符018。
[8]《汇编》显庆019。
[9]《汇编》元和047。在所有这些强调笄年之始的词汇中，"初笄"的使用率最高，在
五十多篇墓志中出现。
[10] 在李斌城等《隋唐五代社会生活史》中，作者将笄年、登笄、既笄、逮笄、成笄、初
笄、始笄等大致推算为15岁；将及笄、弱笄、幼笄、将笄、近笄、副笄大致推算为14
岁。见《隋唐五代社会生活史》，第249页。

T1-1　唐开元二十年故郑州刺史源公（光俗）故夫人郑氏墓志铭（《汇编》开元349）

之"。[1] 到了盛唐时期，玄宗"诏男十五、女十三以上得嫁娶"。[2]

---

[1]《新唐书》卷2。
[2]《新唐书》卷51《食货一》。《唐会要》卷83《嫁娶》也有相同记载："二十二年二月
　　敕：男年十五、女年十三以上，听婚嫁。"

玄宗之后,唐朝廷并没有颁布过新的婚龄规定,想来"男十五、女十三"一直是唐人的法定结婚年龄。

## 唐代女性的实际结婚年龄

从墓志铭的材料来看,很多妇女,特别是望族的女性,在法定结婚年龄之前就已嫁人。比如景云年间的《大唐故万泉县主薛氏墓志铭并序》记载道,太平公主之女薛氏在 11 岁时已为人之妇:

> 县主姓薛氏,河东汾阴人,镇国太平长公主之第二女也。……县主禀淑真之灵,资瑰宝之粹;生而凝贵,幼则柔嘉;骞鸿龙之闲婉,穆芝蕙之贞秀。翠帷珠缀,彩丽韬华;兰膏铅泽,珍芳禰妙;色受神会,惠问发于初孩;目领心传,聪识扬于将笄。颂椒状柳之敏,遇律斯融;弹丝捻簧之妍,旋宫莫滞。年十一,有行于豆卢氏。[1]

而天宝年间的《大唐故监察御史赵郡李府君夫人博陵崔氏墓志铭并序》则反映了赵郡李与博陵崔两族中的早婚现象:

> 夫人博陵人也。崔氏之先,著在图谍,河鲂之喻,叹美诗人;雕龙

[1]《汇编》景云 006。

之作,擅名汉史。语姻族之家,共称齐大;叙少长之列,不为任齿。曾祖行功,秘书监;祖景,鄠县令;父仲容,醴泉丞:并垂裕多闻,象贤不乏。叔祖玄暐,神龙初,立大功于国,封博陵王。读班彪之文,汉德斯在;知绛侯之器,刘氏必安。由此,诸宗以博陵为称首矣。夫人幼而敏晤(悟),动识机微,气调精明,天与淑顺。七岁读女史,十一就妇功。岂织纴组紃,不废事业;将前言往行,以成规矩。秦晋匹也,归我府君焉。[1]

在唐代,女性早婚并不少见。在 1 560 篇唐女性墓志铭中,有 1 230 篇的死者为已婚妇女,其中提到女性婚姻年龄的共有 299 篇(见表 1.1"唐女性墓志状况",图 1.1"唐代女性婚姻状况")。

表 1.1　唐女性墓志状况

| 女性墓志总数 | 1 560 | 在女性墓志总数中的比例 |
|---|---|---|
| 提及出嫁年龄 | 299 | 19.17% |
| 已婚但出嫁年龄不详* | 931 | 59.68% |
| 婚姻状况不详 | 47 | 3.01% |
| 未婚女性** | 146 | 9.36% |
| 宫廷妇女 | 128 | 8.21% |
| 女妓 | 9 | 0.58% |

* 已婚女性包括妻、妾、外妇。
** 未婚女性包括女尼、女冠。

[1]《汇编》天宝 197。

在这 299 篇墓志铭中,共有 7 篇提到墓主在 11 岁时结了婚,[1]有 3
篇提到结婚年龄在 12 岁。[2] 此外,在笄年以前结婚的墓志铭实例
就更多:结婚年龄在 13 岁的共有 14 个[3],14 岁的共有 24 个[4]
(见图 1.2"唐代女性在笄年前出嫁的比例")。由此推算,唐代女性在
笄年前出嫁约占总数的 16%。

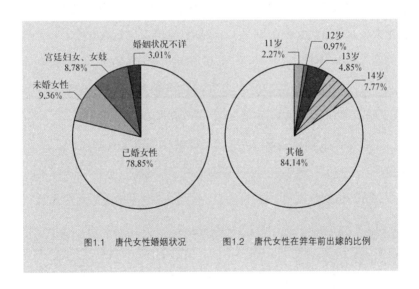

图1.1　唐代女性婚姻状况　　　图1.2　唐代女性在笄年前出嫁的比例

[1] 如《汇编》景云 006,天宝 197,元和 76;《续集》永徽 045,开元 064,元和 044;以及
　　《全唐文》卷 438。
[2] 如《汇编》天宝 103,贞元 106;《续集》麟德 001。
[3] 如《汇编》天宝 018,长寿 005,开元 181、276、326、349,贞元 121,开成 017,大中
　　061;《续集》开元 040,大历 013,大和 039;以及《全唐文》卷 591、卷 639。
[4] 如《汇编》开明 001,贞观 079,显庆 126,垂拱 037,万岁登封 005,开元 073,天宝
　　097,贞元 005,开成 045,会昌 048,大中 083、157,光启 001;《续集》贞观 001,龙朔
　　011,永隆 002,天宝 052,贞元 031;以及《全唐文》卷 216、卷 257、卷 391、卷 738、卷
　　789。

　　在 299 份记录出嫁年龄的墓志铭的基础上计算出来的唐代妇女的平均结婚年龄为 17.6 岁[1]，这与古代史中其他时期的女性初婚年龄相差不远。比如，据薛瑞泽先生的研究，三国时期的女性初婚年龄是 17 岁[2]；据伊沛霞(Patricia Ebrey)的研究，宋代贵族妇女的初婚年龄在 19 岁左右[3]；据泰德·泰尔福德(Ted A. Telford)的统计，清代妇女的初婚年龄平均在 17 至 18 岁间[4]。从墓志来分析，绝大多数的唐代女性在 20 岁以前结婚(见图 1.3"记载女性出嫁年龄的墓志状况")，其中在 15 岁至 16 岁时结婚的最多，约占总数的 27%；17 至 18 岁间结婚的占 23%，而 19 至 20 岁间结婚的占 17%(见图 1.4"唐代女性 15 岁至 20 岁间结婚的比例")。[5]

　　唐墓志铭中 19 岁和 20 岁的出嫁的比例似乎有些异常。在 51 份这一年龄段的墓志中，36 位墓主是 19 岁出嫁的，而 20 岁出嫁的只有 15 位，也就是说 19 岁结婚的女性几乎是 20 岁结婚的女性人数的

[1] 费省在他的专著《唐代人口地理》中曾对唐代妇女平均结婚年龄作过统计，他认为唐代妇女的初婚年龄当在 18.3 岁。见《唐代人口地理》，西北大学出版社，1996 年版，第 75—78 页。
[2] 薛瑞泽《魏晋南北朝婚龄考》，载《许昌师专学报》1993 年 2 期。
[3] 伊沛霞《内闱：宋代妇女的婚姻和生活》(The inner quarters：marriage and the lives of Chinese women in the Sung period)，加利福尼亚大学出版社 (University of California Press) 1993 年版，第 74 页。
[4] 泰尔福德《清代中国的家庭与国家——桐城氏族的婚姻，1650—1880》(Family and state in Qing China：marriage in the Tongcheng lineage，1650‑1880)，收于"中研院"近代史研究所编《中国近代史中的家庭程序与政治程序》(Family process and political process in modern Chinese history)，第二卷，"中研院"近代史研究所 1992 年版，第 926 页。
[5] 据伊沛霞的研究，宋代贵族妇女在 16‑17 岁间结婚的占 25%，18—19 岁间结婚的占 29%，20—21 岁间结婚的占 18%。见《内闱：宋代妇女的婚姻和生活》，第 75 页。

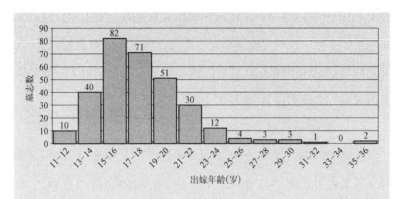

图1.3 记载女性出嫁年龄的墓志状况

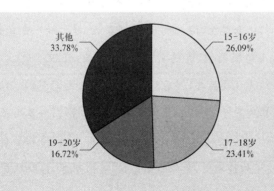

图1.4 唐代女性15岁至20岁间结婚的比例

2.5倍。很可能,唐人认为女子过二十才出嫁有失体面,所以匆匆地把女儿在20岁前嫁出去。另一个可能,是作者在写墓志铭时窜改结婚年龄。这种以晚嫁为耻的心态在墓志铭中是随处可见的,如在贞元年间的《唐故清河张氏女殇墓志铭并序》中,作者颇用了一番笔墨来解释为什么张氏在19岁去世之前还没有成亲:

> 女殇,韦出也。慕道受箓,因名容成。丁太夫人忧,号泣过礼,哀瘵成疾。疾不至病,不废行步。贞元十七年岁次辛巳十二月四日,奄然而终,时年一十有九……若而人立性禀识,婉嬺柔闲有德礼,贤和仁孝,聪慧具美,如是信而不诬,若夫幼不戏弄,立而雅正,非德欤?生知谨敬,动合法度,非礼欤?家君三子,唯是一女,爱念所钟,罕有其俦,若而人恭谦益隆,非贤欤?动静不怫于理,喜愠莫见于色,非和欤?性命之间,必念其生,闻人疾苦,若在于己,非仁欤?先太夫人寝疾累年,若而人侍膳则饱,进药则效,暨乎艰凶,哀毁不胜,非孝欤?讽诵诗书,必赜先儒之旨趣,博通艺能,皆出常人之闾阎,非聪欤?立事必适时宜,悟理在于言下,非惠欤?然其淑顺明敏,触类而长,不可殚纪,以是家君与夫诸兄,常奇此女,欲与贤人,前后致聘多矣,视之率非其匹。由是依违之间,竟使簪佩无归,追恨所深,痛断肌骨,向使得之良士,为之嘉偶,必能传妇则母仪于当世,书清规令范于彤管。[1]

[1]《汇编》贞元112。

这篇墓志称,清河张氏女人品才华出众,为父亲和诸兄所钟爱。虽然
"前后致聘多矣",但家人都认为"非其匹",以至逾笄四年尚未得婚
配。开成年间的《唐工部尚书杜公长女墓志铭并序》的墓主是工部尚
书杜悰和歧阳公主的女儿,她死于开成五年(840),时年23岁。据作
者解释,杜尚书"比常话于宾友间,意者求贤以配之",但因为杜公"望
高天下,宗族当今我大,凡谓甲门清才,求之未许嫁",杜氏女的婚事
就被耽搁了下来。[1]

　　正如《清河张氏女殇墓志铭并序》和《唐工部尚书杜公长女墓志
铭并序》所记载的,在唐代,即使是出身于大族,因种种原因而过了笄
年才出嫁的也是为数不少,甚至还有未及嫁而早亡的。比如咸通年
间出身于弘农杨氏的杨慧乃是"皇朝监察御史据之长女",她的家族
"自侍御已上至汉太尉震,世称令德,不足复陈"。在"及笄之年",杨
慧已"动止语默合礼,奉上爱下,唯顺兼仁,早念诗,习女诫,各得旨
焉"。家人正盼着她能"配贤良而福他族",没想到她的父亲去世了,
致使她因"家事孤危,未及配俪"。咸通十二年(871),杨慧年二十,因
病死去。[2] 也有些家族似乎还因担心自己的女儿或姊妹不够体面,
有意耽搁她们的婚事。如在开成年间的《我伯父唐故太子通事舍人
赵府君夫人南阳张氏玄堂记》中,作者称,张氏"有女一人",但"神气
不足",故"无堪从人"。[3]

[1]《续集》开成 026。
[2]《唐弘农杨氏殇女墓铭》,《汇编》咸通 103。在《崔氏亡室李夫人墓志》中,李氏也
　　因"及笄之齿,执别驾府君之丧"而到19岁才出嫁。见《续集》咸通 003。
[3]《汇编》开成 052。

　　出嫁年龄最不正常的是皇室的公主们。比如,文宗皇帝第四女宁朗公主于"咸通七年八月廿九日薨,时年四十",她"上升方期于感凤,下嫁未及于乘龙"[1],不知是何原因。而高宗的女儿义阳公主和宣城公主的婚姻则因为武后对她们的母亲的憎恨而被一拖再拖。《大唐新语》记载道:

　　先是,义阳、宣城二公主以母得罪,幽于掖庭,垂三十年不嫁。孝敬(帝)见之惊悯,遽奏出降。又请以沙苑地分借贫人。诏皆许之。则天大怒,即日以卫士二人配二公主。[2]

　　白居易曾提到过两个婚姻逾期的原因,第一个原因是家庭贫穷。《议婚》一诗即描写了初婚年龄与家庭背景之间的关系:

天下无正声,悦耳即为娱。

人间无正色,悦目即为姝。

颜色非相远,贫富则有殊。

贫为时所弃,富为时所趋。

红楼富家女,金缕绣罗襦。

见人不敛手,娇痴二八初。

母兄未开口,已嫁不须臾。

————————

[1]《唐故朗宁公主墓志铭并序》,《续集》咸通045。

[2]刘肃《大唐新语》卷12。

绿窗贫家女，寂寞二十余。

荆钗不直钱，衣上无真珠。

几回人欲聘，临日又踟蹰。

主人会良媒，置酒满玉壶。

四座且勿饮，听我歌两途。

富家女易嫁，嫁早轻其夫。

贫家女难嫁，嫁晚孝于姑。

闻君欲娶妇，娶妇意何如。[1]

　　白居易提到的另一个原因是社会动荡。他写道："三十男有室，二十妇有归。近代多离乱，婚姻多过期。"[2]因为死后有墓志铭的妇女多出于贵族之家或平民中家境较好者，所以基于墓志铭的统计数很难反映出经济状况对婚姻年龄的影响。可以想象，唐代女子的实际出嫁年龄会比墓志铭中的平均年龄（17.6岁）还要高些。但是从墓志铭中我们确实可以看出白居易提出的社会动荡对结婚年龄的影响。比如，超常的晚婚多集中在唐朝中后期，而且唐代女子出嫁的平均年龄也随着唐朝历史的演变而逐渐上升。又如，安史之乱对女性初婚年龄也有明显的影响，安史之乱后的二十年间（761—780），女性初婚年龄比安史之乱之前（741—760）的女性初婚年龄晚1.8岁（见

─────────

［1］朱金城《白居易集笺校》，第80—82页。
［2］同上，第99页。

表1.2"墓志所见唐女性平均出嫁年龄";图1.5"唐代女性出嫁年龄的变化")。

表1.2　墓志所见唐女性平均出嫁年龄

| 死亡年代 | 平均出嫁年龄 | 墓志铭数 |
|---|---|---|
| 617—640 | 15.71 | 7 |
| 641—660 | 16.70 | 27 |
| 661—680 | 16.47 | 17 |
| 681—700 | 16.14 | 21 |
| 701—720 | 17.30 | 27 |
| 721—740 | 16.77 | 22 |
| 741—760 | 16.92 | 24 |
| 761—780 | 18.75 | 16 |
| 781—800 | 16.12 | 17 |
| 801—820 | 18.00 | 34 |
| 821—840 | 18.13 | 23 |
| 841—860 | 19.73 | 33 |
| 861—880 | 19.35 | 26 |
| 881—891 | 17.33 | 3 |

注：本表以二十年为一单位，以图探索代与代之间的变化。又，在299份记载女子出嫁年龄的墓志铭中，有2份墓志未提及死者死亡年份。

如果说"笄年"一词具有女性生理成熟和许为人妇两重意义的话，"冠年"一词与男性在婚姻和家庭中的角色却没有什么关系。《礼记·曲礼上》称"男子二十冠而字。父前子名，君前臣名"，可见在中国古代男子成人礼的真正涵义在于立业，而不在于成家。同样的，唐代墓志铭常常通篇记载男性死者的官宦生涯，对他们的婚姻则轻描淡写，一笔带过。可想而知，记录男性结婚年龄的墓志铭寥寥无几。在4 478篇男性墓志铭中，1 599篇墓志根本就没有涉及墓主的婚姻

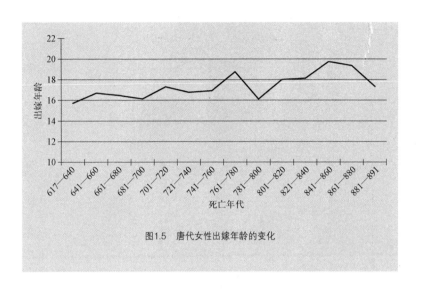

图1.5 唐代女性出嫁年龄的变化

状况,284篇墓志提到墓主尚未婚娶,记载墓主婚姻状况的墓志铭有2 579篇,而明确记载墓主结婚年龄墓志铭竟只有16篇(见表1.3"唐男性墓志状况",图1.6"唐男性墓志中提及婚姻的比例")。

表1.3 唐男性墓志状况

| 男性墓志总数 | 4 478 | 在男性墓志总数中的比例 |
| --- | --- | --- |
| 提及婚姻的墓志 | 2 579 | 57.6% |
| 未提及结婚的墓志 | 1 599 | 35.7% |
| 未婚男性墓志 | 284 | 6.34% |
| 提及结婚年龄的墓志 | 16 | 0.36% |

在16篇记载男性娶妻年龄墓志的基础上求出的平均值是26.1岁,但是0.36%的比例并不具有统计学价值,所以我们很难就此断定

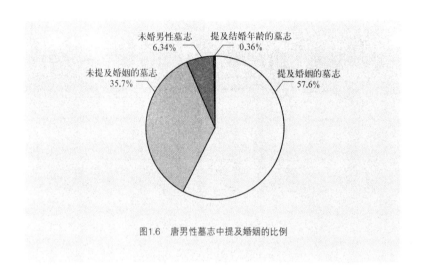

图1.6　唐男性墓志中提及婚姻的比例

唐代男性的实际结婚年龄是在26岁左右,而在这些墓志的基础上来看唐代男性婚姻年龄的变化也就更不可能了。

　　唐代其他文献史料中有关男性结婚年龄的例子也不多,可以找到的记载反而都是一些特殊的例子。比如,《酉阳杂俎》中讲到,贞元中,望苑驿西有百姓王申,家在路边。夏天时,王申"常馈浆水于行人"。一天,路上有一女子求水,王申夫妇留下她做帮工。久而久之,夫妇两人喜欢上了她,便为他们十三岁的儿子向她求亲。[1]从《大唐新语》中关于李知白的记载中,我们隐约感受到唐代社会对男性早婚现象的反对态度:

---

［1］段成式《酉阳杂俎·支诺皋中》。

李知白为侍中,子弟才总角而婚名族,识者非之:"宰相当存久远,敦风俗,奈何为促薄之事耶!"[1]

在唐代,男性的性生活或生儿育女与结婚与否并不是同一概念的事,不结婚也可以访妓女、有家小。[2] 所以,唐代的文人和贵族正式娶妻的年龄并不很早,比如白居易在 807 年娶杨氏时就已过三十五岁。《南部新书》记载了这样一个有趣的男性晚婚的故事:

卢家有子弟,年已暮而犹为校书郎,晚娶崔氏子。崔有词翰,结缡之后,微有慊色。卢因请诗以述怀为戏,崔立成诗曰:"不怨卢郎年纪大,不怨卢郎官职卑。自恨妾身生较晚,不见卢郎年少时。"[3]

唐人对笄年与冠年的不同态度,反映了唐代社会对男女性别及其角色的不同界定:笄年是女性的家庭角色变化的标志,而冠年则是男性的社会角色变化的预示。

---

[1] 刘肃《大唐新语》卷 11。
[2] 详见第五章第一节"有家无妻的男性"。
[3] 钱易《南部新书》,《丛书集成初编》第 2847 卷。

第二章

# 媒妁之言

丈夫生而愿为之有室，女子生而愿为之有家；父母之心，人皆有之。

不待父母之命、媒妁之言，钻穴隙相窥，逾墙相从，则父母国人皆贱之。

——《孟子·滕文公下》

## 《定婚店》的安排

　　杜陵韦固,少孤,思早娶妇,多歧,求婚必无成而罢。元和二年,将游清河,旅次宋城南店。客有以前清河司马潘昉女见议者,来日先明期于店西龙兴寺门。固以求之意切,旦往焉,斜月尚明。有老人倚布囊,坐于阶上,向月检书。固步觇之,不识其字;暨非虫篆八分科斗之势,又非梵书。因问曰:"老父所寻者何书? 固少小苦学,世间之字,自谓无不识者,西国梵字,亦能读之,唯此书目所未觌,如何?"老人笑曰:"此非世间书,君因何得见?"固曰:"非世间书则何也?"曰:"幽冥之书。"固曰:"幽冥之人,何以到此?"曰:"君行自早,非某不当来也。凡幽吏皆掌生人之事,掌人可不行冥中乎? 今道途之行,人鬼各半,自不辨尔。"固曰:"然则君又何掌?"曰:"天下之婚牍耳。"固喜曰:"固少孤,常愿早娶,以广胤嗣。尔来十年,多方求之,竟不遂意。今者,人有期此,与议潘司马女,可以成乎?"曰:"未也。命苟未合,虽降衣缨而求屠博,尚不可得,况郡佐乎? 君之妇,适三岁矣。年十七,当入君门。"固问:"囊中何物?"曰:"赤绳子耳,以系夫妻之足。及其生,则潜用相系,虽仇敌之家,贵贱悬隔,天涯从宦,吴楚异乡,此绳一系,终不可逭。君之脚已系于彼矣,他求何益?"曰:"固妻安在?其家何为?"曰:"此店北卖菜陈婆女耳。"固曰:"可见乎?"曰:"陈尝抱来,鬻菜于市。能随我行,当即示君。"

及明,所期不至。老人卷书揭囊而行。固逐之,入菜市。有眇妪,抱三岁女来,弊陋亦甚。老人指曰:"此君之妻也。"固怒曰:"杀之可乎?"老人曰:"此人命当食天禄,因子而食邑,庸可杀乎?"老人遂隐。固骂曰:"老鬼妖妄如此!吾士大夫之家,娶妇必敌,苟不能娶,即声伎之美者,或援立之,奈何婚眇妪之陋女?"磨一小刀子,付其奴曰:"汝素干事,能为我杀彼女,赐汝万钱。"奴曰:"诺。"明日,袖刀入菜行中,于众中刺之而走。一市纷扰,固与奴奔走获免。问奴曰:"所刺中否?"曰:"初刺其心,不幸才中眉间。"尔后固屡求婚,终无所遂。

又十四年,以父荫参相州军。刺史王泰俾摄司户掾,专鞫词狱,以为能,因妻以其女,可年十六七,容色华丽。固称惬之极。然其眉间常贴一花子,虽沐浴寝处,未尝暂去。岁余,固讶之,忽忆昔日奴道中眉间之说,因逼问之。妻潸然曰:"妾郡守之犹子也,非其女也。畴昔父曾宰宋城,终其官。时妾在襁褓,母兄次殁,唯一庄在宋城南,与乳母陈氏居,去店近,鬻蔬以给朝夕。陈氏怜小,不忍暂弃。三岁时,抱行市中,为狂贼所刺,刀痕尚在,故以花子覆之。七八年前,叔从事卢龙,遂得在左右,仁念以为女嫁君耳。"固曰:"陈氏眇乎?"曰:"然。何以知之?"固曰:"所刺者固也。"乃曰:"奇也!命也!"因尽言之,相敬愈极。后生男鲲,为雁门太守,封太原郡太夫人。乃知阴骘之定,不可变也。

宋城宰闻之,题其店曰"定婚店"。[1]

《定婚店》录于李复言的《续玄怪录》,当成文于元和二年(828)之后。细细读来,它似乎包涵了唐代婚姻的许多特征,而其中最重要的是强调婚姻乃命中注定。从上古至唐,中国人的婚姻观念非常务实,很少去思考婚姻背后超现实的东西。上古时代虽有高禖崇拜,但其主要内容是"祈孕妊"。[2]高禖为上古人择偶提供了机会和动力,但他/她并不对人间的婚姻做出事先的安排。《诗经·大雅·文王之什·大明》曾赞美周文王与太姒的天命作合[3],不过,这篇颂诗与其说是反映了对周文王与太姒前世命定婚姻的赞扬,不如说是对周文王天命在身的强调。婚姻在生前已定,而且在身后也应持续(如合葬和冥婚)的观念是唐朝时才盛行起来的[4],而这种婚姻乃命中注定

―――――――――

[1]李复言《续玄怪录》卷4。
[2]蔡邕《月令章句》。
[3]《诗经·大雅·文王之什·大明》全诗如下:
　　　明明在下,赫赫在上。天难忱斯,不易维王。天位殷适,使不挟四方。挚仲氏任,自彼殷商。来嫁于周,曰嫔于京。乃及王季,维德之行。大任有身,生此文王。维此文王,小心翼翼。昭事上帝,聿怀多福。厥德不回,以受方国。天监在下,有命既集。文王初载,天作之合。在洽之阳,在渭之涘。文王嘉止,大邦有子。大邦有子,伣天之妹。文定厥祥,亲迎于渭。造舟为梁,不显其光。有命自天,命此文王。于周于京,缵女维莘。长子维行,笃生武王。保右命尔,燮伐大商。殷商之旅,其会如林。矢于牧野,维予侯兴。上帝临女,无贰尔心。牧野洋洋,檀车煌煌。驷騵彭彭,维师尚父。时维鹰扬,凉彼武王。肆伐大商,会朝清明。
[4]参见牛志平《唐代婚丧》,西北大学出版社1996年版,第34―39页。

的观念在《定婚店》中表现得最为淋漓尽致。[1] 在这篇故事中,月下老人称,人出生时,即已被一根红绳系住了脚。"虽仇敌之家,贵贱悬隔,天涯从宦,吴楚异乡,此绳一系,终不可逃。"韦固人为的力量显然是不能与"命"抗争的,因此连"素干事"的韦固奴仆也会在"命"前失手,致使幼年的韦妻得以活命而最终嫁给韦固。有意思的是,虽然唐代社会很"认命",但人们还是希望婚姻的最终结局符合社会公认的规则:当色为婚。比如,韦固因嫌他未来的妻子是"眇妪"之女而且"弊陋"不堪而生了歹念,但他结婚时,他的妻子不仅已长得"容色华丽",而且还出身高贵。《定婚店》借其妻之口强调说,她的父亲曾"宰宋城",而且"终其官"。

婚姻乃命中注定也是唐人作品《张老》的主题。这篇故事讲到:

张老者,扬州六合人,园叟也。其邻有韦恕者,梁天监中自扬州曹秩满,有长女,既笄,召里中媒媪,令访良才。张老闻之,喜而候媒于韦门。媪出,张老固延入,且备酒食。酒阑,谓媪曰:"闻韦氏有女,将适人,求良才于媪,有之乎?"曰:"然。"曰:"某诚衰迈,灌园之业,亦

[1] 另外一个与月老相似的媒人角色,氤氲大使,大概也是唐代的产品。他最早出现在宋朝的文字记载中。陶谷的《清异录·仙宗》记载道:
朱起,家居伯氏虞部,有女奴宠宠,艳秀明慧。起甚留意,而种种阻碍。一日,恍惚至郊外,逢青巾担筇杖药篮者,熟视起,曰:"郎君有急,直言,吾能济。"起以宠事诉青巾。青巾笑曰:"世人阴阳之契,有缱绻司总统,其长官号氤氲大使。诸凤缘冥数当合者,须驾鸯鹣乃成。虽伉俪之正,婢妾之微,卖笑之略,偷期之秘,仙凡交会,华戎配接,率由一道焉。

可衣食。幸为求之,事成厚谢。"媪大骂而去。他日又邀媪,媪曰:"叟
何不自度,岂有衣冠女子,肯嫁园叟耶? 此家诚贫,士大夫家之敌者
不少。顾叟非匹,吾安能为叟一杯酒,乃取辱于韦氏!"叟固曰:"强为
吾一言之。言不从,即吾命也。"媪不得已,冒责而入言之。韦氏大怒
曰:"媪以我贫,轻我乃如是! 且韦家焉有此事? 况园叟何人,敢发此
议! 叟固不足责,媪何无别之甚耶?"媪曰:"诚非所宜言,为叟所逼,
不得不达其意。"韦怒曰:"为吾报之,今日内得五百缗则可。"媪出以
告,张老乃曰:"诺。"未几,车载纳于韦氏。诸韦大惊曰:"前言戏之
耳。且此翁为园,何以致此? 吾度其必无而言之。今不移时而钱到,
当如之何?"乃使人潜候其女,女亦不恨。乃曰:"此固命乎!"遂
许之。[1]

　　《张老》的故事如果是到此为止,可以说是"婚姻命中注定"观的
最佳例证。但是,唐代社会似乎对现世标准的"美满姻缘"更感兴趣。
《张老》的作者告诉我们,韦恕为女儿嫁给了一个又老又丑的园叟而
深感羞愧,又受不了舆论的压力,便婉言将张老和韦女赶走了。后
来,韦恕"念其女","令长男义方访之",方知张老与韦女生活在"神仙
之府"中。张老的住处从远处看去"朱户甲第,楼阁参差,花木繁荣,
烟云鲜媚,鸾鹤孔雀,徊翔其间,歌管嘹唳耳目"。韦义方进入中厅之
后,但见"铺陈之物,目所未睹;异香氛氲,遍满崖谷"。再上堂前,见

---

[1] 牛僧孺《玄怪录》卷1。

"其堂沉香为梁,玳瑁帖门,碧玉窗,珍珠箔"。韦氏女"服饰之盛,世间未见",而所进之物则"精美芳馨,不可名状"。家中更有"十数青衣,容色绝代"。韦义方临行时,张老与妻还"奉金二十镒"。五六年后,韦家"困极",这些金子还救了韦家的命。[1]

此外,戴孚《广异记》中的《李元平》也似乎说明,在唐代,婚姻命中注定的观念与当色为婚的社会现实往往是交织在一起的:

李元平者,睦州刺史伯成之子,以大历五年客于东阳精舍读书。岁余暮际,忽有一美女服红罗裙襦,容色甚丽,有青衣婢随来,入元平所居院他僧房中。平悦而趋之,问以所适及其姓氏。青衣怒云:"素未相识,遽尔见逼,非所望王孙也!"元平初不酬对,但求拜见。须臾,女从中出,相见忻悦,有如旧识。欢言者久之,谓元平曰:"所以来者,亦欲见君,论宿昔事。我已非人,君无惧乎?"元平心既相悦,略无疑阻。谓女曰:"任当言之,仆亦何惧?"女云:"己大人昔任江州刺史,君前生是江州门夫,恒在使君家长直。虽生于贫贱,而容止可悦。我以因缘之故,私与交通。君才百日,患霍乱没故,我不敢哭,哀倍常情。素持《千手千眼菩萨咒》,所愿后身各生贵家,重为婚姻,以朱笔涂君左股为志。君试看之,若有朱者,我言验矣。"元平自视如其言。益信,因留之宿。久之,情契既洽,欢惬亦甚。欲曙,忽谓元平曰:"托生时至,不得久留,意甚恨恨。"言讫悲涕,云:"后身父今为县令,及我年

***

[1] 牛僧孺《玄怪录》卷1。

十六,当得方伯,此时方合为婚姻。未间,幸无婚也。然天命已定,君虽欲婚,亦不可得。"言讫诀去。[1]

在这篇故事里,李元平与"美女"在前世已经因"因缘之故"而私相"交通",但是两人的社会地位并不平等,"美女"在前世是江州刺史之女,李元平则是江州门夫。当他因病死后,"美女"发愿来世"各生贵家,重为婚姻"。果然,"美女"的后身父是一个县令,而李元平的后身父则是睦州刺史李伯成。

值得注意的是,无论是在真实故事里,还是在笔记小说中,对"命"心存"种种阻碍"或试图改变"命中注定"的婚姻的都是男性,而真正接受"命"的则都是女性。比如,据《新唐书》,代宗皇帝素来喜爱李白的诗,他即位后便令臣下察寻李白之后,居然找到了李白的两个孙女,她们都已嫁给了贫穷的农民。代宗为此深感可惜,"因告二女将改适士族"。但李白的孙女都不愿意改嫁,称:"夫妻之道,命也,亦分也。在孤穷既失身于下俚,仗威力乃求援于他门,生纵偷安,私何面目见大父于地下。"[2]与之相同的,在《定婚店》中,韦固的妻子在听了韦固的坦白之后也感叹道"命也",夫妇俩因此而"相敬愈极"。在《张老》中,韦恕之女对嫁给张老的反应也是"此固命乎"。而《李元平》中的"美女"不仅以"因缘"之故在前世与李元平相通,而且还在身后为了从"命"而主动找到李元平。

---

[1] 戴孚《广异记》。
[2]《新唐书》卷 127《文艺中》。

　　为什么婚姻乃命中注定的观念会在唐代时兴起来呢？想来这与佛教在唐代的影响有关系。在唐代，佛教的因果论与六道轮回的观念已相当普及，佛教中前世结缘的故事也广为流传。在敦煌文稿中，就有一篇题为《八相押座文》的变文，以释迦牟尼母亲的口吻讲到与其父亲的姻缘："前生与殿下结良缘，贱妾如今岂敢专。"[1]不过，值得注意的是，在唐人作品中，强调女性之主动认命似乎又带有儒家说教的风味，劝诫女性接受社会给她安排的角色和生命历程。这种佛儒交织的婚姻观在以下这篇题为《韦氏》的故事中表现得更具体。它描写了一位唐代女性虽预知"命中注定"的婚姻会以悲剧告终，却依然冷静地"选择"了它的经历：

　　京兆韦氏女者，既笄二年，母告之曰："有秀才裴爽者，欲聘汝。"女曰："非吾夫也。"母记之。虽媒媪日来，盛陈裴之才，其家甚慕之，然终不谐。又一年，母曰："有王悟者，前参京兆军事。其府之司录张审约者，汝之老舅也，为王媒之，将聘汝矣。"女亦曰："非也。"母又曰："张亦熟我，又为王之媒介也，其辞不虚矣。"亦终不谐。

　　又二年，进士张楚金求之。母以告之，女笑曰："吾之夫乃此人也。"母许之。遂择吉焉。既成礼讫，因其母徐问之，对曰："吾此乃梦征矣。然此生之事皆见矣，岂独适楚金之先知乎！某既笄，梦年二十

---
[1]《敦煌变文集新书》卷1。

适清河楚金。以尚书节制广陵，在镇七年，而楚金伏法，阖门皆死，惟某与新妇一人，生入掖庭，蔬食而役者十八年，蒙诏放出。自午承命，日暮方出宫闱。与新妇渡水，迨暗及滩，四顾将昏然，不知所往。因与新妇相于滩上掩泣，相勉曰：'此不可久立，宜速渡。'遂南行。及岸数百步，有坏坊焉。自入西门，随垣而北，其东大门屋，因造焉。又无人而大开，遂入。及坏戟门，亦开，又入。屏，回廊四合，有堂既扃。阶前有四大樱桃树林，花发正茂。及月色满庭，似无人居，不知所告。因与新妇对卧阶下。未几，有老人来诟，遂告以前情，遂去。又闻西廊步履之声，有一少年郎来诟，且呼老人令逐之。苦告之，少年郎低首而走。徐乃白衫素履，苦拜阶下曰：'某尚书之侄也。'乃恸哭曰：'无处问耗，不知阿母与阿嫂至，乃自天降。此即旧宅，堂中所锁，无非旧物。'恸哭开户，宛如故居之地。居之九年前从化。"其母大奇之："且人之荣悴，无非前定，素闻之矣；岂梦中之信，又如此乎！"乃心记之。

俄而楚金授钺广陵，神龙中以徐敬业有兴复之谋，连坐，伏法。惟妻与妇□死，配役掖庭十八年，则天因降诞日，大纵藉役者，得□例焉。午后受诏，及行，总监绯阁走留食，候之。食毕，实将暮矣。其褰裳涉水而哭，及宅所在，无差梦焉。[1]

到了唐代后期，唐人对"命"在婚姻结合中的重要性更为迷信，以

---

[1]《玄怪录》卷1。

至出现了所谓的占婚嫁的习俗。占婚嫁不仅指以占卜来选定吉日，更重要的是它包括了所谓的"合婚"法。黄正建先生指出，从敦煌占婚嫁文书来看，唐代的合婚法是用"命"，特别是用男女即夫妇各自的"五行命"来占断互相之间是否相配。[1]

　　当然并不是所有的人都知道自己冥冥中已指定的配偶将是谁，所以父母之命、媒妁之言依然是唐代社会婚姻组合的起点。正如《定婚店》告诉我们的，韦固很想"早娶，以广胤嗣"，以至多番求婚，他最后一次不成功的媒人是定婚店里的旅客。他与他命中注定的夫人的结合也是由他的上司和他夫人的叔叔"牵线"而成。下面我们来看看一般唐代婚姻组合的第一步是怎么走的。

# 父母之命

　　孟子曰：丈夫生而愿为之有室，女子生而愿为之有家。父母之心，人皆有之。不待父母之命，媒妁之言，钻穴隙相窥，逾墙相从，则父母国人皆贱之。古之人未尝不欲仕也，又恶不由其道。不由其道而往者，与钻穴隙之类也。[2]

[1] 见黄正建《敦煌占婚嫁文书与唐五代的占婚嫁》，载项楚、郑阿财《新世纪敦煌学论集》，巴蜀书社 2003 年版，第 274—293 页。
[2]《孟子·滕文公章句下》。

《孟子·滕文公章句下》中这篇关于"父母之命,媒妁之言"的议论反映了中国传统婚姻组合的核心:婚姻是一种安排,是一种得到婚姻双方家族许可和赞助的交换。从唐代的史料及墓志来看,唐代的父母在子女的婚姻大事上的发言权确实很大。比如,元和年间的《广平郡宋氏夫人墓志》就直言道,在长到"嫁娶之年"后,宋氏由"父母匹配,当贞元三纪景寅岁,律中夷则,是称向家之妇"。[1]

在唐代,父母之命往往即是媒妁之言,而媒妁之言即是父母之命。比如大中年间的《唐北平田君故夫人陇西李氏墓志铭并序》讲到,田宿与陇西李氏的婚姻乃是奉田宿的父亲北平公之命而成的:

夫人讳鹄,字回上……生有奇姿秀韵,举家钟惜,才离褓褓,便有成人风。及稍长,酷好经史诗笔,虽眠食亦闲以讽诵。群从每见,恐致劳悴,且以女博士讥之。夫人若不闻,耽味愈笃……我北平公再临徐方,值李氏寓家埇上,夫人之闺行得以饱知。我公因命其季子前沧齐协律宿曰:若齿逾壮矣,我为得良妇,是瑞吾家。使以书币抵埇上。李氏太夫人乐我公之知,喜以承命。亲迎礼,既归于彭门,斯大中十一年冬十一月也。[2]

---

[1]《汇编》元和147。
[2]《续集》大中066。

此外,柳宗元与他的妻子弘农杨氏的婚姻也是由他们两位的父亲促成的。柳宗元的父亲与杨氏的父亲是僚中好友,他们的婚事是在柳宗元童年时就已谈定。当杨氏十三岁时,杨家"终无异辞",而使柳杨

T2-1　唐元和十五年广平郡宋氏夫人墓志（《汇编》元和147）

"二姓克合":

亡妻弘农杨氏讳某,高祖皇司勋郎中讳元政,司勋生殿中侍御史讳志元,殿中生醴泉县尉讳成名,醴泉生今礼部郎中凝。代济仁孝,号为德门。郎中娶于陇西李氏,生夫人。夫人生三年而皇妣即世,外王父兼居方伯连帅之任,历刺南部。夫人自幼及笄依于外族,所以抚爱视遇者,殆过厚焉。

夫人小心敬顺,居宠益畏,终始无骄盈之色,亲党难之。五岁属先妣之忌,饭僧于仁祠,就问其故,媒傅以告,遂号泣不食。后每及是日,必遑遑涕慕,抱终身之戚焉。及许嫁于我,柔日既卜,乃归于柳氏。恭惟先府君崇友道,于郎中最深。髫稚好言,始于善谑,虽间在他国,终无异辞。凡十有三岁而二姓克合,奉初言也。[1]

而元和年间的《河间郡太夫人宋氏墓志铭》则告诉我们,彭城公刘氏与河间郡太夫人宋氏的结合虽有媒氏之聘,却实出于宋氏父亲的主张。宋氏自幼聪明漂亮,深为其父所宠爱。顷自初笄,宋公:

每见而颜曰:"我女异绝,有继吾家晋代从祖始学矣。不可□嫁与凡人哉。"于是周□文武之士,一见彭城公刘氏议德信紫,王孙气雄射人世,必济家国艰危,英略莫测,靡不列军师成绩。宋公益敬而厚,

---

[1]柳宗元《亡妻弘农杨氏志》,《柳宗元全集》卷13,上海古籍出版社1997年版。

曰:"若刘氏论我女,我即嫁之。"彭城公闻之,言志冠勇,己不豁难,义
烈勋庸,诚实诚也。冀不疑,方遣媒氏进金帛于宋公。宋公遂见休
跃,诺而受之,笑谓妻子曰:"我家事亦足矣。"[1]

以上这些事例告诉我们,在唐代的士族家庭中,父母在子女的婚姻安
排上有极大的发言权。唐代社会不仅在实践上奉从这一上古社会传
承下来的父权意识,而且还将它法律化。《唐律·户婚》不仅视子女
不从父母而自嫁娶为违法,而且女儿出嫁后"夫丧服除,誓心守志",
父母仍有权"夺而嫁之"。[2]

　　父母之命与媒妁之言结合的最特殊的类型要数指腹为婚,而这
在唐代却并不少见。咸通年间孙备在为他妻子撰写的墓志中提到,
在与杨敬之的外孙于氏定亲时,孙备只是个"髫龀"之童,而于氏还尚
在母胎中。从这篇墓志铭中,我们还了解到,在唐代,指腹为婚也有
一定"盟"和"誓"的程序。此志虽不长,内容却很丰富,所以在此全文
录之:

　　唐咸通六年五月十六日,乡贡进士孙备铭其妻,葬于河南府河南
县邙山杜翟村,祔大茔。呜呼!夫人于氏,河南人也,其始宗于汉,高
门之所昌,厥后世有勋哲,至唐滋用文显科爵。高祖讳肃,入内庭为
给事中;祖讳教,宣歙道观察使;父讳珪,不欺暗室,韬践明节,其声自

[1]《续集》元和 051。
[2] 参见牛志平《唐代婚丧》,西北大学出版社 1996 年版,第 40—42 页。

腾逸于士大夫，上期必相，时君康天下而寿不俟施，首擢第春官，赴
东蜀周丞相辟，入蓝簿，直弘文馆，纂新会要，皆析析藻雅。时宰执
超拟补阙，会有旧懿昵间当轴，众亦以公不妨矣，丐已之。今崔家卿
故贤相，金陵幕中监察御史里行。妣弘农杨氏夫人，外王父左冯翊
太守讳敬之，韩吏部、柳柳州皆伏比贾马，文章气高，面诃卿相，豪盛
之非，盖不得为达官。念一女德此生以妻之，卅而逝。悼之，移爱于
夫人。

　　夫人才语步，洞入机牖，闻金丝喉响之美，效箴管女工之妙如老
手，况谦淑怡邃，仁而嗜施。弥顾于二子，不斯须去之。外姑幼与太
夫人为中表善，始抚腹期为二亲家，杨老舅喜闻之，飞檄盟太夫人，且
器小子于髫卯，赌金带誓之。冯翊殁世，夫人方还侍金陵，大中七年，
年十八，余冠有二岁。先君率太夫人征金陵舅如约，故余与金陵二世
于外氏重姻，其懿也如此。况夫人厥姿，天人之余，下笔成诗，皆范目
涤耳。诵古诗四百篇，讽赋五十首。奉太夫人阖族如谨，其释氏者日
恭。噫！何不邀祚于六珈哉？

　　盖天始华余，以夫人偶之，而天竟咎余，使夫人天之。果不才一
纪八黜于小宗伯矣。二年垂成，为中外反挤而贡所匿者。夫人恚泣
成疾，忽一日强出侍太夫人之侧，叙谢始终之恩，退染毫追铭外王父
之煦命，介奉蜀倅舅亦檄所憾者。未浃旬，以咸通六年二月八日终于
上都永乐私第，享年卅，可谓死不忘其恩矣。有男三人：长字道全，
始十二岁；次天奴，五岁；次猵儿，四岁；女汶娘，十岁，今更名贺老；其
不育者二女，凤娘、四谯。铭曰：

　　呜呼夫人！女节妇式之余，其淑惠篇藻感激始终之义，可以折二三守规之士矣，以斯垂芳，又何媿年禄不芳者耶？况忍挤夫人义殁者耶？江总题陈将鲁广达棺云：黄泉虽抱恨，白日自流名，悲君感义死，不作负恩生。今志我夫人，斯亦云云。[1]

从这篇墓志中我们知道，"抚腹期为二亲家"是于氏的母亲的主意。孙备称于氏之母为"外姑"，而于氏之母与孙氏之母又是表姐妹，可见，孙氏与于氏也是表亲关系。有意思的是，在这篇墓志中，男方由孙备的父母亲自出面，而代表女方的家长则是于氏之亲舅（孙备之表舅）。在其他墓志铭中，我们也可以找到以舅命婚的例子。从这些墓志来看，以舅命婚的往往是因为父亲已去世或落难。比如，柳宗元曾为他的外甥女崔蹈规主婚事。柳宗元亲自撰写的《唐郎州员外司户薛君妻崔氏墓志》叙述道：

　　唐故永州刺史博陵崔简女，讳蹈规，字履恒，嫁为郎州员外司户河东薛巽妻。三岁知让，五岁知戒，七岁能女事。善笔札，读书通古今；其暇则鸣丝桐、讽诗骚以为娱。始简以文雅清秀重于世，其后得罪投驩州，诸女蓬垢涕号。蹈规，柳氏出也，以叔舅宗元命归于薛。[2]

这些以舅命婚的事例进一步证实了陈弱水先生所指出的唐代女性与本家的密切关系。[1]

　　父母之命的一个变相形态是在父母临死之前成亲，以了结父母的心愿。《新唐书·魏征传》记载道，魏征病危时，唐太宗带着衡山公主去探望他，并决定"以衡山公主降其子叔玉"。见了魏征，太宗说道："公强视新妇!"但魏征已病得"不能谢"。[2] 明日，魏征死。[3] 此外，唐朝时期盛行的"起复"习俗也与父母临死前成亲性质相同。如咸通年间的《唐故殿前高班承务郎行内侍省内府局令员外置同正员上柱国赐绯鱼袋魏府君墓志铭并序》就讲到，魏孝本"于去年丁于慈母之丧，临丧娶于骆氏"。[4]

　　临丧成亲的现象表明了父母在婚姻组合中的主导地位，以至子女会用主动执行"父母之命"的行为来表示对"父母之命"的重视。魏征之子魏叔玉尚衡山公主的故事还反映出了另一种父母之命的变相形态：皇帝之命。皇帝赐婚或皇帝命婚在中国历史上很常见，唐代也不例外。比如《新唐书·李泌传》记载道："初，泌无妻，不食肉，帝乃赐光福里第，强诏食肉，为娶朔方故留李暐之甥。"[5]

　　当然，在唐代也不乏父母利用自己在子女婚姻上的权力来满足

[1] 参见陈弱水《试探唐代妇女与本家的关系》，载《"中研院"历史语言研究所集刊》第68本(1998)第1分。
[2]《新唐书》卷97。
[3] 不过《旧唐书·魏征传》提到，唐太宗对魏氏及他安排的这桩婚姻的态度有所变化。魏死后，太宗曾"手诏停婚，顾其家渐衰矣"。
[4]《续集》咸通061。
[5]《新唐书》卷135。

自己私心的现象。最突出的例子是唐早期的许敬宗。《大唐新语》记载,许敬宗曾"纳资数十万,嫁女与蛮首领冯盎子及监门将军钱九陇,叙其阀阅"。[1]又,《朝野佥载》记载道:"唐冀州长史吉懋欲为男琐娶南宫县丞崔敬女,敬不许。因有故胁以求亲,敬惧而许之。"[2]牛僧孺在《玄怪录》中还提到在开元年间竟有一个愿意以五百缗嫁女于鬼的父亲:

　　代国公郭元振,开元中下第。自晋之汾,夜行阴晦失道,久而远有灯火之光,以为人居也,径往投之。八九里,有宅,门宇甚峻。既入门,廊下及堂下,灯烛辉煌,牢馔罗列,若嫁女之家,而悄无人。公系马西廊前,历阶而升,徘徊堂上,不知其何处也。俄闻堂中东阁有女子哭声,呜咽不已。公问曰:"堂中泣者,人耶,鬼耶?何陈设如此,无人而独泣?"曰:"妾此乡之祠有乌将军者,能祸福人。每岁求偶于乡人,乡人必择处女之美者而嫁焉。妾虽陋拙,父利乡人之五百缗,潜以应选。今夕,乡人之女并为游宴者,到是,醉妾此室,共锁而去,以适于将军者也。"[3]

这篇题为《郭代公》的故事虽有些荒诞,但也反映了在唐代借"父母之命"而牟利的现象带有一定的普遍性。

_____

[1] 刘肃《大唐新语》卷9。
[2] 张鷟《朝野佥载》卷4。
[3] 牛僧孺《玄怪录》卷1。

## 媒妁种种

虽然父母之命是正常婚姻组合的首要条件,如果父母之命与唐婚姻法相违背,即使婚姻"已成",也会被宣布无效。唐代的婚姻观念虽比较开放,但朝廷对婚姻组合的规范却远比唐以前周密。除了传统的"五不娶"[1]原则之外,唐代的婚律还规定,同姓、外姻尊卑和良贱不得通婚。[2]

同姓不婚是自古以来婚姻组合的一个原则,其主要目的可能是为了扩大本族与外族的联盟。但典籍中很少提到这一目的,更多的却是关于"男女同姓,其生不蕃"的优生学的讨论。[3]在唐代,同姓不婚的禁令十分明确。《唐律·户婚》立法道:"诸同姓为婚者,各徒二年,缌麻以上,以奸论。"[4]长孙无忌议进一步对"同姓"的范围作了以下解释:

同宗共姓,皆不得为婚,违者,各徒二年。然古者受姓命氏,因彰

---

[1] 五不娶最早出现于《大戴礼记·本命》:

　　女有五不取:逆家子不取,乱家子不取,世有刑人不取,世有恶疾不取,丧妇长子不取。逆家子者,为其逆德也;乱家子者,为其乱人伦也;世有刑人者,为其弃于人也;世有恶疾者,为其弃于天也;丧妇长子者,为其无所受命也。

　　见王聘珍撰、王文锦校《大戴礼记解诂》卷18,中华书局1988年版。

[2] 关于唐代对婚姻的限制和规定,参见向淑云《唐代婚姻法与婚姻实态》,台北商务印书馆1991年版,第11—52页;牛志平《唐代婚丧》,第14—18页。

[3]《左传·僖公廿三年》。又如《国语·晋语四》道:"同姓不婚,恶不殖也。"《白虎通》卷十"嫁娶"则提出了另一个原因:"不娶同姓者何? 重人伦,防淫泆,耻与禽兽同也。"

[4]《唐律疏议》卷14,第182条。

德功,邑居官爵,事非一绪。其有祖宗迁易,年代寖远,流源析本,罕能推详。至如鲁、卫,文王之昭;凡、蒋,周公之胤。初虽同族,后各分封,并传国姓,以为宗本,若与姬姓为婚者,不在禁例。其有声同字别,音响不殊,男女辨姓,岂宜仇匹,若阳与杨之类。又如近代以来,特蒙赐姓,谱牒仍在,昭穆可知,今姓之与本枝,并不合共为婚媾。其有复姓之类,一字或同,受氏既殊,元非禁限。若同姓缌麻以上为婚者,各依杂律奸条科罪。

从唐墓志铭来看,同姓不婚的禁忌对唐人有着极大的约束作用,在3 797篇提及死者婚姻的唐墓志铭中,没有一篇是同姓为婚的。隋朝人韦衮利用同姓不婚的原则来防止他的后代与低贱家族为婚的故事在唐代曾传为美谈,这一方面反映了韦衮对后人遵守同姓不婚原则的自信,另一方面也反映了同姓不婚在唐代已深入人心。韦衮的故事最早记载在张鷟的《朝野佥载》中:

隋开皇中,京兆韦衮有奴曰桃符,每征讨将行,有胆力。衮至左卫中郎,以桃符久从驱使,乃放从良。桃符家有黄犊,宰而献之,因问衮乞姓。衮曰:"止从我姓为韦氏。"符叩头曰:"不敢与郎君同姓。"衮曰:"汝但从之,此有深意。"故至今为"黄犊子韦",即韦庶人其后也。不许异姓者,盖虑年代深远,子孙或与韦氏通婚,此其意也。[1]

-----

[1] 张鷟《朝野佥载》卷3。

古人虽认识到了"男女同姓，其生不蕃"的危险性，却并没有禁止在生理学上与同姓婚性质相同的表亲婚。正如汪玢玲所指出的，古人认识到"男女同姓，其生不蕃"的现象"也是只就父系血统姓氏而言，而不看母系姓氏血统，也是片面的。因此虽是氏族外婚，有数世秦晋之好，鲁齐之媾，一直到辽代耶律氏和萧氏的对流世系通婚。这种近亲结婚，也是违反优生学的片面认识"。[1] 在唐代，表亲婚（包括中表亲）非常普遍，在望族大姓间尤是如此。[2] 这说明，唐代婚姻组合强调同姓不婚的政治动机远远超过了对优生的考虑。

外姻尊卑指"外姻有服属而尊卑共为婚姻，及娶同母异父姊妹，若妻前夫之女者"。唐律规定，外姻尊卑应"各以奸论"，此外"其父母之姑、舅、两姨姊妹、若堂姨，母之姑、堂姑，己之堂姨及再从姨、堂外甥女，女婿姊妹，并不得为婚姻，违者各杖一百，并离之"。[3] 从有关唐代的史料来看，外姻尊卑间结婚的实例只存在于少数皇室成员中，在民间很少有类似记载。

唐朝对良贱通婚的禁止列在《唐律·户婚律》的"奴娶良人为妻"条。条文如下：

> 诸与奴娶良人女为妻者，徒一年半；女家，减一等。离之。其奴自娶者，亦如之。主知情者，杖一百；因而上籍为婢者，流三千里。[4]

[1] 汪玢玲《中国婚姻史》，上海人民出版社 2001 年版，第 75 页。
[2] 详见本书第三章第三节"表亲婚"。
[3] 《唐律疏议》卷 14，第 182 条。
[4] 《唐律疏议》卷 14，第 190 条。

当然,良人娶贱民也会坐罪。会昌年间,江都尉吴湘的部人告吴湘"受赃狼籍,身娶民颜悦女"。李绅命观察判官魏铏鞫吴湘,最后判定"罪明白,论报杀之"。所幸的是,时议以吴湘家族与宰相李吉甫有嫌,怀疑李绅"内顾望,织成其罪"。于是"谏官屡论列",以至唐武宗不得不诏遣御史崔元藻覆按。最后查明,吴湘"盗用程粮钱有状",但"娶部人女不实",因为吴湘之妻王氏乃"故衣冠女",最后判定"不应坐"。[1]虽然唐代法律对良贱通婚,尤其是对将良人女"上籍为婢"有严厉惩罚,但良贱通婚的实例却远远多于同姓婚及外姻尊卑婚。良贱通婚中最普遍的是唐中后期的娶妓从良[2],而唐朝廷屡禁而不得止的士族与庶族通婚现象则又是良贱通婚的一种变相形态。

在唐代,文武官员们以父母官自居而为属下安排婚姻的现象也很常见,事实上,官员关心所辖百姓的婚嫁往往被推崇为"殊政"。《唐国史补》记载道:

> 孔戣为华州刺史,奏江淮海味无堪,道路扰人,并其类数十条上。后欲用戣,上不记名,问裴晋公,不能答。久之方省,乃拜戣岭南节度使。有殊政,南中士人死于流窜者,子女皆为嫁之。[3]

《旧唐书》也有类似记载。比如,唐朝中期,崔子和任广州刺史、御史

---

[1]《新唐书》卷181。
[2] 详见第四章第一节"女妓"。
[3] 李肇《唐国史补》卷中。

大夫、岭南节度使,他发现"自贞元已来,衣冠得罪流放岭表者,因而物故,子孙贫悴,虽遇赦不能自还",于是为数百家孤儿稚女安排了婚姻,以至"华蛮数千人诣阙请立生祠,铭功颂德"。[1] 此外,德宗也曾以类似"政绩"而著称:

> 初,开元中置礼会院于崇仁里。自兵兴已来,废而不修,故公、郡、县主不时降嫁,殆三十年,至有华发而犹卅者,虽居内馆,而不获觐见十六年矣。凡皇族子弟,皆散弃无位,或流落他县,湮沉不齿录,无异匹庶。及德宗即位,叙用枝属,以时婚嫁,公族老幼,莫不悲感。[2]

婚嫁还常常是谋求战略和政治发展的一种工具。最突出的例子就是朝廷的和亲政策。唐和亲政策始于高祖之以与突厥和亲来"怖北狄"的计划。[3] 这一政策一直延续到唐朝后期。《新唐书·陈敬瑄传》载,僖宗时,"云南叛,请遣使与和亲,乃听命"。[4] 值得一提的是,和亲历来是指公主出嫁戎狄之邦。但武则天却曾经考虑过为太子娶戎狄之妇的提议。《旧唐书·张柬之传》记载道,圣历初年,"突厥默啜表言有女请和亲,则天盛意许之,欲令淮阳郡王延秀娶之"。张柬之奏曰:"自古无天子求娶夷狄女以配中国王者。"武则天因此颇为不快。[5]

---

[1]《旧唐书》卷 177。
[2]《旧唐书》卷 150。
[3]《新唐书》卷 215,《突厥传》。
[4]《新唐书》卷 224。
[5]《旧唐书》卷 91。

唐文武官员也常常利用婚嫁来扩大自己的势力和影响。《唐国史补》记载道,大历年间,薛兼训为江东节制。他发现越人的纺织技术远远低于北方,于是"募军中未有室者,厚给货币,密令北地娶织妇以归,岁得数百人"。由是"越俗大化,竞添花样",以至"绫纱妙称江左矣"。[1] 另外一个例子是唐藩镇将领间的联姻。据袁郊《甘泽谣》记载,安禄山兵起后,为了控制两河一带,朝廷设置了昭义军,以滏阳为镇,命潞州节度使薛嵩守之,以"控压山东"。朝廷更令"嵩女嫁魏博节度使田承嗣男,男娶滑州节度使令狐彰女,三镇互为姻娅,人使日浃往来"。[2]《唐国史补》还提到,贞元、元和年间,吐蕃人利用婚嫁之计,竟一举攻占了维州:

> 吐蕃自贞元末失维州,常惜其险,百计复之。乃选妇人有心者约曰:"去为维州守卒之妻,十年兵至,汝为内应。"及元和中,妇人已育数子,蕃寇大至,发火应之,维州复陷。[3]

虽然唐墓志铭中很少有这种以婚嫁之计为战略和政治发展手段的实例,但对媒妁之言的缘由却常有记载。比如,在中和年间的《唐故扶风郡马府君合附墓志铭并序》中,马府君有两个女儿,"长女十一娘,娉当村封氏为亲"。[4] 这反映了唐代存在着同村结亲的现象。

---

[1] 李肇《唐国史补》卷下。
[2] 袁郊《甘泽谣·红线》。
[3]《唐国史补》卷下。
[4]《续集》中和 002。

墓志中还常常可以看到武官军人娶武官军人之女的事例。如在武则天时期的《大周故从善府旅帅上骑都尉董君墓志铭并序》中，上骑都尉董君的夫人太原郭氏是"潞州兵曹之中女"。[1] 在天宝年间的《唐故夫人博陵崔氏墓志铭并序》中，崔氏之父崔仁意任定远将军、行陕郡河北府果毅都尉，而崔氏嫁给了武官右威卫长上果毅张君。[2] 贞元年间的《大唐前扬府参军孙公亡夫人陇西李氏墓志铭并序》记载道，孙氏与李氏的婚姻是李氏的哥哥牵的线。孙氏"以释褐参广陵军事，而夫人哲兄宰邑淮海，官则同僚，情惟密友"，于是娶了他的同僚和密友的妹妹。[3] 此外，上述柳宗元奉父之命而婚的事迹也反映了唐人在同僚间组成姻亲的倾向。这些实例说明，唐代官僚机构的扩大对婚姻组合也有间接影响。

　　唐墓志中对五不娶的原则也有间接提及。如，从显庆年间的《唐故王夫人志铭并序》中我们得知，王氏女早年丧亲，她只有兄弟，没有姐妹。虽然她属于"丧妇长子不取"类，却很早就为宋氏所聘。这篇墓志铭解释道，王氏"既乏慈训，早适宋氏之门"。这位丧妇长女显然没有让王家失望，她"贞固有仪，实比女宗之德，礼行四备，孟姜无以俦，秋绩春蚕，组纴于焉能具"。[4]

---

[1]《续集》天授 005。
[2]《汇编》天宝 160。
[3]《汇编》贞元 122。
[4]《汇编》显庆 069。

# 唐代婚姻集团

　　唐代山东士族间的通婚继承了魏晋南北朝时期婚姻重门阀的习俗,它也是唐代婚姻组合中的最突出的特征。这些大姓包括京兆韦氏、荥阳郑氏、弘农杨氏、博陵崔氏、清河崔氏、赵郡李氏、陇西李氏、太原王氏、琅琊王氏、范阳卢氏、渤海高氏、河东裴氏、彭城刘氏、河东柳氏、京兆杜氏、兰陵萧氏及河东薛氏。其中,太原王、范阳卢、荥阳郑、清河博陵二崔、陇西赵郡二李等五姓尤以望族自居,而耻与望族之外的他族通婚。唐朝廷曾屡次企图禁止这种倾向,但望族间通婚的现象一直持续到唐王朝的最后阶段。

　　中外学者对唐朝望族自为婚姻现象的研究非常重视,他们的研究不仅再现了大姓间通婚的历史,更指出了形成这一历史现象的社会背景以及它的历史影响。[1] 比如,根据对 92 个唐代博陵崔氏配

---

[1] 重要著作有陈寅恪《记唐代之李武韦杨婚姻集团》,《金明馆丛稿初编》,上海古籍出版社 1980 年版,第 237—263 页;毛汉光《关中郡姓婚姻关系之研究》,中国唐代学会编辑委员会《唐代文化研讨会论文集》,台北文史哲出版社 1991 年版,第 87—140 页;向淑云《唐代婚姻法与婚姻实态》;郭锋《郡望向姓望转化与士族政治社会运动的终结》,载《中国社会历史评论》第 3 卷(2001);姜士彬(David Johnson)《中国中世纪的门阀》(The medieval Chinese oligarchy),威斯特唯出版社(Westview Press) 1977 年版;姜士彬《一个大族的末年 —— 唐末宋初的赵郡李氏》(The last years of a great clan: the Li family of Chao-chun in the late T'ang and early Sung),《哈佛亚洲研究杂志》(Harvard journal of Asiatic studies) 第 37 辑(1977),第 51—59 页;崔德绎(Denis Twitchett)《唐代统治阶层的构成——来自敦煌的新证据》(The composition of T'ang ruling class: new evidence from Tunhuang),收于芮沃寿(Arthur F. Wright)、崔德绎《唐史探讨》(Perspectives on the T'ang),耶鲁大学出版社 (Yale University Press) 1973 年版,第 47—85 页;以及伊沛霞《早期帝国的贵族——博陵崔氏的个例研究》(The aristocratic families of early imperial China: a case study of the Po-ling Tsui family),剑桥大学出版社(Cambridge University Press)1978 年版。

偶的统计,伊沛霞指出,52％的崔氏配偶来自七大姓,27％的配偶来自其他世族,15％的配偶来自权势之家,而只有2％的配偶出生于一般家庭。[1] 她认为,望族间的自为婚姻是"旧族维持他们声望的途径";通过这种自为婚姻,旧族构成了一个"自我意识"很强的"身份集团"(Status Group)。这一身份集团以自己的荣誉和传统为豪,以自己独特的生活方式及与圈外之人保持"社会距离"为宗。自为婚姻原则又进一步为这一独特的身份集团提供了与外界的界限,并为这一集团的自我凝聚和巩固提供了极好的条件。[2]

从现存的墓志来看,唐代望族的这种以自为婚姻为手段来维持自己声望的现象确实是自始至终存在的,不过它的表现方式却有变化。在皇室势力强盛的初唐时期,望族自为婚姻虽极为盛行,但是,终究是慑于朝廷的力量而不敢极度张扬。中唐以后,望族的势力与皇室的势力都受到了不同程度的打击,但望族也因此不再对朝廷敬而远之,相反地,他们越来越公开地以自己的身份集团为荣。下面我们来看看这种前后期的变化。

唐朝廷对望族间通婚的耿耿于怀始自唐初。《唐会要》记载道:

武德元年,高祖尝谓内史令窦威曰:"昔周朝有八柱国之贵,吾与公家,咸登此职。今我已为天子,公为内史令,本同末异,无乃不可乎?"威曰:"臣家昔在汉朝,再为外戚。至于后魏,三处外家。今陛下

[1]《早期帝国的贵族——博陵崔氏的个例研究》,第95页。
[2]同上,第94页。

龙兴,复出皇后。臣又阶缘戚里,位忝凤池。自惟叨滥,晓夕兢惧。"高祖笑曰:"比见关东人崔卢为婚,犹自矜伐。公世为帝戚,不亦贵乎。"[1]

据《新唐书》的记载:"后魏太和中,定四海望族,以宝等为冠。其后矜尚门地,故《氏族志》一切降之。"当时,皇室成员多与"勋贵名臣家"结婚,而"未尝尚山东旧族"。到了唐代,房玄龄、魏征、李勣等名臣均在望族中为自己的子女找婚姻对象,因此,其"望不减"。[2]《新唐书》还记载道,李义府曾为他的儿子在望族中求婚而未遂愿,于是奏禁望族通婚。[3]显庆四年十月十五日,因李义府之奏,唐高宗下诏禁止望族间互相通婚及婚姻论财:

后魏陇西李宝、太原王琼、荥阳郑温、范阳卢子选、卢浑、卢辅、清河崔宗伯元孙,凡七姓十一家。不得自为婚姻。仍自今已后,天下嫁女受财,三品已上之家,不得过绢三百匹;四品五品,不得过二百匹;六品七品,不得过一百匹;八品以下,不得过五十匹。皆充所嫁女赍妆等用,其夫家不得受陪门之财。[4]

[1]《唐会要》卷36。
[2]《新唐书》卷95《高士廉传》。关于唐代氏族谱的修订,参见毛汉光《敦煌唐代氏族谱残卷之商榷》,《"中研院"历史语言研究所集刊》第43本(1971)第2分,第259—276页。
[3] 同上。
[4]《唐会要》卷83。

可是,这一禁令似乎反而为望族做了广告。自此以后,"天下衰宗落谱,昭穆所不齿者"都以"禁婚家"自称,"益自贵"。[1]不过,望族家往往"不敢复行婚礼"而"密装饰其女以送夫家"。[2]高宗对此也束手无策,而社会舆论又对此纷纷谴责。[3]

从墓志铭材料来看,高宗年间的墓志中确实很少见对望族自为婚姻的炫耀,墓志标题往往只标明死者的姓,而极少标明其郡望。比如《汇编》显庆138的标题为《大唐故王郎将君墓志铭并序》,但从铭文中我们得知,王君(名力士)乃太原江东人。又如,《汇编》龙朔043的标题为《大唐故蒲州汾阴县丞上柱国李府君墓志铭》,而李府君(名谐)乃出自陇西。

不过,望族的这种表面的自我抑制持续得并不长。从垂拱年间起,墓志铭标题中开始标明死者的郡望,并对此大加声张。如《汇编》垂拱008即题为《大唐故处士河东柳君墓志铭》,其墓志以赞扬其姓氏为开场白:

君讳侃,字承茂,河东解人也。昔周文公之子孙,象贤始乎乔木,鲁孝侯之绪秩,得姓因乎菜地。大夫从政,礼重于卫君;太守剖符,名流于汉室。

---

[1]《新唐书》卷95《高士廉传》。
[2]刘𫗧《隋唐嘉话》卷中。
[3]《新唐书》卷95《高士廉传》。

开元天宝年间,墓志铭标题中提及死者郡望及表明死者婚于大族者渐
趋频繁,如《大唐亳州录事参军博陵崔公赵郡李夫人墓志铭》(《汇编》
开元027)、《唐故银青光禄大夫博州刺史赵郡李府君故夫人彭城郡夫
人刘氏墓志铭并序》(《汇编》开元185)等,而天宝之后公开赞扬望族间
的通婚则随处可见。下面我们来看一些开元以后至唐亡之际的例子。

**1.《汇编》开元190《大唐前徐州录事参军太原王君故夫人博陵崔氏墓志铭并序》**

> 夫人讳金刚,字金刚,博陵安平人也。伊始太岳登枢,农皇立
> 国,营丘列壤,尚父开家,汉亭伯之文章,魏季珪之清直,鸿蔓森
> 错,特为盛门。……夫人玉则比洁,兰其有芳,承弈世之清范,有
> 宜家之令则。笄岁归于王君,字庭玉,太原人也。相彼仙系,卜惟
> 灵长。……

**2.《汇编》天宝197《大唐故监察御史赵郡李府君夫人博陵崔氏墓志铭并序》**

> 夫人博陵人也。崔氏之先,著在图谍,河魴之喻,叹美诗人;
> 雕龙之作,擅名汉史。语姻族之家,共称齐大;叙少长之列,不为
> 任齿。……

**3.《汇编》贞元004《唐绛州闻喜县令杨君夫人裴氏墓志铭并序》**

> 裴氏之先,自周汉命氏,爰及晋魏,衣冠炜盛,八裴之称,为冠

族钦。至于隋唐，蕴而不竭，与韦柳薛，关中之四姓焉。……及笄
而嫁杨君，弘农人也，四代五公，实当荣耀，雅有才器，登于子
男。……

**4.《汇编》元和099《唐故谯郡永城县令赵郡李府君墓志》**

　　府君赵郡赞皇人也。讳岗姓李氏。其先出于周柱史伯阳，子
孙食于赵之柏仁，其后武安广武君树勋力于时，显于册书，至晋持
书侍御史楷三子，始列为三祖。府君即东祖之胤也。……魏氏重
山东氏姓，定天下门族，有甲乙之科，不唯地望之美，兼综人物之
盛。洎高齐、周、隋、有唐，益以光大焉。……夫人太原王氏……

**5.《汇编》元和124《唐右金吾卫仓曹参军郑公故夫人陇西李氏墓志
铭并序》**

　　玉烛膏露，见于四时之和；荣光卿云，发为二仪之瑞。贞淑贤
哲，在清华之族，岂空言哉！夫人陇西成纪人也。齐州长史思整
之曾孙，博州司户参军皓之孙，宋州楚丘县尉宣之次女也。婚姻
冠冕，焜耀姓氏，仁贤礼义，措式邦国。……

**6.《汇编》长庆022《唐故监察御史赐绯鱼袋陇西李府君亡妻渤海高
夫人墓志铭并序》**

　　夫人五代祖刑部郎中、大理少卿士训，夫人钜鹿魏氏；高祖通
事舍人觐王，夫人河东裴氏；曾祖皇朝散大夫、润州长史轸，夫人

南阳张氏；祖皇洺州参军事瑞，祖妣北平阳氏；父皇河南府密县丞岳，妣博陵崔氏。……

## 7.《汇编》大和99《唐故京兆杜氏墓志铭并序》

　　夫人京兆杜氏。氏为名有日月矣，自虞以还，谱牒承美，挥翰于太史氏也，阅周秦汉魏之书，迄于革隋，不远百祀，而杜之嗣续官业有功于时者，有名赫于代者，有负大人之材不伸于岩□者，有词清人标为搢绅之准绳者。……夫人父讳黄裳，任检校司空，同中书门下平章事，兼河中、晋、绛、慈、隰等州节度使，累赠太尉。外族李氏，出赵郡，封东祖，世有大官，不书可认，其业茂矣。门风清扬，有弟兄四人，皆服勤儒业；姊妹五人，举其显者，由次姊适宰相韦执宜；外生有官于台阁者。夫人天锡明敏，若非学知，罔究古籍，而洞得淑态。笄年适河东裴澣。澣以门子入仕，历官五任。澣氏之有别也，则涉河而东，直指大山。山突古坟，松槚百里，岗环势止，徒茔畿洛，自得姓以来，代修儒业，史笔褒之为第一。……

## 8.《汇编》大中083《唐故荥阳郑夫人墓志铭并序》

　　夫人知宗室也，姓郑氏，字子章，今刑部尚书荥阳公之次女也。公名朗，太夫人范阳卢氏郡君，知宗从祖姑也。故泽州刺史顼，是夫人外王父。夫人曾大父讳谅，皇朝任魏郡冠氏主簿，赠右仆射；王父讳珣瑜，皇朝吏部尚书、同中书门下平章事、赠太师。

弈世光明,夹辅皇室;族望冠冕,揭如昆嵩;维姬与姜,实曰卢郑;历二千祀,代为婚姻。

### 9.《汇编》大中 151《唐故京兆韦夫人墓志铭并序》

夫人姓韦氏,其先京兆人也。系祖于颛顼氏之后,洎汉魏迭迁,分族为东西眷,繁衍盛大,于隋朝尤炽靡焉。曾祖府君讳藩周,皇朝滑州韦城县尉;曾祖妣安平李夫人;大父府君讳修,皇朝赠秘书少监;祖妣范阳县太君卢夫人;烈考府君讳行贯,皇朝尚书左司郎中;猗欤猗欤,阀阅门华,轩裳茂绪,官婚礼乐,蔚为仪则。郎中府君娶太原王夫人,锡胤焕炳,时推势族。夫人即郎中府君第三女也。

### 10.《汇编》咸通 116《唐故楚州盱眙县令荥阳郑府君墓志铭并序》

府君讳濆,字信士,荥阳开封人也。识族望者曰北祖第五房。郑实姬姓,自有周建国命氏,武庄之勋德隆楸,载于简册,故历代为著族。魏晋已降,人物秀异,官婚鼎甲,繇是始分南北二祖。若夫阀阅之崇,轩缨之贵,如日观笋拔,邓林扶疏,盖杰出于当世,岂俟乎多谭哉!……府君深识广度,强记洽闻,沉默著诚,端明饰己,乡党积廉孝之誉,闺门弘友爱之规,袭翊世楷模,诵前王诂训,故相国崔公群姻族之中,幼所叹重。……夫人清河崔氏,故国子祭酒俌之次女。……

### 11.《汇编》乾宁 007《故右拾遗崔君与郑氏夫人合祔墓铭》

　　　　府君讳叙,字济之,清河人也。地胄清高,门风检肃,元魏以
降,冠阀间独称四姓,清河之族,实为华茂,其于德望熏焯,轩冕
蝉联,代有其人,世不乏嗣,史谍具纪,难备斯文。曾祖异,皇任
尚书水部员外郎、渠州刺史,赠太傅;祖从,皇淮南节度使、检校
尚书右仆射、赠太师,谥曰贞;父安潜,皇太子太师赠太尉;我家
与崔氏世结姻媾,追荣秦晋……郑夫人亦我之自出也。族氏高
显,著美山东。……

　　以上 11 例墓志反映了唐代望族自为婚姻至唐末犹不衰的历史
现实。这种自为婚姻的现象是魏晋南北朝婚姻重门第的传承,又是
对它的一种发展,它反映了唐代社会和历史的特殊性。比如,在魏晋
南北朝时期,门第与官位并无直接关系,因此,望族间在婚姻讲究门
第的同时对两家政治背景并不作过多的渲染。但从唐代的墓志铭中
我们可以看出,从政对望族来说非常重要,墓志铭在描述大姓的阀阅
之崇的同时还详细记录了死者祖先的官职。这既是望族间对朝廷初
期政策的一种抗议,也是对微族出身的进士集团的防备。

## 婚姻安排前后期之变化

　　唐代的婚姻组合并不是一成不变的,而前后期间最大的变化是,

科举出身的文人官员逐渐成为最理想的婚姻对象——安史之乱以后更是如此。这是进士集团在唐中期以后逐渐成为唐代政权核心的反映。[1]《太平广记》中的《卢储》生动地反映了唐中后期(故事发生在元和年间)科举出身深受青睐的状况:

> 李翱江淮典郡,有进士卢储投卷,翱礼待之,置文卷几案间,因出视事。长女及笄,闲步铃阁前。见文卷,寻绎数四。谓小青衣曰:"此人必为状头。"迨公退,李闻之,深异其语。乃令宾佐至邮舍,具白于卢,选以为婿。卢谦让久之,终不却其意,越月随计。来年果状头及第。才过关试,径赴嘉礼。[2]

婚礼前,卢储写下了一篇著名的《催妆诗》,很有以状元身份自得之意:"昔年将去玉京游,第一仙人许状头。今日幸为秦晋会,早教鸾凤下妆楼。"[3]

从墓志铭来看,唐中后期的墓志多以女子嫁进士为极高荣誉。比如,从《汇编》元和018我们了解到,出身于望族但祖辈中没有进士

---

[1] 据台湾学者卓遵宏的统计,进士及第者在唐历任宰相中的比例显急剧膨胀之势。在初唐时期(618—660)的六十三名宰相中,只有五名是进士,其比例为7.94%,高宗—武周年间(661—704)其比例上升到20.53%,中唐时(805—846)的比例增至71.88%,而晚唐则达到87.88%之高。见卓遵宏《唐代进士与政治》,台北编译馆1986年版,第110页。高世瑜在《唐代妇女》一书中也指出,中唐以后,唐代公主的选尚标准有所变化,其中一个表现是"开始看重文雅之士,这大概是因为社会上重文风气日益增长,进士科越来越为人所重"。见高世瑜《唐代妇女》,三秦出版社1988年版,第35页。

[2] 见《太平广记》卷181《李翱女》。

[3]《全唐诗》卷369。

身份的韦氏夫人很为能嫁给并非出于望族但身为进士的于君而自豪。这篇题为《唐故尚书屯田员外郎于府君夫人京兆韦氏墓志铭并序》的墓志写道：

自士庶族分，轩裳竞爽，稽于汉魏，洎于帝唐，较人物之华，考钟鼎之盛，繁昌枝裔，祥委德门，大为国桢，小为邦媛，无逾于京兆韦氏矣。夫人讳懿仁，京兆万年人也。曾祖浞，皇颍王府司马赠陈州刺史；志不近荣，秩安散位，存加傅导，殁赠藩□。祖昭训，皇太子仆赠工部尚书；道以修身，位不充量，追策曳屐，式备哀荣。父光弼，皇大理少卿赠刑部侍郎，起草粉闱，详刑棘寺，一成无失于出入，得情必见其哀矜。朝典申恩，追荣宗伯。夫人即刑部府君之长女也。承累叶之勋华，弘百行于闺闼，淑德发于天纵，柔风形于幼冲。刑部府君昆第六人，咸登朝列，霜台粉署，接翼翔翔。夫人外族天枝，故户部侍郎峄即外王父也。中外辉耀，灼焕当时。夫人处繁华之中，执谦柔之德，孝友明惠，钟爱二宗，年甫及笄，归于于氏，即故京兆尹御史大夫颀之元子也。进士高第，清贯累登，翰苑笙簧，人伦龟玉。

而咸通年间的《唐故处州刺史赵府君妻上邽县君苏氏夫人墓志铭》的作者，苏氏的堂舅李澹则讲到，因为苏氏嫁给了进士赵璜，苏家一族"咸谓选配得人，无遗恨矣"[1]。此外，唐代的笔记小说还记载

[1]《汇编》咸通118。

了以禁止嫁给进士为对女子的一种惩罚。如《刘宾客嘉话录》记载道，德宗曾纳王承升之妹为妃，她虽有倾国倾城之貌，却"不恋宫室"。德宗不悦，称之为"穷相女子"，乃出之，并敕其母兄："不得嫁进士朝官，任配军将作亲情。"[1]可见，中唐以后，进士朝官已成为最理想的择偶对象。

　　另一个值得注意的现象是，文人才子一旦通过科举上升到权力阶层，他们又往往在望族中择偶以进一步抬高自己的地位。在《唐故尚书屯田员外郎于府君夫人京兆韦氏墓志铭并序》[2]中，于氏的出身远不如他的夫人韦懿仁高贵，韦氏不仅出身望族，而且她的家庭与皇室关系密切。她的姑姑（韦昭训之女）在杨贵妃入道之后被选为寿王李瑁之妃，[3]她的外祖父李峄则是太宗第三子吴王李恪之孙。[4]显然，凭着"进士高第"成绩，于氏终于满足了普遍流行于唐代士人间的娶望族女的愿望。唐代非望族出身的进士朝官娶望族女的事例举不胜举，如白居易在进士及第七年之后（807）娶弘农杨氏为妻，白居易时年36岁。又如，元稹曾先后二娶，前妻是京兆韦氏，后妻为河东裴氏。白居易曾赠诗赞美他的姻缘："韦门女清贵，裴氏甥贤淑。"[5]显然，正如进士集团成员以结交女妓来炫耀自己的得势一样，娶望族出身的女性为妻也是他们显示自己在权力体制中逐渐取代望族而占

[1]《刘宾客嘉话录》"王承升"条。
[2]《汇编》元和018。
[3]见《新唐书》卷76《杨贵妃传》。
[4]见《旧唐书》卷112《李峄传》。
[5]见《和梦游春诗一百韵》，《全唐文》卷437。

据优势的手段之一,这也可能是墓志中炫耀望族出身的风气至唐末犹盛不衰的另一个重要原因。

综合而论,婚姻组合是一定历史阶段的政治力量结构和社会形态的折射,唐代婚姻安排的前后期变化正反映了进士集团在唐代政治生活和社会生活中渐居主导地位的现实。

第三章

# 婚姻状态

何处春深好？春深嫁女家。

紫排襦上雉，黄贴鬓边花。

转烛初移障，鸣环欲上车。

青衣传毡褥，锦绣一条斜。

何处春深好？春深娶妇家。

两行笼里烛，一树扇间花。

宾拜登华席，亲迎障幰车。

催妆诗未了，星斗渐倾斜。

——白居易《和春深二十首》（选二）

# 婚书、婚约、聘礼

婚书在唐以前的典籍中罕有记载，但它在唐代却非常流行，不仅《唐律》对婚书的性质和功能有明文规定，从《唐书》及敦煌文稿来看，唐朝廷及文人朝官还自始至终积极参与了对婚书的格式、内容和范围的界定。婚书在唐代的普及反映了唐代官僚体系的完善化以及文人在权力系统中的影响，由此可见，政治制度与社会性别制度是紧密相关的。

据赵守俨先生的研究，在唐代，通婚书并不是议婚，而是婚事既定之后的一种形式上的礼节。[1] 从《唐律》来看，婚书具有法律效果。《唐律·户婚》第 175 条曰："诸许嫁女已报婚书及有私约而辄悔

---

[1] 赵守俨《唐代婚姻礼俗考略》，《赵守俨文存》，中华书局 1998 年版，第 13 页。此外，敦煌变文中有一篇《侯霍》的故事提到过"迎亲版通婚书"，这当是宣布婚事的通知，而不是男女双方的婚约。这篇故事反映了身为农民的侯霍因行善而得以娶辽西太守之女为妻的经过，对我们了解唐代的婚姻观念颇有帮助，所以在此全文录下：

　　昔有侯霍，[白马县人也。]在田营作，闻有哭声，不见其形，经余六十日。秋间因行田，露湿难入，乃从畔上褰衣而至地中，遂近畔边有一死人髑 （转下页）

者,杖六十。"长孙无忌议曰:"许嫁女已报婚书者,谓男家致书礼请,女氏答书许讫。"[1]

　　唐代婚书有一定的格式,敦煌《吉凶书仪》(P.3442)对通婚书列式如下:

　　通婚书,皆两纸真书,往来并以函封。[内左右名曰书,亦云号,亦云次第娘,所以敬礼。]

　　月日,名顿首顿首,阔叙既久,[未久,虽近。]倾属良深,[若未相识,云藉甚徽猷,每深倾属。]孟春犹寒,体履何如。愿馆舍清休。名

---

（接上页）骸,半在地上,半在地中,当眼匡里一枝禾生,早以欲秀。霍愍之,拔却,其髑骸,与土拥之,遂成小坟。从此已后,哭声遂即绝矣。

　　后至八月,候霍在田刈禾,至暮还家,觉有一人,从霍后行。霍急行,人亦急行;霍迟行,人亦迟行。霍怪之,问曰:"君是何人,从我而行?"答曰:"我是死鬼也。"霍曰:"我是生人,你是死鬼,共你异路别乡,因何从我而行?"鬼曰:"我蒙君锄禾之时,恩之厚重,无物相报。知君未取妻室,所以我明年十一月一日,克定为君取妻,君宜以生人礼待之。"

　　霍得此语,即忍而不言。遂至十一月一日,聚集亲情眷属,椎牛酿酒,只道取妻,本不知迎处。父母兄弟亲情怪之,借问,亦不言委由,常在村南候望不住,欲至晡时,从西方黄尘风云及卒雨来,直至霍门前,云雾闇黑,不相睹见。

　　霍遂入房中,有一女子,年可十八九矣,并床褥衾被,随身资妆,不可称说。见霍入来,女郎语霍曰:"你是何人,入我房中?"霍语女郎曰:"娘子是何人,入我房中?"女郎复语霍曰:"我是辽西太守梁合龙女,今嫁与辽东太守毛伯达儿为妇。今日迎车在门前,因大风,我渐出来看风,即还家入房中,其房此(不)是君房?"霍曰:"辽西去此五千余里,女郎因何共我争房? 如其不信,请出门看之。"

　　女郎[惊起],出门看之,全非己之舍宅。遂于床后,取九子籠开看,遂一玉版上有金字,分明云:"天付应合与侯霍为妻"。因尔已来,后人学之,作迎亲版通婚书出,因此而起。死鬼尚自报恩,何况生人。事出史记。(《敦煌变文集新书》卷8。)

这个故事旨在说明"好人有好报"以及知恩当报的道理,但我们从中可以得知,在唐代,门当户对(辽西太守女嫁辽东太守儿)是天经地义,而一个农民要娶到一位"衣冠女"则是人间的力量所不可能达到的。

[1]《唐律疏议》卷13,第175条。

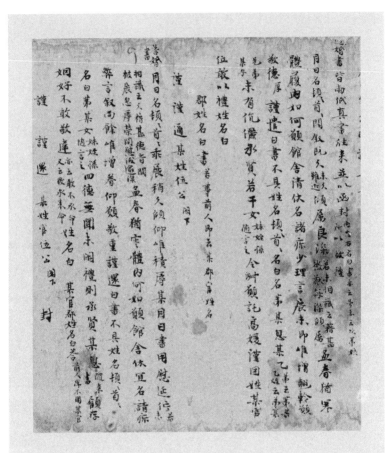

T3-1　通婚书 答婚书（敦煌P.3442《吉凶书仪》）

诸疹少理，言展未即，唯增翘軫。愿敬德[厚]，谨遣白书不具。姓名顿首顿首。　　　名白，名第某息某乙[弟云弟某乙，侄云弟某兄弟某子。]未有伉俪，承贤若干女。[妹侄孙随言之。]令淑[有闻]，愿托高媛，谨因姓某官位，敢以礼〔请〕。姓名白。

　　郡姓名白书。〔若尊前人，即云某郡官姓名。〕

　　谨通某姓位公〔阁下〕。


　　现存唐代资料中婚书收录最全的当是元和年间郑余庆撰著的《书仪》，从《旧唐书·郑余庆传》的记载来看，郑余庆之撰《书仪》不仅是奉皇帝之命，而且还是朝廷各官僚机构合作的结果：


　　宪宗以余庆谙练典章，朝廷礼乐制度有乖故事，专委余庆参酌施行，遂用为详定使。余庆复奏刑部侍郎韩愈、礼部侍郎李程为副使，左司郎中崔郾、吏部郎中陈珮、刑部员外郎杨嗣复、礼部员外郎庚敬休并充详定判官。朝廷仪制、吉凶五礼，咸有损益焉。[1]


　　朝廷对婚书的重视当始于唐代初期。正如周一良先生指出的，书仪的撰著在唐初已颇盛行，在郑余庆撰《书仪》之前已存在十余家撰著的书仪。著名的有裴矩、虞世南、杜友晋等。而敦煌遗书中的《大唐吉凶书仪》(S. 1725)也当属于初唐作品。[2] 在郑余庆之后，又有许多文人编著书仪。至宣宗时，为人所知的书仪已有"数十种"。[3] 不过，现存的郑余庆之后的书仪只有宣宗时由张敖撰著的《新集吉凶书仪》(敦

　[1]《旧唐书》卷158。
　[2]周一良、赵和平《唐五代书仪研究》，中国社会科学出版社1995年版，第95—96页。
　[3]张敖《新集吉凶书仪》，序。

煌文稿 P. 2646，P. 2622）及《新集诸家九族尊卑书仪》（敦煌文稿 P. 3502 背）。[1] 以下是《新集诸家九族尊卑书仪》中的《通婚书》全文：

## 通婚书

厶（某）顿首顿首！阙叙既久，倾瞩良深。时候伏惟体履如何？馆〔舍〕清休。即此厶（某）蒙恩，厶（某）第几男，未有伉洒（俪），伏承第几小娘子，令淑有闻，愿托高援。谨因媒人厶（某）乙，敢以礼请。厶（某）限以官守，展叙未由，伏增翘咏，谨遣白不宣谨状。[厶（某）月厶（某）日厶（某）郡厶（某）乙状。] 厶（某）官位[阁下]。

## 答　书

厶（某）顿首顿首！乖展已久，眷仰弥深，忽得书示，增慰延仁。时候伏惟，所履佳胜，馆舍伏宣。厶（某）第厶（某）女，四得（德）无闻，未闲礼则，承贤未有姻媾，谨因媒人厶（某）乙，敢不敬从。厶（某）属以公务，未由言叙，但增倾瞩，谨遣书白不宣谨状。[厶（某）月日厶（某）乙状。] 厶（某）官位[阁下]。

"婚约"在唐代当是一种泛指。《唐律·户婚》第 175 条将"婚书"与"私约"相提并论，但这一条文中的私约当包括婚书之约。长孙无忌之疏云：

---

[1] 张敖《新集吉凶书仪》，第 83 页。美国学者伊沛霞曾对书仪的写作及其历史和社会背景作过系统研究，见《唐代的书仪指南》（T'ang guides to verbal etiquette），《哈佛大学亚洲研究杂志》第 42 卷（1985）第 2 期，第 581—613 页。

T3-2　通婚书（P.3502背《新集诸家九族尊卑书仪》）

　　许嫁女已报婚书者，谓男家致书礼请，女氏答书许讫。"及有私约"，注云"约，谓先知夫身老、幼、疾、残、养、庶之类"。老幼，谓违本约相校倍年者；疾残，谓状当三疾，支体不完；养，谓非己所生；庶，谓非嫡子及庶、孽之类。以其色目非一，故云"之类"。皆谓宿相谙委，两情具惬，私有契约，或报婚书，如此之流，不得辄悔，悔者杖六十，婚仍如约。若男家自悔者，无罪，聘财不追。

　　问曰：有私约者，准文唯言"老、幼、疾、残、养、庶之类"，未知贫富贵贱亦入"之类"得为妄冒以否？

　　答曰：老、幼、疾、残、养、庶之类，此缘事不可改，故须先约，然许为婚。且富贵不恒，贫贱无定，不入"之类"，亦非妄冒。[1]

长孙无忌之疏似乎暗示，女方因男方家境的变化而不愿履约是情有可原的。但是如果女方事先知道未来新郎属于"之类"，怎么会无缘无故地毁约呢？原因之一可能正是男方家庭"富贵""贫贱"的变化，或是有更"富贵"的家庭提亲。

　　婚约的最基本条件是聘礼。开成年间的《唐故徐处士故朱氏夫人墓志铭并序》提到，朱氏夫人"育子十有二人。……长女聘于氏；次适于王，仲女未匹，先夫人而夭；次纳王氏礼，有请期"。[2] 由此可见，一旦纳了聘礼，便是许人的标志。《唐律》立则道，"虽无许婚之书，但受聘财"而悔婚也当以违约论。长孙无忌进一步解释道：

[1]《唐律疏议》卷13，第175条。
[2]《汇编》开成043。

婚礼先以聘财为信，故礼云："聘则为妻。"虽无许婚之书，但受聘财亦是。注云"聘财无多少之限"，即受一尺以上，并不得悔。酒食非者，为供设亲宾，便是众人同费，所送虽多，不同聘财之限。若"以财物为酒食者"，谓送钱财以当酒食，不限多少，亦同聘财。[1]

　　唐朝关于婚姻契约的法律规定显然是为了保护男方家族的利益：如果女方悔约，其处罚是"杖六十"，"更许他人者，杖一百"；如果已嫁他人，"徒一年半"；但是如果"男家自悔"，则"无罪，聘财不追"。可见如果男方家族毁约，所损失的只是聘财而已，哪怕其聘财仅仅"一尺"帛，女方也只得接受。《唐律》中也没有关于男方"致书礼请"而辄悔者的条文，男方唯一会受到惩罚的情况是"知情"，而其刑则又比女家轻："后娶者知已许嫁之情而娶者，减女家罪一等；未成者，杖六十，已成，徒一年。"此外，《唐律》还对女方当事人的归属作出规定："女归前夫，若前夫不娶，女氏还聘财，后夫婚如法。"

　　唐朝关于婚姻契约法律规定的一个特殊现象是：它只涉及聘礼而不涉及嫁妆。在解释这一现象之前，我们首先来看看在西方人类学家中对聘礼与嫁妆的研究最有影响力的英国人类学家杰克·戈迪(Jack Goody)与哈佛大学人类学教授斯坦利 J. 坦比亚(Stanley J. Tambiah)是怎样解释聘礼与嫁妆的。戈迪与坦比亚 1973 年合编出版的《聘礼与嫁妆》(Bridewealth and dowry)一书至今仍被认为是聘

[1]《唐律疏议》卷 13，第 175 条。

礼与嫁妆研究的经典之作。书中指出：聘礼是男性家族支付给未来新娘家族的款项，而新娘家族的男性又用它来为自己获取新娘；嫁妆是一种"夫妇基金"（conjugal fund），新婚夫妇可以用这笔基金来建设自己的小家庭。因此，虽然聘礼与嫁妆支出者的地位是同等的（新郎的家族出聘礼、新娘的家族出嫁妆），它们的接受者的地位却不一样：聘礼的接受者是新娘的家族，而嫁妆的接受者是新婚夫妇。[1] 由此可见，唐代婚姻法对聘礼有严格规定而对嫁妆只字不提的现象反映了初唐时期仍然是一个以父权（而不是夫权）为中心的社会，唐代婚姻法的目的在于保障父系家族的利益，而不是夫妇本人的利益。

此外，唐代婚姻法之重聘礼轻嫁妆也是唐代社会现实的一个反映。唐代婚姻极重门第，因此，出身于贵族（尤其是望族）的女性并不需要在婚姻契约中加上其他条件，因为门第本身就已经是一种资本。即使在进士集团因科举制度的实行而逐渐在政治上形成主流后，进士们仍以娶望族女为荣。唐代文人薛元超曾感叹道："吾不才，富贵过分。然平生有三恨：始不以进士擢第，不得娶五姓女，不得修国

---

[1] 杰克·戈迪、斯坦利 J. 坦比亚《聘礼与嫁妆》，剑桥大学出版社 1973 年版。除了戈迪与坦比亚外，不少人类学家、社会学家，以及历史学家，纷纷从不同角度（结构主义、马克思主义、达尔文主义、女权主义）、以不同的社会历史材料来探讨聘礼和嫁妆与社会制度的关系，但至今为止，尚无一个能完全解释聘礼和嫁妆与社会制度的互动关系的模式。比如结构主义者克劳德·列维-斯特劳斯（Claude Lévi-Strauss）认为聘礼是一种符号性的交换媒介（symbolic currency），聘礼的流通与互换保证了各方（家族、氏族、婚姻集团）既能娶到妻子，又有相对的独立性。参见列维-斯特劳斯《氏族制度的基本结构》（Elementary structures of kinship），比肯出版社（Beacon Press）1969 年版。但这一模式并不能解释为什么在有些社会中，聘礼与嫁妆的习俗会同时存在，也不能解释为什么相同的社会制度并没有出现相同的聘礼与嫁妆的习俗。

史。"[1]可见,在唐代的婚姻交易中,身为五姓女就是一个很有分量的筹码。而当门第失去了它在婚姻交易中的分量时,嫁妆就自然成了婚姻组合中的一个重要环节。[2]

# 婚　礼

《礼记·昏礼》曰:"昏礼者,将合二姓之好,上以事宗庙,而下以继后世矣。故君子重之。"又《礼记·曾子问》曰:"嫁女之家,三夜不息烛,思相离也。娶妇之家,三日不举乐,思嗣亲也。三月而庙见,称来妇也。择日而祭于祢,成妇之义也。"在唐朝,婚礼是不是还遵守着《礼记》定下的准则呢? 可以说,虽然唐朝的婚礼在地域和阶层上差

---

[1]《隋唐嘉话》卷中。

[2] 比如,到了宋代,随着科举制度的推广,出身便不再像唐代那么重要,财产因而就成为女方婚姻交易中的主要资本。为了有一个仕途有望的女婿,女方父母往往会以大笔嫁妆为条件。伊沛霞指出,从唐代到宋代的这一转变反映在六个方面,第一,如果说,唐代的对婚姻论财的批评主要是指责女方漫天要价的话,那么,宋代对婚姻论财的批评多集中在对索取大笔嫁妆的男性身上;第二,宋代的婚姻契约往往会罗列嫁妆内容;第三,宋代法律加入了关于嫁妆财产的条例;第四,宋代的女性墓志铭中往往会提到墓志主出嫁时有大量的嫁妆;第五,在宋代的家训、家法等类的文献中往往把嫁妆列入家庭财政支出的一个大项;第六,嫁妆显然已成为普通百姓家的一个重大的经济负担。伊沛霞认为,嫁妆的出现是与科举出身的士族力量逐渐在政治上占统治地位以及地方氏族组织(而不是望族集团)逐渐在社会生活中发挥影响紧密相关的。见伊沛霞《六至十三世纪婚姻财政的转变》(Shifts in marriage finance from the sixth to the thirteenth century),华如璧(Rubie S. Watson)和伊沛霞《中国社会中的婚姻与不平等》(Marriage and inequality in Chinese society),加利福尼亚大学出版社 1991 年版,第 97—132 页。

异很大,但婚礼之重似乎是一致的。至于"三夜不息烛"和"三日不举乐"却似乎找不到任何踪迹,而庙见之后方称"来妇"也因人因事而异。唐代在婚礼上的变化是与唐人对五胡民俗的接受以及在文化上追求多元化的态度一致的。

　　唐代对婚礼的重视在社会各阶层都有反映。唐朝廷多次下敕对婚礼的种种细节作出规定,其中最详细的是《大唐开元礼》。据称,唐朝廷颁布开元礼的目的是"将以化行天下,用正国风"。[1]于开元二十年颁布的《大唐开元礼》中有关婚礼的规定有"(皇帝)纳后"[2]"皇太子纳妃"[3]"亲王纳妃"[4]"公主降嫁"[5]"三品以上(嫡子庶子)婚"[6]"四品五品婚"[7],以及"六品以下婚"[8]。此外,朝廷在开元十九年"于京城置礼会院,院属司农寺,在崇仁坊南街"。礼会院专用于太子、亲王、公主之婚礼。唐朝廷还专设负责或参与宫廷婚礼的机构,比如,守宫署的职责是提供"王公婚礼"用的"帐具"。[9]

　　《开元礼》对民间的婚礼习俗也有种种规定,如禁断障车下婿、却扇诗、声乐等。[10]《封氏闻见记·花烛》记载道:

---

[1]《唐会要》卷83。
[2]见徐坚、萧嵩等《大唐开元礼》,民族出版社2000年版,卷93—94。
[3]同上,卷101。
[4]同上,卷115。
[5]同上,卷116。
[6]同上,卷123。
[7]同上,卷124。
[8]同上,卷125。
[9]《新唐书》卷48。
[10]《唐会要》卷83。关于唐代民间的婚礼习俗,参见牛志平《唐代婚丧》,第49—64页。

近代婚嫁有障车下婿、却扇及观花烛之事,及有下地、安帐并拜堂之礼。上自皇室,下至士庶,莫不皆然。今上诏有司,酌古礼今仪,使太子少师颜真卿、中书舍人于劭等奏。障车下婿、观花烛及却扇诗,并请依古礼。见舅姑于堂上,荐枣栗脯脩,无拜堂之仪。又毡帐起自北朝穹庐之制,请皆不设,惟于堂室中置帐,以紫绫幔为之。又除俗禁子午卯酉年,谓之当梁,嫁娶者云,妇姑不相见。按,起居郎吕才奉太宗诏,定《官阴阳书》五十卷,并无此事,今亦除之。[1]

唐朝廷对婚礼之注重还反映在官员赴婚姻者准长假。《唐会要》记载了对各级官员请假制度的规定,从中我们可以了解到,婚礼常常是官员们请假的借口:

大中四年正月制。设官分局,各有主张,具于在公,责办斯切。诸州府及县官到任已后,多请远假,或言周亲疾病,或言将赴婚姻,令式假名,长吏难为止抑。遂使本曹公事,并委比厅,手力俸钱,尽为己有,勤劳责罚,则在他人,须有条流,俾其兼济。其诸州府县官,如请公廨假故一月已下,即任权差诸厅判官,一月已上,即准勾留例,其课料等,据数每克二百文,与见判案官添给。[2]

《旧唐书》还讲到,开元十九年,左拾遗杨归厚"以自娶妇",进状借京

[1]封演《封氏闻见记》卷5。
[2]《唐会要》卷82。

城中的礼会院,因此而被贬至国子主簿分司。[1] 而高宗禁止山东望族自为婚姻,使得望族"不敢复行婚礼,密装饰其女以送夫家",成了大姓间的一大遗憾。

　　在唐代,因为婚礼排场大而需要假贷钱款的情况非常普遍。武则天当政期间,京兆人权梁山谋逆,权"诡称婚集,多假贷",以筹集谋反的资金。武则天先派河南尹王怡去办案,虽然"牢械充满",却"久未决"。武则天再命宋璟为京兆留守,"覆其狱"。当时,"吏欲并坐贷人",但是宋璟指出:"婚礼借索大同,而狂谋率然,非所防亿。使知而不假,是与为反。贷者弗知,何罪之云?"因此救了"数百人"。[2]《广异记》中的"韦璜"则讲述了一个太山府君为嫁女而大肆动用鬼神之力的故事:

　　　　潞城县令周混妻者,姓韦名璜,容色妍丽,性多黠惠。恒与共嫂妹期日:"若有先死,幽冥之事,期以相报。"后适周氏,生二女,乾元中卒。月余,忽至其家,空间灵语,谓家人曰:"本期相报,故以是来。我已见阎罗王兼亲属。"家人问:"见镬汤剑树否?"答云:"我是何人,得见是事。"后复附婢灵语云:"太山府君嫁女,知我能妆梳,所以见召。明日事了,当复来耳。"

　　　　明日,婢又灵语云:"我至太山,府君嫁女,理极荣贵。令我为女

[1]《旧唐书》卷15。
[2]《新唐书》卷124。

作妆,今得胭脂及粉,来与诸女。"因而开手,有胭脂极赤,与粉并不异
人间物。又云:"府君家撒帐钱甚大,四十鬼不能举一枚,我亦致之。"
因空中落钱,钱大如盏。复谓:"府君知我善染红,乃令我染。我辞己
虽染,亲不下手,平素是家婢所以,但承己指挥耳。府君令我取婢,今
不得已,暂将婢去,明日当遣之还。"女云:"一家唯仰此婢,奈何夺
之?"韦云:"但借两日耳。若过两日,汝宜击磬呼之。夫磬声一振,鬼
神毕闻。"婢忽气尽,经二日不返。女等鸣磬,少选,复空中语云:"我
朝染毕,已遣婢还,何以不至,当是迷路耳。"须臾婢至,乃活,两手忽
变作深红色。[1]

　　为结婚而大摆喜宴在敦煌遗书中也有反映。敦煌文稿中有两份
"荣亲客目",其中一份是归义军时期一户阴氏人家嫁女儿时的荣亲
客目,该稿虽然残缺,但所存部分记录的客人竟有四百七十多位;另
一份残存16行,记录了近百位客人。[2]

　　唐代的婚礼除了讲排场以外,还热闹非凡,绝对不存在《礼记》所
说的那种悲凉和肃穆。这在贞观六年御史大夫韦挺所上的表中反映
得很清楚:

　　　夫妇之道,王化所先;婚姻之礼,人伦攸尚。所以承绍家业,嗣续
　　祖妣,静而思之,安可不敬。嫁女之室,有不息火之悲;娶妇之家,有

---

[1]戴孚《广异记》,中华书局1992年版,第105—106页。
[2]见杨际平等《五一十世纪敦煌的家庭与家族关系》,第97页。

不举乐之感。今贵族豪富，婚姻之始，或奏管弦，以极欢宴，唯竞奢侈，不顾《礼》经。非所谓嗣亲之道、念别离之意。正始之本，实在于兹。若不训以义方，将恐此风愈扇。[1]

到了太极元年，左司郎中唐绍又上表批评时风之靡：

　　士庶亲迎之礼，备诸六礼，所以承宗庙，事舅姑，当须昏以为期，诘朝谒见。往者下里庸鄙，时有障车，邀其酒食，以为戏乐。近日此风转盛，上及王公。乃广奏音乐，多集徒侣，遮拥道路，留滞淹时。邀致财物，动逾万计。遂使障车礼贶，过于聘财；歌舞喧哗，殊非助感。既亏名教，又蠹风猷。违紊《礼》经，须加节制。望请敕令禁断。[2]

会昌元年，朝廷又下敕："婚娶家音乐，并公私局会花蜡，并宜禁断"。[3] 虽然朝廷三番五次地下诏禁止财婚或举乐，唐代婚礼的基本格调还是以喜庆和铺张为主。白居易的《和春深二十首》中就有两首是描写婚礼当天嫁女家与娶妇家的欢乐景象：

　　　　何处春深好？春深嫁女家。
　　　　紫排襦上雉，黄贴鬓边花。

---

[1]《唐会要》卷83。
[2]同上。
[3]同上。

转烛初移障,鸣环欲上车。

青衣传毡褥,锦绣一条斜。


何处春深好? 春深娶妇家。

两行笼里烛,一树扇间花。

宾拜登华席,亲迎障幰车。

催妆诗未了,星斗渐倾斜。


而温庭筠的《会昌丙寅丰岁歌》则渲染了农村丰年时节娶妇家的喜气:


丙寅岁,休牛马。

风如吹烟,日如渥赭。

九重天子调天下,蓑绿将年到西野。

西野翁,生儿童。门前好树青罘罳。

罘罳单衣麦田路,村南娶妇桃花红。

新姑车石及门柱,粉项韩凭双扇中。

喜气自能成岁丰,农祥尔物来争功。[1]


周一良先生指出:"唐玄宗开元二十年(732)修成的《大唐开元

---

[1]《全唐诗》卷 576 卷。

礼》,应当是唐代社会礼俗的准绳。但它成书以后并未广泛宣传推行,而且它主要是讲有关皇室和各级官吏的礼制,往往不适用于一般庶民。因此,起到礼仪轨范作用的书仪,就在民间很受重视,广为流传了。"[1]周先生根据敦煌发现的 S.1725 号写本书仪残卷,并参照《开元礼》,重构了唐代民间的婚礼风俗。他写道,亲迎之日,婿父命子亲迎曰"往迎汝妻,承奉宗庙"[2]。而新娘父母则嘱女曰:"敬之慎之,夙夜无违!"婿到女家阶前,妇翁曰:"请吾子升!"女婿答曰:"唯不敢辞。"[3]升堂后,"女婿抱鹅向女所低跪,放鹅于女前"[4]。此外,亲迎之日,婿父告庙云:"长子小儿甲乙年已成立,某氏不遗,眷成婚媾。择卜良□,礼就朝吉,设祭家庭。众肴备具,伏愿尚飨!"[5]周一良先生还指出,"唐代礼制在晚间举行婚礼,犹存古代风习"。[6]书仪中明确写道,新郎"引女出门外,扶上车中,举烛,整顿衣服。男家从内抱烛如出,女家烛灭"。新婚之夜,新郎新娘合卺相拜,新郎引新妇入屋。新郎先脱去礼服即装饰,"男女坐,以花扇遮面。傧相帐前咏除花去扇诗三五首,去",然后,新郎为新娘卸去头上的花钗和外罩的衣服。[7]

---

[1]周一良、赵和平《唐五代书仪研究》,中国社会科学出版社 1995 年版,第 285 页。

[2]《开元礼》则完全袭用《仪礼》:"往迎尔相,承我宗事,勖率以敬先妣之嗣,若则有常。"

[3]《开元礼》中则有"女父三请,而婿三让"之说。

[4]《开元礼》中载,婿"北面跪奠雁"。周一良先生指出,雁在唐代很难得,所以民间改用鹅。

[5]《开元礼》没有告庙词。

[6]《唐五代书仪研究》,第 287 页。

[7]同上,第 288—293 页。

　　根据对敦煌遗书《下女夫词》(P. 3350)的研究,赵守俨先生强调,唐代民间礼俗以"热闹"为主题。他指出,"下女夫"是由北朝时期已流行的"弄女婿"习俗蜕变而来。"弄女婿"是在新郎到女家亲迎时对他的戏耍,而"下女夫"则是新郎新妇互为问答。[1]除了回答新妇的问题外,新婿在女家时,每到一处,每见一物,几乎都要咏诗。[2]赵守俨先生发现,唐人不仅有"下女夫"之俗,而且还有"弄新妇"之习。"弄新妇"即新妇在新婚翌日新妇拜公婆之时其他宾客对新妇的捉

T3-3　咒愿新郎文（敦煌P.3350）

[1]《赵守俨文存》,第15页。
[2]同上,第17页。

弄,"弄新妇"中最热闹的一项节目是用果子和金钱撒帐。[1] 王玉波指出:"唐代婚礼习俗中的催妆、障车、打婿、下地安(毡)帐,夫妇于此交拜及乘鞍等,大都源于北方少数民族的婚姻文化。"[2]

总而言之,唐朝的婚礼,特别是民间婚礼与汉代礼书中所要求的悲思之情相去甚远,这与其说是对儒家礼仪的背叛,还不如说是对民间风俗和少数民族风俗的容纳。

唐朝的婚礼中的另一个特殊现象是男子就妇家成礼很常见。敦煌 S.1725 号唐前期写本书仪中有一段解释妇女与夫家的通信所用的名称:"相识曰书,不相识曰疏。"书仪解释道:

> 妇人亲迎入室,即是于夫党相识。若有吉凶觐问,曰即作书。近代之人多不亲迎入室,即是遂就妇家成礼,累积寒暑,不向夫家。或逢诞育男女,非止一二。道途或远,不可日别通参舅姑。其有吉凶,理须书疏。妇人虽已成礼,即于夫党元不相识,是名疏也。

周一良先生指出,正是因为男子就妇家成礼的普遍,唐代书仪才会有"妇人书仪""妇人吉书""妇人凶书""妇人吊辞"等专章。[3] 唐朝的这种"不亲迎入室""不可日别通参舅姑"的婚姻方式在唐代墓志铭也有反映,如大中年间的《唐齐州司马冯翊鱼君故夫人荥阳(下缺)》记载道:

---

[1]《赵守俨文存》,第 24—28 页。
[2] 王玉波《中国婚礼的产生与演变》,《历史研究》1990 年第 4 期,第 87 页。
[3]《唐五代书仪研究》,第 16 页。

夫人讳德柔,姓郑氏。其先累代家于金陵,曾大父赠司徒□,□父赠司空佑,皆以太后祖考追显。司空生今平卢节度使检校工部尚书光,夫人即尚书次女,南阳郡君樊氏出。幼而明智,及笄有淑德,故尚书、郡君加爱之。其委以家政,若当室子。始荣阳公以帝舅召,渥泽隆显,当代莫比。密□宣宠赐,使骑碾属。轩盖临朱阀,歌钟罗广榭。繁侈四会,助为辉华。时郡君已抱恙,至于肃轨制、量出入,独夫人亲之,靡不折中,其干敏如此。

暨荣阳公建节平卢,夫人以尝药之忧不行,旋丁郡君艰,哀毁过礼,亲族莫能止。痛疾攻耗,日剧绵顿,以大中二年二月廿九日,殁于上都兴宁里,享年十六。

呜呼! 其存也有懿行,其殁也以孝道,讵不为贤列哉! 司马鱼君,良士也。雅有词学,每悼其嘉配倏然,不克有嗣。会离荣谢,宛如一寐;伤神之苦,几不胜怀。以其年十一月十日,从郡君灵车,葬京兆府万年县崇义乡白鹿原。未归夫族,祔女氏之党,礼也。[1]

根据这篇墓志的记载,郑氏成婚后,一直在娘家操持家政、照顾母亲,没有提及任何她在丈夫鱼君家族的生活情况。从她去世后"未归夫族,祔女氏之党"等事迹来看,鱼君有可能从郑氏居。[2]

婚礼又称吉日,但在唐朝,在父母的凶日举行婚礼及为已死者举

[1]《汇编》大中 021。
[2] 据陈弱水与段塔丽的研究,墓志中反映"夫从妻居"的还有《汇编》天宝 097、222,元和 015、048,会昌 053 等。见陈弱水《试探唐代妇女与本家的关系》,第 198—204 页;段塔丽《唐代妇女地位研究》,人民出版社 2002 年版,第 260—262 页。

行婚礼也颇为盛行。前者称"起复"，后者即是"冥婚"（详见本书第六章第三节）。起复之礼在《唐会要》中有所提及："龙朔二年四月十五日诏：如闻父母初亡，临丧嫁娶。积习日久，遂以为常。……既玷风猷，并宜禁断。"[1]想必这个风俗在唐朝早期就已盛行。而到了唐朝中期，连朝廷也已经对起复听之任之了。比如，贞元三年，张茂宗得以尚义章公主，拜银青光禄大夫、本官驸马都尉，但因公主尚幼而"待年"。贞元十三年，张茂宗之母过世，张"遗表请终嘉礼"。《旧唐书》记载道：

　　谏官蒋乂等论曰："自古以来，未闻有驸马起复而尚公主者。"上曰："卿所言，古礼也；如今人家往往有借吉为婚嫁者，卿何苦固执？"又奏曰："臣闻近日人家有不甚知礼教者，或女居父母服，家既贫乏，且无强近至亲，即有借吉以就亲者。至于男子借吉婚娶，从古未闻，今忽令驸马起复成礼，实恐惊骇物听。况公主年幼，更俟一年出降，时既未失，且合礼经。"

　　太常博士韦彤、裴堪曰："伏见驸马都尉张茂宗犹在母丧，圣恩念其亡母遗表所请，许公主出降，仍令茂宗即吉就婚者。伏以夫妇之义，人伦大端，所以《关雎》冠于《诗》首者，王化所先也。天属之亲，孝行为本，所以齐斩五服之重者，人道之厚也。圣人知此二端为训人之本，不可变也，故制婚礼，上以承宗庙，下以继后嗣。至若墨衰夺情，

――――――――――
[1]《唐会要》卷23。

事缘金革。若使茂宗释衰服而衣冕裳，去垩室而为亲迎，虽云辍衰借吉，是亦以凶渎嘉。伏愿抑茂宗亡母之请，顾典章不易之义，待其终制，然后赐婚。"

德宗不纳，竟以义章公主降茂宗。[1]

起复之礼在墓志铭中也有反映，如咸通年间的《唐故殿前高班承务郎行内侍省内府局令员外置同正员上柱国赐绯鱼袋魏府君墓志铭并序》就讲到，魏府君孝本"于去年丁兹慈母之丧，临丧娶于骆氏"。[2]

在这里还有必要讨论一下唐代的庙见礼。[3]《礼记·曾子问》中记载："曾子问曰：女未庙见而死，则如之何？孔子曰：不迁于祖；不祔于皇姑；婿不杖；不菲；不次；归葬于女氏之党。示未成妇也。"可见在上古时代，如果未行庙见礼，婚姻本身就不再有效。然而唐朝对《礼记》中"三月而庙见，称来妇"的规定却作出了相应的调整，其目的可能是出于对婚礼及婚姻本身的尊重。比如，《唐律》中有"恶逆"罪，长孙无忌定义为"殴及谋杀祖父母、父母，杀伯叔父母、姑、兄、姊、外祖父母、夫、夫之祖父母、父母"。而在问答中长孙特别提到，夫"有三月庙见，有未庙见，或就婚[4]等三种"，当"并同夫法"。[5] 由此可见，从法律上来说，唐朝视未行庙见礼的新娘为妇。

---

[1]《旧唐书》卷141。
[2]《续集》咸通061。
[3] 陈弱水与段塔丽分别对唐代的庙见礼与归葬作过探讨。参见《试探唐代妇女与本家的关系》，第199—204页；《唐代妇女地位研究》，第233—234页。
[4] 就婚指"夫从女而居"。见《唐律释文》卷1，"嫡子"条。
[5]《唐律疏议》卷1，第6条。

　　唐代墓志铭中对在出嫁后三个月内死去的女子或称之为"夫人"，或称之为"妇"。如，在开元年间的《大唐徐君夫人荣氏墓志铭并序》中，墓主荣氏未及婚礼而死。她虽没有资格葬于夫家墓地，但仍被认可为"夫人"：

　　荣夫人者，盖荣国人也。皇朝处士乾福之□女焉。荣公荣伯之家，荣季荣黄之胤，世承宠□，己任柔明，厥初生姿，桃李既形于相表；爰逮成立，功言闇合于诚中。令淑方闻，媒氏来娉，始结随阳之庆，将申龙水之诚。辒辌未达于有家，□叠遂生于异室，春秋廿有一，开元十年岁次壬戌二月癸酉朔十九日，奄终于兰闺矣。[1]

　　在现存的唐史料中还有一份反映女子未成"来妇之义"但获葬于男家墓地的墓志铭。咸通年间的《唐知盐铁陈许院事侍御史内供奉赐绯鱼袋孙虬故室河东裴氏墓志铭并序》是由孙虬之仲兄孙纬撰写的。从墓志来看，裴氏被允许葬在孙氏的族墓：

　　裴氏其先河东闻喜人，显于晋魏，隆于有唐，官族蝉联，焕在史谍，斯故略而不载也。曾王父昱，京兆府高陵令，赠工部尚书；烈祖垍，以德行文学擢进士第，升贤良科；当元和朝，天子以武定河塞之猃吠者，且急于自辅，故擢公于宰相之任。方是权臣怙宠，封事者多背

---

[1]《续编》开元 046。

驰，虽耆儒钜德，角角焉尚何敢指斥言。独公抗疏以理其曲直。天子感悟，褒公爵而用其策。繇是内外惕然，盛德益炽矣。显考讳处休，少嗜天竺法，虽宰相子，顾轩冕如婴罗耳，繇是自并州掾肆志丘樊，灰心名利，绝荤茹，读佛书者五纪。君子以为难。娶陇西李氏，敦煌太守之裔，即世所谓四公子者。父讳有则，官至宣州治中。裴氏乃李氏之自出，正而慧，柔而干，婉嫮孝敬，可为内则。元昆故卫尉少卿裴君尝言："非清懿令绪，才实兼之者，不足以付吾女弟。其后果得归我季氏。"

孙氏世嗣厥德，代承冠缨，自非华轩著姓不尝许婚嫁。纳采之夕，两家交贺，皆曰得令夫而获贤妇矣。则如宾之道，冀克成家。以岁不利，未遑□祢祭于孙氏之庙，以成来妇之义。及乎将迎。不幸以疾终于绛州裴氏之私第，享年三十二。

以咸通十四年二月二十五日，虬自故许之郾城醮院，将长子岦会事归祔于河南府河南县平乐乡杜郭里。我先尚书之兆，礼也。先是虬以裴氏官族德行告仲兄纬，请为铭志。时杨帅姑臧公牢盆于淮南，余实从事盐铁府。已而铭曰：

婉婉令妇，族茂以华，鸣佩有归，辉映吾家。贤淑则赋，寿考不遐，报应茫昧，将安在耶？隐隐邙山，悠悠洛水，壤厦松阡，于焉已矣。[1]

《唐律》对来妇身份的调整以及唐墓志铭对婚后三个月之内

---

卒死的新妇的承认反映了唐朝在婚姻观上的进步性：婚姻虽是为了合两姓之好，但也是婚姻当事者双方（夫妇）的结合，从这一点来说，它也标志着从以父权为中心到以夫权为中心的观念上的转变。

## 表亲婚

在中国婚姻史上，与同姓不婚习俗并行发展的恰恰是与同姓之婚性质相同的表亲婚。表亲婚是人类婚姻史上一个非常普遍的现象，据人类学家们统计，约有 43％的社会存在过不同程度上的表亲婚。在某些社会中，表亲婚甚至还是最受欢迎的一种婚姻组合。[1]表亲婚在中国上古时代就已存在。周朝以婚姻为手段广结异姓诸侯，以至甥舅之国，世世为婚。汉代时，汉皇家与外戚颇多重婚。到了魏晋南北朝时期，帝室与士族往往互相嫁娶，世为婚媾。[2]重婚与世婚的结果一定是表亲婚的概率增高。汉代有母党不婚之说，始于《白虎通》之议。《白虎通》曰："外属小功以上，亦不得娶也，故《春秋传》曰：讥母党也。"陈鹏先生认为，事实上"春秋时诸侯大夫间，累

---

[1] 关于西方表亲婚研究的状况，参见伯滕·帕斯特奈克（Burton Pasternak）、凯柔 R. 安伯（Carol R. Ember）、麦文·安伯（Melvin Ember）《性、性别与氏族制度——一个跨文化的视角》（Sex, gender, and kinship: a cross-cultural perspective），泊兰提斯豪公司（Prentice Hall Inc.）1996 年版，第 133—140 页。

[2] 陈鹏《中国婚姻史稿》，中华书局 1990 年版，第 69—70 页。

代世婚,皆母党也"。[1]母党不婚之说虽有不少鼓吹者[2],但北朝
后周宣政元年时,宣帝"宣下州郡,其母族绝服者,听婚"[3],而"自周
以后,母党不婚之制不再行矣"。[4]

　　表亲婚是母党为婚中夫妇间血缘关系最近的。陈鹏引据《尔
雅·释亲》关于姑舅的定义进一步指出,表亲婚自古以来就十分普
遍:"男女称父母之兄弟姊妹为舅姑,夫妻互相称其父母亦曰舅姑,称
姊妹之子为甥,称女之父亦曰甥,然则,古时婚即是甥,甥即为婿,中
表为婚之盛,此其证也。"[5]古时姑母之子与己为外兄弟,母亲之兄
弟、姐妹之子与己为内兄弟。外为表,内为中,合称中表,所以中表为
婚也就是现代意义上的表亲婚。[6]

　　《唐律疏议》曰:"外姻虽有服,非尊卑者,为婚不禁。"[7]可见唐

---

[1]陈鹏《中国婚姻史稿》,中华书局 1990 年版,第 405 页。

[2]如三国时袁准曾有"内表不可婚"议:

或曰:"同姓不相娶,何也?"曰:"远别也。"曰:"今之人外内相婚,礼欤?"曰:"中外
之亲近于同姓,同姓且犹不可,而况中外之亲乎! 古人以为无疑,故不制也。今
以古之不言,因谓之可婚,此不知礼者也。"或云:《国语》云:'同德则同姓,同姓
虽远,男女不相及;异德则异姓,异姓虽近,男女相及也。'斯言何故也?"曰:"此司
空季子明有为而言也。文公将求秦以反国,不敢逆秦故也。季子曰:'子于子圉,
道路之人也。'昝犯曰:'将夺之国,而况妻子!'赵衰曰:'有求于人,必先从之。'此
不既了乎!"(《通典》卷 60)

[3]《北史》卷 10《周本纪下》。

[4]《中国婚姻史稿》,第 406 页。

[5]同上,第 407 页。

[6]关于中国明清至现代的表亲婚,见顾尤勤(Eugene Cooper)和张蒙(Meng Zhang)《浙
江农村及〈红楼梦〉中的表亲婚形态》(Patterns of cousin marriage in rural Zhejiang
and in *Dream of the Red Chamber*),《亚洲研究杂志》(Journal of Asian studies),
第 52 卷(1993)第 1 期,第 90—110 页;葛伯纳(Bernard Gallin)《中国的表亲婚》
(Cousin marriage in China),《民族学》(Ethnology),第 2 卷,第 104—108 页。

[7]《唐律疏议》卷 14,第 182 条。

朝对表亲婚并不禁止,而母党为婚也就更不是问题了。事实上在永徽四年长孙无忌撰写《疏议》之前,外姻尊卑不等而为婚者也时有发生。如《唐会要》记载道,永徽二年九月,纪王慎等议堂姨母之姑姨,及堂姑姨父母之姑姨、父母之姑舅姊妹婿、姊妹堂外甥,虽并外姻无服,请不为婚。高宗"诏可之"。[1] 陈鹏先生指出,即使在《唐律疏议》颁布之后,唐"帝室为婚,仍自不论行辈"。[2] 这种不论行辈的婚姻在中唐时期时也并不少见。比如,白居易的父亲白季庚就娶了自己外甥女(其妹之女)陈氏为妻,陈氏即白居易及白行简的母亲。[3]

　　唐朝盛行望族自为婚姻,表亲婚也因之非常普遍,这在贵族中尤其如此。唐朝的墓志铭中至少有 19 篇明确提到中表为婚者[4],而母党为婚的更是不计其数(见表 3.1"唐代母党为婚实例选")。

表 3.1　唐代母党为婚实例选

| 出　处 | 志主死亡年代 | 婚事双方(男/女) | 记载中表关系原文 |
| --- | --- | --- | --- |
| 万岁通天 014 | 697 | 王氏/河东薛氏 | "君姑薛氏,即夫人从姑也" |
| 天宝 187 | 747 | 裴肃/北平阳氏 | "子婿阳宽,则夫人之从侄" |
| 续天宝 054 | 749 | 太原王氏/河东裴氏 | "良人匪他,则族姑蜀郡掾之爱子" |

[1]《唐会要》卷 83。然而,此议的缘由却是御史大夫李乾佑之奏。据李乾佑上书称,"郑州人郑宣道,先聘少府监李元义妹为妻,元义妹即宣道堂姨,元义情不合请罢婚。宣道经省陈诉,省以法无禁判,许成亲。"(《唐会要》卷 83)

[2]《中国婚姻史稿》,第 415 页。

[3] 见罗振玉《白氏〈长庆集〉书后》,收录于朱金城《白居易集笺校》,第六册,第 3994 页;陈寅恪《元白诗笺证稿》,商务印书馆 1962 年版,第 295—301 页。

[4] 它们是《汇编》大历 053,建中 001,大和 031,贞元 097,会昌 004,大中 115、136、164,咸通 019、028、039;《续集》永隆 004,贞元 073、078,大和 026、032、042,开成 002;《全唐文》卷 563、566。

| 出　　处 | 志主死亡年代 | 婚事双方(男/女) | 记载中表关系原文 |
|---|---|---|---|
| 全 503 | 804 | 唐款/天水权氏 | "继娶……之女,子之从祖妹也" |
| 大中 083 | 853 | 卢知宗/荥阳郑氏 | "夫人……太夫人范阳卢氏范阳郡君,知宗从祖姑也" |
| 咸通 040 | 865 | 孙备/于氏 | "外姑幼与太夫人为中表善" |

在表亲婚的实例中,大中年间的《唐故京兆韦府君夫人高阳齐氏墓志铭并序》非常生动地反映了一个贵族间的中表组合。这篇墓志是由死者的弟弟齐孝曾撰写的,全文如下:

有唐大中十四年八月十八日,韦公夫人高阳齐氏终于洛都建春里私第,享年五十九。其年孟冬二十一日合葬于平阴乡积润村之原,礼也。

齐神农后,承姜分吕,代有勋名,具详史谍,事繁而不书。皇祖余敬,皇朝朝散大夫、沧州清池县令、赠秘书监;祖玘,皇朝银青光禄大夫、尚书工部郎中、赠太傅;烈考矆,皇朝朝议大夫、卫尉少卿。夫人字孝明,即少卿先府君长女也。及生,失所恃,未龀龀而识度不常,韦氏先姑怜而重之,视遇犹女。姑小子曰素,美秀而文,姑常抚夫人首曰:"笄无他从,必为我季妇。"及终又言。洎先君由刑部郎中出刺鄱阳郡,召孤甥而遵遗旨也。居七年,韦公举进士,不得第,才貌期乎一战,众冤之,往往亦自惋,及冬而殁。

T3-4　唐故京兆韦府君夫人高阳齐氏墓志铭（《汇编》大中164）

　　先君悯夫人少孀，荐痛韦甥遄逝，夫人惧增其悲，虽哀缠于内，每侍左右，未尝惨于色。及再罹大祸，几至毁灭，常以室妹三人为心，故强食终丧，教主女弟皆得成家。嫠居将四十年，而端严自饰，为宗族之规范焉。有二子：长曰阿改，次曰齐五，皆齿未小学，相继而夭，列

于墓之坤维焉。苍苍既远,福善难明,莫报伯姊之慈,徒深仲由之苦,衔哀屑涕,纪述多遗,铭曰:

惟仁者寿,夫子格言,祸兮福倚,老氏攸传。猗欤我姊,德茂道全,既嫠既独,宜膺永年。何未及岁制,而奄随化迁?九宗哀恨,罔究儒玄,夏日冬夜,皆成大暮,归于其居,北山周圆。[1]

从这篇墓志中,我们得知死者齐孝明很小的时候就失去了母亲。她的亲姑姑对她特别疼爱,很早就希望她在及笄之年能嫁给自己的小儿子韦素,临终前姑姑又叮嘱此事。可能韦素的父亲已过世,所以志中以齐氏父亲齐奭的身份称他"孤甥"。有意思的是,韦素婚后可能入住齐家,因为志中提到齐奭遵其妹之遗旨而"召"韦素完婚。韦素死后,齐孝明似乎也没有搬迁,而是一直在家照顾着自己的父亲,可见韦素与齐孝明在婚后过着夫从妇居的生活。

咸通年间的《唐朝散大夫摄邑州长史兼监察御史上柱国琅耶王公夫人崔氏墓志铭并序》也是一篇反映贵族表亲婚的墓志,它还为我们提供了唐代表亲婚盛行的缘由——望族的自为婚姻:

夫人清河崔氏,第廿六,簪组蝉联,时为名族。曾祖讳微,皇检校驾部员外郎;祖讳勉,皇侍御史;父敬章,见任随州录事参军;先妣太原王氏;继亲太原王氏。有四弟二妹,冠笄莘莘。夫人之长姑鲁国太夫人，归于先舅鸿胪卿赠工部尚书，有肃雍之德，闻于亲姻；采苹藻之敬，垂范宗族。夫人幼而慧淑，长有姑风。长史公禀先训，奉慈旨，大中旧历之十四年冬十月，自西秦结褵于东平焉。[1]

从崔氏的墓志中我们得知崔氏夫人的父亲崔敬章曾结过两次婚，娶的都是太原王氏；崔氏夫人的长姑（鲁国太夫人）则嫁给琅耶王氏，崔氏夫人的公公。鲁国太夫人又为她的儿子找了一位崔氏媳妇，也就是他的亲舅之女，崔氏第二十六女。志文提到，王公是"禀先训，奉慈旨"而与崔氏夫人成亲的。不幸的是，王公成婚不到两年就死于"桂林之旅次"，而崔氏则终身守寡。

　　望族的自为婚姻更导致了唐代母党为婚的盛行。大中年间卢知宗为他的妻子撰写的《唐故荥阳郑夫人墓志铭并序》即记载了卢郑二氏间母党为婚的现象：

　　夫人知宗室也，姓郑氏，字子章，今刑部尚书荥阳公之次女也。公名朗，太夫人范阳卢氏郡君，知宗从祖姑也。故泽州刺史顼，是夫人外王父。夫人曾大父讳谅，皇朝任魏郡冠氏主簿，赠右仆射；王父讳珦瑜，皇朝吏部尚书、同中书门下平章事、赠太师。弈世光明，夹辅皇室；族望冠冕，揭如昆嵩；维姬与姜，实曰卢郑；历二千祀，代为婚姻。[2]

---

[1]《汇编》咸通 019。
[2]《汇编》大中 083。

　　值得注意的是,表亲婚不仅在贵族中流行,在民间也非常普遍。
白居易曾写过一篇颇有唐代乌托邦之味的《朱陈村》,反映了同村中
朱陈两姓世世为婚的现象:

> 徐州古丰县,有村曰朱陈。
>
> 去县百余里,桑麻青氛氲。
>
> 机梭声札札,牛驴走纭纭。
>
> 女汲涧中水,男采山上薪。
>
> 县远官事少,山深人俗淳。
>
> 有财不行商,有丁不入军。
>
> 家家守村业,头白不出门。
>
> 生为村之民,死为村之尘。
>
> 田中老与幼,相见何欣欣。
>
> 一村唯两姓,世世为婚姻。
>
> ……[1]

这种“一村唯两姓,世世为婚姻”的习俗一定会带来表亲婚的增多。

　　从记载表亲婚的墓志来看,唐代的中表为婚大多是姑表婚(人类
学家称此为交表婚 cross-cousin marriage),而其中姑之子娶舅之女
(即母方交表婚 matrilateral cross cousin marriage,也称 MBD,即

---

[1]《全唐诗》卷433。

mother's brother's daughter marriage 的缩写）要比姑之女嫁舅之子
（即父方交表婚 patrilateral cross cousin marriage，也称 FSD，即
father's sister's daughter marriage 的缩写）要多三倍。而相对来说，
在唐代姨表婚（母方平表婚 matrilateral parallel cousin marriage，也
称 MSD，即 mother's sister's daughter marriage 的缩写）并不多见（参
见表 3.2"唐代中表为婚形态之一：姑之子娶舅之女实例"，3.3"唐代
中表为婚形态之二：姑之女嫁舅之子实例"，3.4"唐代中表为婚形态
之三：姊妹之子女［姨表］互为婚姻实例"）。

表 3.2　唐代中表为婚形态之一：姑之子娶舅之女实例

| 出　处 | 志主死亡年代 | 婚事双方（男/女） | 记载中表关系原文 |
| --- | --- | --- | --- |
| 建中 001 | 778 | 韦氏/张氏第二女 | "少归京兆韦氏，即公甥也" |
| 续贞元073/078 | 803 | 柳昱/宜都公主 | "乃以皇姑和政公主之子柳昱拜驸马都尉而降嫔焉" |
| 全 566 | 810 | 孔戡/京兆韦氏 | "又娶其舅宋州刺史京兆韦屺女" |
| 全 563 | 823 | 王仲舒/渤海李氏 | "公娶其舅女" |
| 大和 031/大中 164 | 830 | 刘茂贞/张氏 | "元舅……遂以女妻之""先妣夫人即府君亲舅之女" |
| 续开成 002 | 836 | 裴从宾/京兆杜氏 | "尔姨即吾伯舅大理评事兼监察御史讳则之女" |
| 大中 115 | 855 | 李昼/韦氏 | "妇即伯舅玫之子" |
| 大中 164 | 860 | 韦肃/齐孝明 | "韦氏先姑……视遇犹女""先君……召孤甥" |
| 咸通 028 | 863 | 张观/东平吕氏 | "早娶亲舅城门郎复之长女" |
| 咸通 039 | 865 | 高阳许氏/谯郡戴氏 | "高阳公太夫人即夫人之嫡姑也" |
| 咸通 019 | ? | 琅耶王公/清河崔氏 | "夫人之长姑鲁国太夫人，归于先舅鸿胪卿赠工部尚书" |

表 3.3　唐代中表为婚形态之二：姑之女嫁舅之子实例

| 出　　处 | 志主死亡年代 | 婚事双方（男/女） | 记载中表关系原文 |
| --- | --- | --- | --- |
| 续永隆 004 | 681 | 窦希寂/韩氏 | "年及笄始，即聘舅家" |
| 大历 053 | 777 | 窦氏/弘农杨氏 | "出自窦氏，复归窦家……因不失亲" |
| 贞元 097 | 799 | 卢瞻/清河崔氏 | "年十九，配长舅子瞻" |
| 续大和 026 | 830 | （范阳）卢方/清河崔氏 | "夫人清河崔氏……公之姑女也" |

表 3.4　唐代中表为婚形态之三：姊妹之子女（姨表）互为婚姻实例

| 出　　处 | 志主死亡年代 | 婚事双方（男/女） | 记载中表关系原文 |
| --- | --- | --- | --- |
| 续大和 031 | 830 | 张遵/豆卢氏 | "公……太夫人裴氏，即夫人外老姨也" |
| 续大和 042 | 833 | 段氏/太原王氏 | "洎嫁年，又归于姨之子段氏" |

　　从墓志来看，唐人认为表亲婚的最大优越性在于"姻不失亲"。比如，大和年间的《唐故泗州司仓参军诸道盐铁转运等使巡覆官刘府君墓志》记载道，墓主刘茂贞"出于吴郡张氏，幼孤，复无弟兄，倚外族而就学"。可见他与他的夫人张氏不仅是表兄妹，而且还从小在一起长大。因为他"克勤业而有成"，年仅二十一就已明经登第。他的大舅舅以他"人器不常，志在成立，遂以女妻之，宜姻不失其亲，先圣所重"。[1] 这里所谓的"先圣所重"当指《论语》中"信近于义，言可复也；恭近于礼，远耻辱也；因不失其亲，亦可宗也"[2] 的讨论，可见中

[1]《汇编》大和 031。
[2]《论语·学而》。

表兄弟姐妹间的联姻是自古以来的传统。大历年间的《前京兆府蓝田县丞窦公夫人弘农杨氏墓志铭并序》也称亲属联姻乃是遵孔子之教:"先舅早命,严亲不违,女子有行,成人备礼,出自窦氏,复归窦家。宣父所谓因不失亲,亦可宗也。"[1]

虽然唐代墓志中表亲婚实例的总数并不能让我们对这一婚姻方式作深入的研究,但它们反映了唐代表亲婚的三个倾向。这些倾向或与世界史上其他社会中的表亲婚方式一致,或者完全相反。唐代表亲婚的第一个倾向是母方交表婚(姑之子娶舅之女)比父方交表婚(姑之女嫁舅之子)比率要高,这在世界史上和中国史上可以说是一以贯之的现象。[2]在《中国东南地区的宗族组织》一书中,弗里德曼(Maurice Freedman)分析道,因为嫁女之家一般会找比自己地位高、境遇好的人家(人类学家称这种婚姻为 Hypergamy),所以在已成家的兄弟姊妹中,姊妹家的地位总的来说会比兄弟家的地位高。而舅之女嫁姑之子则更确保了这一点。[3]顾尤勤(Eugene Cooper)和张蒙(Zhang Meng)认为,姑之子娶舅之女之所以受欢迎是因为新娘的婆婆是自己的姑姑,这样就大大地降低了婆媳不和的可能性。而姑

---

[1]《汇编》大历 053。

[2] 据伯滕·帕斯特奈克(Burton Pasternak)的统计,在实行交表婚的社会中,母系交表婚的婚姻要比父系交表婚多三倍。见帕斯特奈克《氏族制度与社会组织入门》(Introduction to kinship and social organization),泊兰提斯豪出版社(Prentice-Hall Press)1976 年版,第 68—69 页。

[3] 毛里斯·弗里德曼(Maurice Freedman)《中国东南地区的家族组织》(Lineage organization in southeastern China),爱施龙出版社(Athlone Press)1958 年版,第 99 页。

之女嫁舅之子并没有这一优越性,因为新娘的婆婆并不是自己的亲属。[1]

近来西方体质人类学家则指出,在实行表亲婚的社会中,母方交表婚普遍比父方交表婚比例高的原因有二。第一个原因是,一般来说,男孩比女孩的成熟期要晚两年,因此男性的成亲年龄也会比女性平均晚两年。也就是说,一个男性的父亲的姊妹一般会在他的父亲结婚之前出嫁,而她们的女儿也就会在他到达成熟期前就已出嫁。相反而言,他母亲的兄弟的女儿们则会与他同时达到成熟期。所以在实行表亲婚的社会中,一个男性在他舅舅的女儿中选择配偶的可能性要比在他姑姑的女儿中选择的要大。第二个原因则与X染色体的遗传概率有关。因为男性的X染色体只会传给女儿而不会传给儿子,所以达到成熟期的男性祖辈,特别是作为X染色体之源的祖母,往往倾向于以母方交表婚的方式来增加自己的X染色体在第四代身上的概率。学者们甚至指出,正是这种对X染色体遗传的关注以及由之形成的表亲婚,使得人类在生育期之后的寿命比一般的动物要长。[2]也有一些人类学家根据对其他社会中表亲婚现象的调

---

[1] 参见顾尤勤、张蒙《浙江农村及〈红楼梦〉中的表亲婚形态》,第94页。
[2] S. H. 凯兹(S. H. Katz)、D. F. 阿姆斯特朗(D. F. Armstrong)《表亲婚与X染色体——寿命与语言的进化》(Cousin marriage and the X-chromosome: evolution of longevity and language),收于道格拉斯 E·克鲁斯(Douglas E. Crews)、绕尔福 M·伽鲁托(Ralph M. Garruto)《生物人类学与老年化——关于人类生命周期的多样化的探索》(Biological anthropology and aging: perspectives on human variation over the life span),剑桥大学出版社(Cambridge University Press)1994年版,第101—126页。

查而断言：母方交表婚是父系社会的产物，而父方平交婚则是母系社会的产物。[1] 当然，这是与中国历史上的表亲婚现象完全不相符的。

唐代表亲婚第二个特点是姨表婚的比例偏低。顾尤勤、张蒙及葛伯纳一致认为，在中国社会的表亲婚中，姨表婚比姑表婚中的姑之女嫁舅之子要普遍得多，然而这个倾向在唐代却并不明显。其原因可能是：在唐代，表亲婚的主要目的是巩固已经形成的联姻关系，而姨表婚并不能起到这个作用，因为两姊妹所嫁之家之间不一定存在联姻关系。比如，记载姑之女嫁舅之子的墓志铭往往强调"姻不失亲"或"出自某家，归于某家"，而记载姨表亲的墓志却并不强调两家联姻的原因。

第三，虽然姨表婚是唐代表亲婚中比例最小的，但是姨表婚的存在本身就反映了中国表亲婚与其他社会中表亲婚的一个根本区别：在其他实行平交婚的社会中，父系平交婚（即堂兄婚堂妹，或堂弟婚堂姐）占绝对优势，而姨表婚却极为罕见。人类学家们指出，父系平交婚在人口稀少的游牧民族中（特别是在中亚、北非、中东地区）特别盛行，因为它既是确保配偶来源、巩固氏族凝聚力以及财产保留的重

---

[1] 参见乔治·穆道克（George Murdock）《世界人种学抽样》（World ethnographic sample），《美国人类学家》（American anthropologist）第 59 卷（1957），第 664—687 页；大卫 B. 艾德（David B. Eyde）、保罗 M. 泊斯韬（Paul M. Postal）《从叔伯居与乱伦——单方交表婚及克罗-奥马哈氏族制度的发展》（Avunculocality and incest: the development of unilateral cross-cousin marriage and Crow-Omaha kinship systems），《美国人类学家》第 63 卷（1961），第 747—771 页。

要手段,又为熟知对方的新婚夫妇提供了亲切感和安全感。[1] 而中国社会自古以来就有同姓不婚之禁,可见在走入农业定居社会后,配偶来源以及氏族的凝聚力已不是氏族的最大目标,与之相比,寻求与外族的联盟远具有重要意义。[2] 而姨表婚既不受到同姓不婚的限制,又确保了新妇在婚后有一个良好的婆媳关系,甚至可以在妯娌间居优势。所以,姨表婚是非常具有中国特色的一种表亲婚形式。从大和年间的《唐莒王府段参军夫人王氏墓志铭并序》来看,王氏与她的丈夫段公庆的姨表婚可以说是王氏母族对她的关怀的延续,这也是中国传统社会接受姨表婚的重要原因。这篇由王氏的外丈郭儋撰

---

[1] 参见莱迪斯雷·侯利(Ladislav Holy)《氏族制度、荣誉、及集团的巩固——中东地区的表亲婚》(Kinship, honour, and solidarity: cousin marriage in the Middle East),曼彻斯特大学出版社(Manchester University Press)1989 年版;里拉·阿部-路高德(Lila Abu-Lughod)《面纱背后的感情——一个贝都因社会中的荣誉与诗篇》(Veiled sentiments: honor and poetry in a Bedouin society),加利福尼亚大学出版社 1986 年版,第 39—77 页、第 208—232 页;阿部-路高德《描写妇女世界》(Writing women's world),加利福尼亚大学出版社 1993 年版,第 167—204 页;亨利·罗森菲尔德(Henry Rosenfeld)《对一个阿拉伯穆斯林和基督教村庄的婚姻统计的分析》(An analysis of marriage statistics for a Moslem and Christian Arab village),《国际人种学档案》(International archives of ethnography)第 48 卷(1957),第 32—62 页。

[2] 近来西方学者甚至提出配偶来源问题从来就不是表亲婚盛行的原因。比如,艾伦 H. 比特尔斯(Alan H. Bittles)发现,近交率最高的社会集团并不一定就是那些人口稀少的、孤立的群体。参见比特尔斯《人口众多团体与移民团体中的同系交配倾向》(Preference inbreeding in major populations and immigrant communities),此文在 1993 年的美国科学发展协会年会上发表。马丁·奥滕汉默(Martin Ottenheimer)则指出,每一代中只要有四对异姓就能使一个社会维持一个禁止表亲婚的婚姻体系,因此,在一个人口逐渐消失的社会中,只要适龄异性不少于四人,表亲婚就不是一个必要手段。参见,奥滕汉默《亲族制度模式 3.0 型》(Modeling systems of kinship 3.0),威廉姆 C. 布朗出版社(William C. Brown Press)1992 年版。

写的墓志铭叙述道：

> 夫人讳僎先，晋散骑黄门侍郎浑，于夫人乃十七代祖。轩冕继袭，世皆而高。至曾祖固，仕唐皇为□部郎中；祖瑀，皇大理评事同州澄城县令；父僎，皇邓州向城县尉；夫人先夫人复薛氏族也。夫人生而婉美，性得令柔，天资聪明，咸适义训。始先夫人早世而殒，夫人自小及长，依于我姑。无不克勤孝道，洎嫁年，又归于姨之子段氏。煌煌之门，多其俦欤？夫人比为妇德，四行允修，九族雍穆，故为夫倾敬日竭。段君公庆解褐任莒王府参军，终见伟哉！呜呼！夫人秾华方茂，俄天世荣，自遘疾于今周岁，果不疗矣。以大和七年五月廿五日殁于长安崇义里之私第，春秋二十有五。以六月十日葬于京兆府万年县长乐乡古城村，附于先茔，礼也。有女一人，藐然始孩，孤结无知，哀恸何识？爰有外丈郭儋抆涕为之铭。[1]

唐代表亲婚的盛行还在冥婚中有所反映。如《广异记》"魏靖"条记载道，魏靖因病暴死于载初二年夏六月，魏家"权殓已毕"后，安排了他"冥婚舅女"。[2] 而元和年间的《维唐元和三年岁次戊子陇西李卅三娘之墓》一文似乎暗示，冥婚仪式虽不重要，但表亲之姻却是人之常情。此墓志全文如下：

---

[1]《续集》大和 042。

[2] 戴孚《广异记》，中华书局 1992 年版，第 134—135 页。

卅三娘小字汧国,时年十七,即景皇帝之后,大郑王亮之孙。曾祖孟犨,祖翼,父离。以其年五月十六日遘疾,旬日终于尊贤里之家室,伤其一身。幼丧慈父,孝不展情,长未遣人,奄归泉壤,呜乎! 命至此耶? 枉之致耶? 茫茫谁测,杳杳难闻,卜日有期,归本奚阻。以其月十九日葬于伊水之西,用祔外兄杨泛之墓。若神而见知,幽魂有托,生为秦晋,没也岂殊,何必卢充冥婚然。契词曰:礼初过笄,年未及嫁,空怀妇德,薶花先著。卜宅伊西,将为长夜,幼女无依,遂邻泉舍。不失其亲,存没姻亚,陵谷虑变,克石于下。[1]

在唐朝的冥婚墓志中,冥婚者一般以夫妇称(详见本书第七章"冥间夫妻")。从这篇墓志来看,墓主李卅三娘的家人显然没有为她办冥婚礼,所以她的身份仍是李家的"幼女";而且志文中也明确讲到她"未及嫁""空怀妇德"。但是李氏家人并没有将她葬在她已故的生父身边,而是让她祔葬于表兄杨泛之墓,显然是希望她与杨泛能在冥间结为"秦晋"之好。这篇墓志铭赞扬这个安排是"不失其亲,存没姻亚",更进一步反映了表亲婚在唐人婚姻中的优先地位。

---

[1]《汇编》元和022。

第四章

夫妇关系

今夜鄜州月，闺中只独看。
遥怜小儿女，未解忆长安。
香雾云鬟湿，清辉玉臂寒。
何时倚虚幌，双照泪痕干？
——杜甫《月夜》

## 夫妇年龄差异与婚龄

唐代夫妇之间的年龄差异可以通过有两种方法来计算，一是计算女性平均初婚年龄与男性平均初婚年龄的差异，一是计算提及年龄差异的墓志的平均值。在本书第一章"笄年"中，我们得知唐代男性的平均结婚年龄是 26.1 岁，女性的平均结婚年龄是 17.6 岁，由此推出的夫妇年龄差异约为 8.5 岁。但是，虽然提及女性结婚年龄的墓志有 299 篇，提及男性结婚年龄的墓志却只有 16 篇，因此，墓志中的男性平均结婚年龄数并不具有代表性。所幸的是许多唐代墓志虽未提及夫妇双方成亲时的年龄，却提到了他们死时的年龄和年份，因此我们也可以由此推算出他们之间的年龄差异，并以此来推断第一种计算方式所得的结果是否接近于现实。

在现存的唐代墓志中，共有 26 份女性墓志铭提及夫妇双方的死亡年份及死亡年龄，约占已婚女性墓志的 3%，男性墓志中提及夫妇双方的死亡年份及死亡年龄的有 627 份，约占已婚男性墓志的 24%

（见表4.1"唐代女性墓志提及夫妇双方死亡年份及死亡年龄的状况"；表4.2"唐代男性墓志提及夫妇双方死亡年份及死亡年龄的状况"）。

**表 4.1　唐代女性墓志提及夫妇双方死亡年份及死亡年龄的状况**

| | |
|---|---|
| 墓志总数 | 1 560 |
| 已婚女性墓志数 | 931 |
| 提及年份及年龄的墓志数 | 26 |
| 在已婚女性墓志中的比例 | 2.79% |

**表 4.2　唐代男性墓志提及夫妇双方死亡年份及死亡年龄的状况**

| | |
|---|---|
| 墓志总数 | 4 478 |
| 已婚男性墓志数 | 2 563 |
| 提及年份及年龄的墓志数 | 625 |
| 在已婚男性墓志中的比例 | 24.39% |

总的来说，唐朝夫妇的年龄差异没有一个固定的模式或倾向，或有丈夫比妻子大三十多岁的，或有妻子比丈夫大十几岁的，但其平均年龄差异则在七至八岁左右。下面来看看三个年龄差异的实例，第一个实例反映丈夫比妻子年龄大很多的情况，第二个实例反映了妻子比丈夫年龄大的情况，而第三例则反映了所谓的正常年龄差异。成文于天授年间的《大周故处士申屠君墓志之铭》写道：

　　君讳宝，名达，陇西金城人也。汉丞相嘉之后，因官至此，遂居斯邑。祖欢，仪同三司；父士，朝散大夫。公蕴端巍之姿，怀韶亮之气，纵容下泽,放旷高丘,逍遥林壑之间,跌宕烟霞之上。岂徂辉易谢,逝水无停,春秋七十有一,麟德元年三月终于私第。

　　夫人李氏,令淑外融,温恭内湛,岂金乌不驻,彩电难留,年卌五,咸亨三年如月卒于内阁。第三子宗庆,秀落秋前,肃从异代,以天授三年岁次壬辰正月戊辰朔十七日甲申合葬于潞城县西北二里之高原,礼也。[1]

在这份墓志中,墓主申屠宝死于 664 年,死时 71 岁,也就是说他大约出生于 594 年。申屠之妻李氏死于 672 年,死时 45 岁,也就是说她大约出生于 628 年。由此可见申屠年长其妻 34 岁。从这篇墓志中我们似乎找不到申屠氏晚婚的原因,虽然申屠本人并没有一官半职,但他的父亲和祖父却身居高位。如果他之前曾经娶妻的话,墓志应该会提及。此外,李氏也不像是他的姜或继室。实例二是成文于长安三年的《大周故魏州莘县尉太原王府君及夫人中山成氏墓志铭并序》,在这篇墓志中,中山成氏比丈夫王养年长 12 岁:

　　府君讳养,字仁,太原晋阳人也。远祖因官,遂家于洛。琅邪擢秀,崇性本以横霄;太原分枝,耸家条而概日。将军在汉,息万里之风尘;良牧居齐,举六条之纲纪。振纤鳞于鹈沼,淮水表其灵长;扬峻翮于鹏衢,缑山显其奇迹。令问令望,如珪如璋,谱谍遐编,可略言矣。

[1]《汇编》天授 043。

曾祖发,周任荆州司马;祖昶,隋任赵州录事参军事;并荣冠朝庭,名高中外。王祥有德,自赞歌谣;干宝多才,重敷教令。

君仁,幼以学成,长而弥博,乡贡擢第,授魏州莘县尉。乔玄左部,下调无言;梅福南昌,高名自远。俄而秩满,安车故里,谓朋执曰:父母既殁,从物何为? 与邑子同一追福社,乃戒彼熏辛,回心修道。竹林精舍,行悟一乘;甘蔗禅房,坐观三昧。当冀梁停怖鸽,渐练坚心;岂期室叹栖鹇,俄悲促寿。以咸亨元年四月十三日亡于私第,春秋卅有九。

夫人中山成氏,汉中郎之后,魏通侯之胤。四德承仪,三从有礼,谓诸子曰:罪福之因,其同连锁,汝父平生之社,岂可忘乎? 纵不能身作千灯,尤冀耳闻七觉。自后所造功德,其如别录。夫人以粪扫为衣,数麻麦为食。一日一夜,即求解脱之因;三十三天,实冀攀缘之路。大足元年正月廿九日奄辞幻境,春秋八十有二。即以长安三年岁次癸卯二月癸巳朔廿八日庚申合葬于合宫县北邙山,礼也。

胤子元楷、元恪、元藏等,或束发衣簪,或挂冠乡井,匪莪兴感,卧草申哀,孝彻神明,痛伤心目。尚恐墓古成地,柏摧为薪,纪彼石碑,仍镌金字。[1]

从这篇墓志来看,墓主王养不仅出身望族,而且还是个县尉。他死于

---

[1]《汇编》长安28。

670年,时年39岁;夫人成氏的家庭背景墓志本身未作任何陈述,可能不是出身于世族,她死于701年,时年82岁。可见,妻子比丈夫年长十几岁的情况在唐代也不为奇。

下面我们再来看一份夫妇年龄差别在平均值上下的墓志。贞元年间的《唐故登仕郎常州司士参军袭武城县开国伯崔府君墓志铭并序》是由崔千里的长子崔恕撰写的,全志反映了一个非常典型的望族家庭在中唐时期的经历,全文如下:

先考讳千里,字广源,清河东武城人也。自姜姓之后,成于太公,至穆伯世食邑于崔,遂得其氏,迄于巨唐,不齐常族。曾祖元彦,赠右散骑常侍;大父隐甫,刑部尚书、东都留守、赠太子太保;考征,监察御史、越府司马。

爰自幼学之后,博考经籍,不舍昼夜,年十六,以国子监明经备身。未几,因逆胡之乱,流散江淮。旋居忧,三年水浆不入于口,哀情可知。大历初,又居太夫人陇西县君李氏忧,哀毁过礼,殆欲灭性。及参选之日,侍郎刘公晏赏书判之能,署华州参军,满岁,调补吏曹,以前资清紧,署太常寺协律郎。时幼弟霸先授江阴县丞,乃请常州司士。座主刘公滋曰:"轻名位,重骨肉,公有之矣。"遂署之。同趋一郡,连影四年,破吴虽贵于陆家,定齐自恃其先代。然而职不当才,众称其屈。司农卿姚公明敫饯诗云:"官屈须推命,时危莫厌贫。城楼近江水,潮退看垂纶。"云云。

秩满,寻归洛邑。幼弟自江阴解印,寄居故林,遘疾有加,薨于客馆。既丧手足,哀恸难胜,不逾一旬,而往江甸,浙西观察使王公纬欲署职江左,以犹子幼稚,请护弟丧归于邙山。王公佳尚其事而厚赠之。既积善以谋身,将展志于云汉。呜呼!天命不佑,神夺其魂,以贞元十二年秋八月十五日薨于伊川先祖之别业也,享寿六十二。孤子等绝浆七日,恨一朝之孤露;泣血三年,怨终天之永隔。以日月未便,权厝于别业东北原也。

先妣陇西李氏,祖仙系,均州录事参军。四德是备,百行全身,教子以明义方,扶孤以均长幼,谓神和而降福,何苍卒而罹殃。以贞元十九年夏五月十三日薨于洛阳毓德里之私第,享寿六十一。

呜呼!恕以孤露八年,慈亲鞠育,未答劬劳,奄罹殃罚,号天泣血,罔极难申,心烂肺焦,告诉无所,以其年冬十月廿日合袝于邙山北原,从先茔,礼也。

恕兄弟三人,长兄应,嫡兄凭,皆昼哭于堂宇,暮泣于苫庐;姊妹四人,长适陕州安邑尉姚叔康,次适绕州乐平尉河东薛存操,次适右武卫录事参军陇西李慎,次妹在堂,并号于天地,毁至灭身。呜呼!恕以年未成立,寡于亲知,号哭于旻天,恐掩考妣之德行,遂命工人刻于贞石,唯纪年代,言不合文。铭曰:

立身孤高,结志坚贞,学而求道,艺业研精。未登弱冠,通明数经,敦诗阅礼,遂成令名。时遭多难,身不遑宁,始登两任,犹望前程。皇天不佑,忽兮凋零,青春白日,空自营营。母仪可范,妇德可师,择邻三徙,进食齐眉。何乖天道,不终遐期?若亲非亲,感动相悲。孤子号天,形残心赢,为铭哀极,哭泣无时。尽于哀情,合袝先茔,龟筮协吉,永安神灵。[1]

在这篇墓志中,晚年颇为落魄的崔千里死于 796 年,时年 62 岁;崔之妻陇西李氏死于 803 年,时年 61 岁。由此推算,丈夫崔千里比妻子李氏年长八岁。

在 26 篇女性墓志的基础上计算出的夫妇平均年龄差别是 11.7 岁;在 625 篇男性墓志基础上计算出的夫妇平均年龄差别是 7.4 岁。而基于所有提及夫妇双方死亡年份及死亡年龄的 651 份墓志得出的平均年龄差别则是 7.5 岁。由此看来在 16 份提及男性结婚年龄的墓志上得出的平均结婚年龄(26.1)当与实际平均结婚年龄相差不多。

为什么女性墓志中的夫妇平均年龄差别比男性墓志中的平均差别多四年呢? 笔者的推测是:有些女性墓志很难看出墓主是否是继室,所以这 26 份女性墓志中很可能包括了一些以继室的身份嫁入夫家的女性。一般来说以继室身份出嫁也多在笄年至二十岁之间,但丈夫的年龄却相对来说要比初婚时大。而男性墓志中提及的夫人往往以初娶的夫人为主,所以比较接近正常的夫妇年龄差别。当然也有墓志作者因缺乏死者初娶夫人的生死年月而只记录继室的情况。如元和年间的《唐故郑滑节度十将孟府君墓志铭》记载道:

---

[1]《汇编》贞元 125。

公讳维，字□，其先平昌人也。……以元和十二年闰五月廿八日
终于嘉善之里，享年六十有六。……后娶宋夫人，元和二年十月廿七
日终，享年卅二。[1]

夫妇年龄差异在时代上又有什么特点呢？从 625 份提及夫妇双
方死亡年代及死亡年龄的男性墓志中，我们可以看出，在盛唐及中唐
前期的 731 年至 830 年这一百年间，死者夫妇间的年龄差异略高于初
唐及晚唐两个阶段（参见表 4.3"唐代夫妇间年龄差异的时代变化"；
图 4.1"唐代夫妇间年龄差异之变化［616—855］"）。但值得指出的是，
"死亡年代"要比死者结婚时的年代晚大约 35 年（即男性平均死亡年
龄 60.6 减去男性平均结婚年龄 26.1），也就是说，夫妇间年龄差异较
大的一个世纪应该是 696 年至 795 年，也就是武则天的万岁登封元年
至德宗的贞元十一年，其中年龄差异最大的时代是 791—810 年间。

表 4.3　唐代夫妇间年龄差异的时代变化

| 死亡年代 | 估计结婚年代* | 墓志数 | 平均年龄差异 |
| --- | --- | --- | --- |
| 585—610 | 550—575 | 11 | 16.55 |
| 611—630 | 576—595 | 20 | 7.55 |
| 631—650 | 596—615 | 71 | 7.61 |
| 651—670 | 616—635 | 115 | 7.21 |
| 671—690 | 636—655 | 68 | 6.29 |
| 691—710 | 656—675 | 79 | 5.43 |
| 711—730 | 676—695 | 50 | 7.02 |
| 731—750 | 696—715 | 52 | 8.00 |

[1]《汇编》元和 113。

续　表

| 死亡年代 | 估计结婚年代* | 墓志数 | 平均年龄差异 |
|---|---|---|---|
| 751—770 | 716—735 | 30 | 8.37 |
| 771—790 | 736—755 | 15 | 9.27 |
| 791—810 | 756—775 | 30 | 10.10 |
| 811—830 | 776—795 | 33 | 8.18 |
| 831—850 | 796—815 | 25 | 7.00 |
| 851—870 | 816—835 | 17 | 6.53 |
| 871—899 | 836—855 | 9 | 3.11 |

* "估计结婚年代"为死亡年代往前推 35 年。

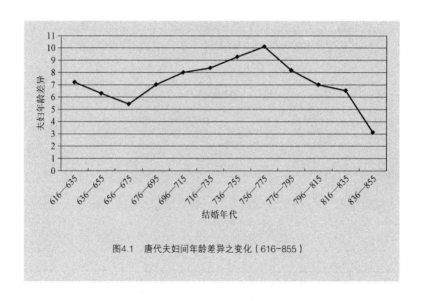

图4.1　唐代夫妇间年龄差异之变化（616-855）

　　唐代夫妇年龄差异在盛唐及中唐前期有高于唐朝初晚期的现象。从其数值的变化来看，它似乎与经济的发达及男性贵族在权力结构中的地位稳固程度成正比，而与男性是否娶妾及再婚的关系却

不大。因为正如本书第五章所指出的，男性再婚、娶妾的比例在唐朝
后期要比盛唐、中唐前期的高。

　　除了夫妇年龄差异外，唐代墓志铭还为我们提供唐代夫妇婚龄
的资料。这主要来自三类墓志：第一类墓志记录了死者成亲、死亡
年龄及夫妇双方的死亡年份；第二类墓志中记录了死者配偶成亲、死
亡年龄及夫妇双方的死亡年份；第三类墓志虽未记录死者夫妇双方
的成亲、死亡年龄或年份，但直接提到婚龄。在已出版的墓志中，共
有41篇墓志属于第一类，其中女性墓志35篇，约占总数的85%；男
性墓志6篇，约占总数的15%。在这类墓志的基础上计算出来的唐
代平均婚龄是25.8岁（见表4.4"唐代婚龄统计表之一"）。

**表 4.4　唐代婚龄统计表之一**

| 出　　处 | 死者性别 | 死亡年份 | 死亡年龄 | 结婚年龄 | 配偶死亡年份 | 婚龄 |
|---|---|---|---|---|---|---|
| 贞元 070 | 女 | 640 | 94 | 15 | 618 | 57 |
| 显庆 014 | 女 | 656 | 87 | 16 | 643 | 58 |
| 总章 038 | 女 | 669 | 59 | 15 | 657 | 32 |
| 续开元 064 | 女 | 690 | 69 | 11 | 650 | 18 |
| 续证圣 001 | 女 | 693 | 85 | 17 | 655 | 30 |
| 天宝 197 | 女 | 751 | 60 | 11 | 720 | 18 |
| 续天宝 108 | 女 | 755 | 52 | 15 | 740 | 22 |
| 续建中 001 | 女 | 780 | 49 | 29 | 767 | 7 |
| 贞元 005 | 女 | 782 | 72 | 14 | 748 | 24 |
| 贞元 018 | 女 | 788 | 67 | 15 | 778 | 42 |
| 续贞元 031 | 女 | 794 | 74 | 14 | 778 | 44 |
| 贞元 094 | 女 | 797 | 56 | 19 | 792 | 32 |
| 续贞元 059 | 女 | 800 | 42 | 14 | 800 | 28 |
| 贞元 106 | 女 | 801 | 71 | 12 | 752 | 10 |

续　表

| 出　　处 | 死者性别 | 死亡年份 | 死亡年龄 | 结婚年龄 | 配偶死亡年份 | 婚龄 |
|---|---|---|---|---|---|---|
| 续贞元 065 | 女 | 801 | 81 | 15 | 755 | 20 |
| 续贞元 063 | 女 | 801 | 34 | 15 | 799 | 17 |
| 贞元 121 | 女 | 802 | 32 | 13 | 787 | 4 |
| 全 639 | 女 | 802 | 32 | 13 | 787 | 4 |
| 全 589 | 女 | 805 | 79 | 20 | 795 | 49 |
| 续元和 044 | 女 | 813 | 48 | 11 | 801 | 25 |
| 元和 076 | 女 | 814 | 69 | 11 | 799 | 43 |
| 续元和 060 | 女 | 814 | 66 | 19 | 805 | 38 |
| 续元和 075 | 女 | 818 | 31 | 24 | 820 | 7 |
| 宝历 006 | 女 | 825 | 61 | 16 | 813 | 33 |
| 开成 016 | 女 | 834 | 69 | 21 | 810 | 24 |
| 开成 045 | 女 | 840 | 68 | 14 | 806 | 20 |
| 续会昌 001 | 女 | 841 | 60 | 24 | 832 | 27 |
| 续大中 019 | 女 | 849 | 68 | 17 | 820 | 22 |
| 大中 068 | 女 | 850 | 65 | 15 | 822 | 22 |
| 大中 042 | 女 | 850 | 61 | 18 | 833 | 26 |
| 续大中 049 | 女 | 854 | 63 | 23 | 853 | 39 |
| 大中 124 | 女 | 856 | 73 | 19 | 813 | 11 |
| 大中 136 | 女 | 857 | 66 | 18 | 829 | 20 |
| 咸通 057 | 女 | 865 | 56 | 18 | 856 | 29 |
| 咸通 087 | 女 | 870 | 63 | 17 | 839 | 15 |
| 全 691 | 男 | 779 | 39 | 15 | 777 | 22 |
| 续贞元 076 | 男 | 799 | 64 | 24 | 803 | 40 |
| 续贞元 078 | 男 | 804 | 45 | 39 | 803 | 5 |
| 全 755 | 男 | 848 | 69 | 31 | 840 | 30 |
| 大中 031 | 男 | 849 | 75 | 31 | 832 | 27 |
| 续咸通 089 | 男 | 872 | 54 | 38 | 871 | 15 |
| 平均婚龄 | 25.8 | 女性墓志婚龄 | 26.2 | 男性墓志婚龄 | 23.2 | |

下面我们来看一篇婚龄在平均值上下的墓志,会昌年间的《唐故苏州吴县尉余府君洪氏夫人墓志铭并序》:

夫人其先宣城人也。昔武王缵承古公西伯之德，以革殷命，克昌高业，惟圣是谋，以箕子归，询于天地之道，用彝训于庶民。箕子乃言：禹所获神龟之负书曰：洪范九畴，以次叙之，协赞于昭明。武王钦崇厥道，抚绥万方，而行乾坤交泰，黎元允熙，迩无不贡，远无不怀，以保康宁，垂永永之休。武王章箕子奋庸之德，乃割土，以所述书以锡氏焉。其后历代有英哲，或光于简册，或载于家谍。曾祖硖州司马讳俨，祖信州上饶县丞讳灵芝，父太常寺协律讳如云。夫人即协律次女也。德禀□明，性标清懿，言必及孝敬，动必履仪宪。不尚浮华，志念敦素。年二十四，归下邳余公。勤劳以事于舅姑，雍熙用光于闺阃。

公讳凭，神朗气高，博通经籍，伏膺行义，以退默为事。晚岁从知己命，试授封丘尉，有殊政，迁试吴县尉。大和六年春，因事寓居于永嘉，至七月，卒于安固里。

噫！天其□人，俾公德崇而位卑。有子二人：长曰从周，季曰宗周；有女一人，适马氏。夫人训导二子，以义以方，虽荜门陋巷，当□□也。从周幼而明敏，与众殊，专经擢第，复鸣金甲科，授鄠县尉，遂乞假乎东归，迎养以就禄。□至于原圃，得宗周书，知夫人已挈幼携稚已西来矣。乃踊跃奔走，至于平阴，庆拜慈颜，愉愉承欢扶侍，复于洛下。以时当赫曦，不可以前进，爰憩于宣教里，忽遘疾，卜就吉地，乃还于择善里。会昌元年七月十日，卒于旅舍。将卒，语二子曰："昔吾闻俚言，人死固有地。始甚不信。且吾与尔家世居吴，今病亟于洛。夫命岂逃哉！然我死必葬我洛北。他日，筮通年，启护尔父来祔我玄堂。"言绝目暝,享年有六十。从周、宗周沥血匍匐,以其年岁在辛酉八月戊戌朔廿三庚申,葬于北邙平乐乡之原。猗欤!恭承先命,孝也;逾月而葬,礼也。镡词不足以称德,盖虞陵谷之变也。乃为之铭曰:

奕奕箕子,建功于周。种德垂裕,继世庆流。降及夫人,以承余休。玉交婉淑,蕙心和柔。克慎攸遂,谁与之俦?施衿结帨,光配黔娄。丝枲是勤,苹蘩允修。妇道既备,母仪亦优。于何不寿?奄宅松楸。爰刻贞石,以纪芳猷。子孙其宜,万祀千秋。[1]

这篇由死者之长子余从周撰写的墓志反映了一个颇为典型的唐代晚期的贵族家庭。余从周的母亲洪氏 24 岁时嫁给吴县尉余凭,生二男一女。余凭于大和六年(832)死于他乡,年寿不详。洪氏由此"训导二子",使余从周得以"专经擢第,复鸣金甲科"。洪氏于会昌元年(841)卒于洛阳的一个旅舍,时年 60 岁。由此推算,洪氏当生于 782 年,于 805 年出嫁,值余凭去世时,已结婚 27 年。

　　第二类墓志(记录死者配偶成亲、死亡年龄及夫妇双方的死亡年份者)共有 11 篇,墓主都是男性(包括夫妇合志)。在这类墓志基础上计算出的平均婚龄是 28.3 岁(见表 4.5"唐代婚龄统计表之二")。

---

[1]《续集》会昌 001。

表 4.5　唐代婚龄统计表之二

| 出　　　处 | 性别 | 死亡年份 | 死亡年龄 | 配偶死亡年份 | 配偶死亡年龄 | 配偶结婚年龄 | 婚龄 |
|---|---|---|---|---|---|---|---|
| 天宝 217 | 男 | 722 | 59 | 752 | 88 | 13 | 45 |
| 开元 481 | 男 | 726 | 60 | 738 | 59 | 19 | 28 |
| 天宝 112 | 男 | 747 | 58 | 742 | 39 | 18 | 21 |
| 顺天 004 | 男 | 750 | 不详 | 751 | 56 | 20 | 35 |
| 大历 083 | 男 | 753 | 不详 | 779 | 66 | 14 | 26 |
| 永贞 002 | 男 | 774 | 63 | 781 | 57 | 19 | 31 |
| 全 691 | 男 | 779 | 39 | 777 | 39 | 17 | 22 |
| 全 501 | 男 | 790 | NA | 789 | 58 | 22 | 36 |
| 大和 049 | 男 | 796 | NA | 832 | 67 | 15 | 16 |
| 贞元 090 | 男 | 798 | 69 | 774 | 35 | 14 | 21 |
| 全 215 | 男 | 681 | NA | 677 | 46 | 16 | 30 |
| 平均婚龄 | | | | | | | 28.27 |

下面我们来看看这一组中的代表性墓志——开元年间的《大唐故吏部常选陇西李府君与吴兴朱夫人墓志铭并序》：

夫木有松柏，人何颓迁？神理窅窅，道何绵绵？粤若仙虹贯月，玄历膺期，白云生马喙之贤，紫气表龙光之德，衣冠弈叶，□谍存焉。府君讳敬固，字志，陇西成纪人也。曾祖纂，并州□原令；祖信，相州尧城丞；父承嗣，施州清江主簿：并贞节有闻，言行无玷，怀道抱德，时人所推。夫人曾祖讳玄，隋魏州冠氏令；祖良，衢州龙丘丞；父斌，并州阳曲簿：并器和陶裕，服义依仁，为官公清，干以时事。夫人主簿公第四女也，禀柔明之性，生令德之门，年十九适于李氏。

府君典坟如海，翰墨如林，资孝为忠，惟明与哲。岂谓椅梧早落，良木先摧。年六十，以开十四年寝疾，终于伊阙别业。

夫人尽惟堂之哀，弘择邻之教，既迁送而合礼，整家财而毕备，抚诸子以永感，守节志而不渝。诞四男五女，长子延昌，次克昌，次全昌等。长女适扶风马氏，次适太原王氏等。或官列朝廷，或早亡泉路。夫人顷者肤腠愆心，晦明乖候，春秋五十有九，以开元廿六年七月廿四日终于福善私第。

继子克昌，养不违亲，孝而尽礼，望霜岵而流血，几怆莪诗；攀风树以深悲，屡伤棘茹。以开元廿七年正月四日合葬□北邙山原，礼也。兄弟姊妹等，恋恩颜于囊训，五内崩裂；惟攀辫于此辰，万绪荒悸。

呜呼呜呼！光驰白驹，地卜青乌，□□容舆，飞旐萦纤。泉深隧闳，野旷坟孤，天□魂往，冥间路殊。□是人非兮垂芳烈，万代千秋兮长不渝。[1]

从上文中我们得知，这是一篇夫妇合志。死者是吏部常选李敬固和他的夫人朱氏。朱氏 19 岁嫁入李家，共育有四男五女。李敬固死于开元十四年(726)，死时 60 岁。朱氏死于开元二十六年(738)，死时 59 岁。由此推算，朱氏结婚时当在 698 年，至 726 年李敬固去世，因此，李、朱两人的婚龄是 28 年。

第三类，即文中并无死者成亲、死亡年龄的记录，但却提及婚龄的墓志，仅有两份。一份是开成年间的《前大理评事薛元常妻弘农杨氏墓志》。全文如下：

---

[1]《汇编》开元 481。

唐开元[1]四年八月十七日,妻杨氏迁厝于南园之西地。杨氏夫人即故监察御史□之孙,故金吾卫佐裔第四之女,行高识敏,孝爱为心,事亲操有□之风,御下施君子之德。揣力可及,靡爱惜于人情;启言而行,无彼我之事理。况伯仲衰谢,遂无一人,姊妹贫虚,而有三室,门户由此,委蛇悲伤,每自告天。衣冠仕人,闻之叹美。

元常与故明州刺史殷彪还旧。殷承外舅分至,因此托以姻媾。□长庆年中暑,元常自东洛赴嘉期。尔来十六年,其仁德令淑,首出衣冠。门户以之光华,闺阁由此荣耀。救恤家族,祗奉夫门,一心烦劳,百计资办。于是生疾,医术百端,释教敬恭,希冀保护。既无毫发之验,遂有殃祸之凶,哀哉!上天不与救活,粗陈终始,以表仁贤。铭曰:

性氏□达,□□衣冠,胄胤断绝,名籍衰残。天生贤女,□□其家,才智周厚,中外光华。天道不仁,神理非直。福不与能,祸乃殃识。哀哉慕年,门衰家破,当此齿岁,遭其殃祸。痛切中伤,君乃先亡,余年既衰,别非久长。[2]

杨氏夫人的墓志显然是由她的丈夫薛元常撰写的。篇幅虽不长,但不乏悲切缠绵之情。文中虽未提及杨氏出嫁与死亡时的年龄,但却明确写道,杨氏入薛家共16年。志中还提到薛、杨两人是在长庆四年(824)中暑(五月)之际结婚的,距杨氏病死时的开成四年(839)八月,为十五年

---

[1] 原文如此,当是"开成"之误。
[2]《续编》开成021。

零三个月。从这篇墓志我们还得知，杨氏可能一生没有生育。另一份墓志是唐朝末年的《故唐山阳郡巩氏墓志》，所记婚龄为 15 年。[1]

　　综合所有记载婚龄的 54 篇唐代墓志而得出的唐平均婚龄约为 25.9 岁。值得指出的是，在离婚率相对来说比较低的社会中，平均婚龄是与初婚年龄及平均寿命密切相关的。因此与其说唐代的平均婚龄值是唐代婚姻制度稳固性的标志，还不如说它是唐代政治、社会、经济和生活状况稳定与否的标志。虽然记载婚龄的墓志数（52 篇）并不具备很高的统计学价值，但是，我们还是可以看出，唐代婚龄值的变化与唐代社会从昌盛走向衰落的趋向基本上一致（见图 4.2 "唐代平均婚龄比较"）。

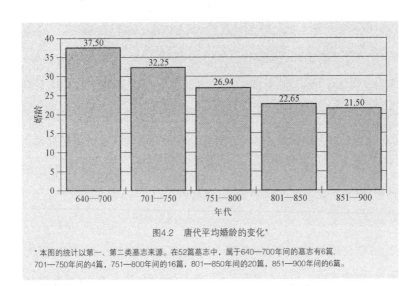

图4.2　唐代平均婚龄的变化*

* 本图的统计以第一、第二类墓志来源。在52篇墓志中，属于640—700年间的墓志有6篇，701—750年间的4篇，751—800年间的16篇，801—850年间的20篇，851—900年间的6篇。

[1]《续编》天佑 001。

# 琴瑟之谐

与前代相比,唐代婚姻制度逐渐趋向于对婚姻本身及婚姻当事人的注重。比如,本书第三章提到的对庙见礼后方称来妇之规定的松动,就是这种变化的一个标志,而另外一个重要标志是,"和同琴瑟"[1]成为唐代社会普遍认同的夫妇关系的准则。这种对夫妇关系的注重在墓志铭中反映得非常清楚,其中,大中年间文林郎王琐为他妻子陈氏撰写的《唐故颍川陈夫人墓志铭并序》最为典型地体现了唐代的夫妇之情:

夫人颍川郡人也。其源流枝裔,系在家谍,故可得而略焉。曾祖远,皇左千牛卫长史;祖琚,皇申州罗山县尉;考儵,皇宣州旌德县尉。五代祖以文学中策,累资为长洲令,其后子孙因家吴郡。夫人旌德郡之仲女也。外祖顺阳范公询,始以孝廉入仕,多赴公侯延辟,为巡察之职,季年终于丹徒令。其外族亲戚,世多卿相,为侯伯者不可胜纪。

夫人少习诗礼,长善笔札,自孩提至笄年,不履堂阈。其于针刀之功,罔不尽妙。予向其清规,饱其懿淑,遂因亲友传导,愿委禽焉。及拜其室,观其德,果叶所闻。而后琴瑟韵合,闺门道光,将期睹子孙之盛,保松筠之寿。何期暂婴微疾,以至殂逝。抑闻之古人曰:皇天无亲,惟德是辅。且夫人事亲尽孝,可侔于曾闵;事夫执敬,有类于恭

---

[1] 见《唐故段氏妻李夫人墓志铭并序》,《汇编》乾封045。

姜。孝敬之道既备,可谓全其德也,奈何不享其寿,弃予先逝? 则天道辅德之言,曷足凭乎? 然夫人在家有金玉之丰,为妇享禄秩之盛,则平生之分,亦无恨矣。所痛者,以予天年未尽,不得与良人偕死,故于九原之东,虚其左室,俟予启手足之晨,从夫人祔于此也。冀泉壤再合,神魂相依。

夫人归予八年,生子二人,长曰严七,幼曰印儿,俱婴孩;然居丧号恸,皆过毁瘠。女二人亦幼稚,晨暮哭泣,如成人焉。夫人年廿五,大中十年二月廿一日寝疾,终于海盐县之公署。以其年十一月廿一日葬于苏州长洲县余杭乡石浃南馆墅村之原,礼也。呜呼! 男未辨方,女犹总角,一旦弃去,俾谁字之? 嗟乎! 日月有时,痛伤无已,衔哀识石,以虞变迁。铭曰:

于戏良人,道光母仪,事上以敬,抚下惟慈。温恭可范,闺门有规,何图不寿,泉路永辞。楚玉沉素,妍芳坠枝,皇天何罪,遘我孤危。恸哭缟帐,生平莫追,流水凝咽,松风助悲。彭殇兮同趋此道,泉壤兮与卿之期。[1]

在以上这篇墓志中,陈氏的丈夫不仅倾吐了自己"不得与良人偕死"的悲痛,更立下了"泉壤再合,神魂相依"的誓愿。而在另一份大中年间的墓志《唐故荥阳郑夫人墓志铭并序》中,郑氏因产蓐病而亡,丈夫卢知宗自责之余,又誓言绝不再婚:

---

[1]《汇编》大中122。

夫人柔德克明，玉坚兰茂，生十有四年，荥阳公及余姑乃谋正衣花，奉我斋祭。愚时参京兆府军事。夫人行高图史，言合典经，法度德容，出于天假。况内外华族，生长侯门，必能柔顺谦光，降心及物，对绮罗珠玉，不忘浣濯之衣；奉蘋洁恭勤，克被革蘩之礼。本为令女，今号贤妻，诚则□晋是宜，愚多愧色。

自纳币洎于今十年矣，生子三人，女二人。长曰小夏，次曰震儿，不幸后夫人之丧十有九日天失；次曰继儿，女曰上客。大中七年十月二十五日育上客之妹，未名，浃月遘病。荥阳公以名德司邦计，望冠公卿，天下良砭善药，靡不毕致。公昼夜视病于知宗氏。公属念弥切，复见医甚臻而疹益固，化夫人宅心于空门，号曰悟玄，望滋景福矣。又至于卜筮祈祷，虽愚之伯氏季氏洎于族姻僮隶，奔走于九达之衢以求之，骆驿相属，刿愚之躬哉！天乎天乎！愚之不淑，而夫人之不寿也。凤心未展，幽赞遽乖，岂料仁贤，奄先风烛。其年岁在癸酉十二月二十四日，终于上都长兴里第，享年二十三。自始疾至于候息，神魄严整，不殊平生。明年正月二十四日己酉，知宗载夫人丧东归，二月五日至于洛师，二十九日克葬于河南县金谷乡焦古村，祔于大茔之东北一百八十四步。

呜呼！世以婴孺之无恃也，必曰傅母保之，不若继之之慈也。而中古已来，天下人之子酷于继者日有之，而未闻酷于乳母矣。知宗始过二毛，既切潘生之悼；永思同穴，敢忘诗人之言。夫人之将瞑也，知宗实酹于前，泣以自誓，夫人闻之矣。夫人德门懿范，及愚家世，翊赞圣明，盖国有史家有谍，故吞哀搦管，其能尽文，遂铭于埏曰：

凤翼孤兮皇影沈，常娥西堕玄泉深。杳然光景不可寻，瑶瑟弦绝无和音。临穴呼天赚人心，愚狂魂断藏衣衾。涕横交颐情不禁，十年松柏长森森。[1]

又如，在咸通年间的《亡妻荥阳郑氏夫人墓志铭》中，撰者高湜强调，夫妻之情之重远远超过闺房之爱，因为"昔奉倩之伤神，安仁之悼亡，征其辞旨，不过闺房之爱耳。况余情义之外，荷周旋而怀德惠，赞万绪而糅中肠，以是思哀则痛百荀潘矣"。[2]

唐代亦不乏妻子为丈夫撰写墓志的例子，字里行间颇多恩爱之情。以下这篇墓志是唐代初期贞观年间一位姓周的女性为她丈夫曹因撰写的：

君姓曹，名因，字鄙夫，世为番阳人，祖、父皆仕于唐高祖之朝。惟公三举不第，居家以礼义自守。及卒于长安之道，朝庭公卿，乡邻耆旧，无不太息。惟予独不然，谓其母曰：家有南亩，足以养其卿；室有遗文，足以训其子。肖形天地间，范围阴阳内，死生聚散，特世态耳，何忧喜之有哉！予姓周氏，公之妻室也，归公八载，恩义有夺。故赠之铭曰：

其生也天，其死也天。苟达此理，哀复何言！[3]

---

[1]《汇编》大中 083。
[2]《汇编》咸通 033。
[3]《汇编》贞观 181，此墓志失盖，所以没有标题。

这篇墓志很短,所记述的曹因的生平事迹也并不多,但读来十分生动。曹因虽出生高贵,自己却并没有谋得一官半职,又不幸早死于旅途中。但豁达的周氏并没有因此过度哀伤:丈夫虽屡举不第,但平生以礼义自守;更何况"其生也天,其死也天",夫妇间的恩义是"死生聚散"所不能抹去的。天宝年间的《大唐故左威卫仓曹参军庐江郡何府君墓志铭并序》也是一篇妻子纪念丈夫的墓志,字里行间流露着作者辛氏对她丈夫何简的敬爱之情:

　　君讳简,字弘操,庐江人也。曾祖员,祖豪,考珪,不仕;皆好幽静,避世隐居。至君博学道高,温恭志肃,以进士及第,解褐扬州高邮主簿。在任洁白能仁,清勤动众,再授左威卫仓曹参军。丁内忧去职。于制悲裂,情异众人,恻怛之心不忘,伤肾之意无改。泣常流血,以类羔柴,居服有仪,同乎敬子。遂成寝疾,已入膏肓,针乃无疗,药攻不及,以天宝元年六月十九日卒于河南县敦化坊之里第,春秋五十有七。

　　君金玉不宝,忠信代之;积聚不祈,多闻为富。长闻陋巷不堪忧,君也处之不改其乐。以其年七月卅日权殡于城北,礼也。身欲随没,幼小不可再孤,一哭之哀,君其知否?是以柏舟已誓,匪石不移,刊石为铭,以存终古。辞曰:

　　忆昔府君,复礼为仁,学以备德,文以立身。笃信于友,克孝于亲,天道何怨,歼此良人。佳城郁郁,陇树依依,千秋万岁,长处于兹。

　　唐代这种注重夫妇间亲情的观念在文学作品中有明确的体现。比如,随着唐代官僚体制的健全和扩展,因宦旅和官务导致的夫妇间的离别逐渐成为倾诉夫妇之情的文学主题之一。盛唐末的《月夜》可称唐诗中这类主题的代表作,此诗作于755年安史之乱初期,当时杜甫被叛兵所拘,困于长安。他写下此诗,以遥寄思念妻子杨氏之情:

> 今夜鄜州月,闺中只独看。
>
> 遥怜小儿女,未解忆长安。
>
> 香雾云鬟湿,清辉玉臂寒。
>
> 何时倚虚幌,双照泪痕干?[1]

　　虽然寄内诗起源于汉代,但它的鼎盛期却在唐朝,这是由三个原因造成的:一是唐代官僚体制的完备;二是唐代的官员又多是文人(唐代科举尤以诗赋为重);而更重要的一个原因,则是唐代对夫妇间的亲情的注重。唐代的夫妇之情反映了中国婚姻史上关于夫妇关系规范性观念的一个重大变化:在上古时代,夫妇间以“敬”为美德,所以有“夫妇之道,私室不与焉”之说,以至当孟轲进入卧房时,见“其妇

---

[1]《全唐诗》卷224。与杜甫同时代李白也曾写下多首寄远诗,倾诉他对前妻许氏及后妻宗氏的感情。寄给许氏一篇《寄远》写道:“本作一行书,殷勤道相忆。一行复一行,满纸情何极。”(《全唐诗》卷184) 寄给宗氏的《别内赴征三首》写道:“(第一首)王命三征去未还,明朝离别出吴关。白玉高楼看不见,相思须上望夫山。(第二首)出门妻子强牵衣,问我西行几日归。归时倘佩黄金印,莫学苏秦不下机。(第三首)翡翠为楼金作梯,谁人独宿倚门啼。夜坐寒灯连晓月,行行泪尽楚关西。”(《全唐诗》卷184)

祖而在内"而"不悦,遂去不入"。[1] 汉代的梁鸿与孟光的故事之所以流传千古,也正是因为它反映了上古时代所推崇的夫妇间的"敬"。《后汉书》记载道,梁鸿至吴,"依大家皋伯通,居庑下,为人赁舂,妻为具食,不敢于鸿前仰视,举案齐眉。伯通察而异之,曰:'彼佣能使其妻敬之如此,非凡人也。'"[2] 但是,在唐代,这种夫妇间的"敬"已逐渐被夫妇间的亲昵之情所取代。这种亲昵之情在唐代的夫妇书信中也有反映。如张敖《新集诸家九族尊卑书仪》(P. 3502)收录了两份夫妇间的书信来往的范例"与妻书"和"妻答书",而文稿 S. 5613 则收录了另一种范例"与夫书"。在此特将三种书仪全文录出:

## 与妻书

自从面别,已隔累旬;人信劳通,音书断绝。冬中甚寒,伏惟几娘子动止康和,儿女佳健。此某推免,今从官役,且德(得)平安,唯忧家内如何存济。努力侍奉尊亲,男女切须教训。今恩(因)使往,略附两行,不具一一。某状通,几娘子[左右]。

## 妻答书

拜别之后,道路遥长,贱妾忧心,形容憔悴。当去之日,云不多时,一别已来,早经晦朔。翁婆年老,且得平安,家内大小,并得寻常。时候,伏唯某郎动止万福,事了早归,深所望也。谨奉状不宣。某氏

---

[1] 刘向《列女传》卷1《邹孟轲母》。
[2]《后汉书》卷73。

T4-1　与妻书 妻答书（P.3502《新集诸家九族尊卑书仪》）

与夫书

辞奉久旷仰增深不任近书奉慰颂堕区怀

動用弥勝即此　大君大家動止萬福男女等無

悲見蒙兑未由展奉但增馳系　謹奉狀不宣

謹狀　月日准上

T4-2　与夫书（S.5613《失名书仪》）

男状上。某郎[执事]。

## 与夫书

辞奉久，驰仰增深，不枉近书，无慰倾望。寒温，惟动用珍胜。即此大君大家动止万福，男女等无恙。儿蒙免，未由展奉，但增驰系。谨奉状不宣。谨状。月日准上。

唐代对这种"驰仰增深"的夫妇之情的表露和描绘还反映在不少传奇小说中，其中尤以《玄怪录》中的"齐绕州"最为动人。齐绕州即绕州刺史齐推，他的女儿嫁给了湖州参军韦会。长庆三年，韦会将赴调，而其妻正有孕在身，韦会便将妻子送回娘家。不幸的是，齐氏不久"为狂鬼所杀"，而"韦以文籍小差，为天官所黜，异道来复，凶讣不逢"。韦会行至去绕州百余里，忽遇齐氏。齐氏泣曰："妾诚愚陋，幸奉巾栉，言词情礼，未尝获罪于君子。方欲竭节闺门，终于白首，而枉为狂鬼所杀。自检命籍，当有二十八年。今有一事，可以自救，君能相哀乎？"面对妻子的请求韦会毫不犹豫地表示道："夫妻之情，事均一体。鹣鹣翼坠，比目半无，单然此身，更将何往？苟有歧路，汤火能入。"齐氏指示道：

此村东数里，有草堂中田先生者，领村童教授，此人奇怪，不可遽言。君能去马步行，及门趋谒，若拜上官然，垂泣诉冤，彼必大怒，乃至诟骂，屈辱捶击，拖拽秽唾，必尽数受之。事穷然后见哀，即妾必还矣。

韦会听后，挥泪前往草堂。见了田先生便"扣地哭拜"，请求相助。田先生不仅对他不理不睬，还让学童把他拖出门外。韦会"又复入"。田先生便命众村童道："汝共唾之。"韦会也不敢抹去吐沫，等学童唾歇，他又拜，"言诚恳切"。田先生又命村童殴打韦会，"村童复来群击，痛不可堪"。但韦会却"执笏拱立，任其挥击"。田先生终于为韦会的决心所感动，他驱散了众童，留下了韦会，对他说："官人真有心丈夫也，为妻之冤，甘心屈辱，感君诚恳，试为检寻。"一番周折之后，韦会终于得以与齐氏之生魂[1]相聚，两人恩爱如旧，而齐氏"饮食生育，无异于常"。

《玄怪录》中的"许元长"记载了一个与"齐绕州"颇为相似的故事：御史陆俊之丧妻之后，悲痛万分，拜求江陵术士许元长为"致亡妻之神"。这篇故事对陆俊之的思妻之情描写得十分动人：

御史陆俊之从事广陵也，有贤妻，待之情分倍愈于常。俄而妻亡，俊之伤悼，情又过之。每至春风动处，秋月明时，众乐声悲，征鸿韵咽，或展转忘寐，思苦畏叹，或伫立无憀，心伤永日。如此者逾年矣，全失壮容，骤或雪鬓。[2]

唐代社会重视夫妇琴瑟之谐的另外一个重要标志是夫妇合葬的兴盛。夫妇合葬在新石器时代就已存在，唐之前历代也不乏合葬之

---

[1] 牛僧孺解释道，生魂与生人之异仅在于"年满当死之日，病笃而无尸耳"。
[2] 牛僧孺《玄怪录》卷3《齐绕州》。

例。但是,在唐以前的儒家传统中,合葬一直被认为是"非古"的。《礼记·曲礼》曰:"季武子成寝,杜氏之葬在西阶之下,请合葬焉,许之。入宫而不敢哭。武子曰:'合葬非古也。自周公以来未之有改也。'"这种对合葬的轻视一直到唐代才完全改变过来了,唐代记载合葬的墓志往往以非常开放的(甚至是挑战性的)态度来解释合葬的必要性,如"合葬非古,行自周年,遵礼而循,流之唐日"[1]"生则移天,死惟同穴"[2]"生乃宜家,死则同穴,虽合葬非古,而垂范将来"[3]。

在931篇已婚女性的墓志中,提及与丈夫合葬的墓志有191篇,占总数的25.52%。(见表4.6唐代女性墓志提及合葬的状况)。而在2 579篇已婚男性的墓志中,1 520篇提及与妻子合葬,占总数的58.79%(表4.7唐代男性墓志提及合葬的状况)。[4]

表4.6　唐代女性墓志提及合葬的状况

| | |
|---|---|
| 墓志总数 | 1 560 |
| 已婚女性墓志数 | 931 |
| 提及合葬的墓志数 | 191 |
| 在已婚女性墓志中的比例 | 25.52% |

表4.7　唐代男性墓志提及合葬的状况

| | |
|---|---|
| 墓志总数 | 4 478 |
| 已婚男性墓志数 | 2 579 |

[1] 见《大唐故夫人惠氏墓志并序》,《汇编》总章038。
[2] 见《大唐故常州江阴县丞贾府君墓志铭并序》,《汇编》仪凤008。
[3] 见《唐故朝散大夫上柱国颍州汝阴县令史公墓志铭并序》,《汇编》开元305。
[4] 笔者将女性墓志与男性墓志分别计算的原因是,综合男女性墓志的统计可能会重复夫妇。

| 提及合葬墓志数 | 1 520 |
| 在已婚男性墓志中的比例 | 58.94% |

女性墓志提及合葬的比例远远低于男性墓志的比例的原因是，在女性墓志中，不少墓主是继室或妾，她们一般没有资格与丈夫合葬。比如，据贞元年间的《唐故河南府河南县主簿崔公墓志铭并序》记载道，墓主崔程曾两娶一门，先娶洛州司兵郑叔向之长女，婚九年，生一男二女后去世。后娶其妹，生一女，不幸先崔程而殁。崔程于贞元十四年(798)去世时与元妻合葬。这篇墓志称："且闻生无并配，葬宜异处，先长同穴，情合礼中，君子以为宜。故后夫人之墓共域并阡，列于西次。"[1] 又如，在元和年间的《唐陇西郡夫人墓志铭》中，墓主李氏是工部尚书崔泰之后妻。崔泰的孙辈们决定将李氏之棺窆于崔泰的"寿宫之旁"。这篇墓志称："不合葬者，以前夫人卢氏已同穴矣，礼也。"[2]

当然，唐代也有继室与丈夫合葬的情况，特别是当继室之子是嗣子时。如在大中年间的《故荥阳郑公墓志铭并序》中，墓主郑公先后三娶。元妻清河张氏生一女，早亡；再娶天水赵氏，生一男一女；嗣娶太原王氏。这篇墓志称，赵氏"虽先物故，与公已同偕老之荣"，所以当郑公去世后，赵氏得以祔葬。[3] 不过，赵氏生下一子可能是她取

[1]《汇编》贞元 096。
[2]《汇编》元和 089。
[3]《汇编》大中 025。

T4-3　唐贞观八年马少敏妻张妃墓志（此志刻于《隋马少敏墓志》背面，当是迁葬时将其夫人之志刻于《马志》之阴）

得合葬资格的主要原因。此外，正妻与继室同时祔葬的情况也时有发生。比如，据《唐故国子祭酒赵君圹》，赵君圹“春秋七十有四，天宝九载二月丁亥薨背于西京善和里第。……夫人陇西牛氏……春秋三十有二，开元六年……薨背于襄州。……继夫人同郡崔氏……春秋

廿有九,开元廿年正月辛酉薨于……粤天宝十载四月甲申,安厝于浮
戏山之南麓。夫人牛氏、崔氏祔焉。合葬非古,取周公制焉礼也。继
室同祔,自潘尼始焉。礼中必有礼也"。[1]

此外,在2 563篇男性墓志中,有167篇乃是夫妇合志。如果将
这167篇墓志列也列在女性墓志总数中的话,那么,女性墓志中的合
葬比例即上升到38.45％。再考虑到在已婚男女性的墓志中,许多墓
主的配偶在墓主死去时尚活着,唐代夫妇合葬的比例当远远高于男
性墓志中所反映的合葬情况(58.94％)。

唐代夫妇合葬在前后期有什么变化呢? 从墓志来看,一个非常
突出的现象是盛唐时期也正是夫妇合葬的高峰时期,其中,武周时
期的681—700年间夫妇合葬的比例竟高达99.05％。而从安史之
乱之始起,夫妇合葬的比例急剧下降(见表4.8"唐代提及夫妇合
葬的男性墓志的状况";图4.3"唐代夫妇合葬的时代变化")。显
然,合葬的费用远远大于夫妇分葬,因为它不仅需要起先亡一方
的棺椁,而且还需要建造一个比单葬远为复杂的墓室。此外,如
果夫妇有一方死于他乡的话,迁葬不仅需要花很大的人工和钱
财,而且还需要有旅途的安全保障。因此,在兵荒马乱的时期,唐
人往往会放弃合葬。从这一点来说,唐代夫妇合葬的兴衰也从侧
面反映了政治、社会、经济状况对社会性别关系和性别制度的
影响。

---

[1]《续集》天宝068。

表 4.8　唐代提及夫妇合葬的男性墓志的状况

| 年　　代 | 墓志总数 | 已婚墓志数 | 合葬墓志数 | 在已婚墓志数中的比例 |
|---|---|---|---|---|
| 621—640 * | 179 | 61 | 24 | 39.34% |
| 641—660 | 475 | 199 | 123 | 61.81% |
| 661—680 | 506 | 218 | 211 | 96.79% |
| 681—700 | 440 | 210 | 208 | 99.05% |
| 701—720 | 357 | 178 | 171 | 96.07% |
| 721—740 | 445 | 228 | 211 | 92.54% |
| 741—760 | 363 | 214 | 137 | 64.02% |
| 761—780 | 192 | 118 | 73 | 61.86% |
| 781—800 | 221 | 156 | 55 | 35.26% |
| 801—820 | 345 | 246 | 98 | 39.84% |
| 821—840 | 248 | 195 | 66 | 33.85% |
| 841—860 | 229 | 183 | 55 | 30.05% |
| 861—880 | 176 | 138 | 57 | 41.30% |
| 881—900 | 49 | 39 | 17 | 43.59% |

* 最早的合葬记录为 627 年。

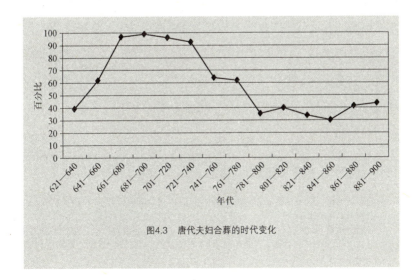

图4.3　唐代夫妇合葬的时代变化

# 义绝与和离

虽然离婚的现象在先秦时代已很普遍[1]，有关离婚的成文规定却到汉代才出现,这就是《大戴礼记·本命》中所记载的七出的原则：

> 妇有七去：不顺父母去,无子去,淫去,妒去,有恶疾去,多言去,窃盗去。不顺父母去,为其逆德也;无子,为其绝世也;淫,为其乱族也;妒,为其乱家也;有恶疾,为其不可与共粢盛也;口多言,为其离亲也;盗窃,为其反义也。[2]

"七出"的条文为汉以后各代所奉从,唐朝也在"七出"基础上对离婚作了非常详细的法律规定。然而,细读《唐律》条文,我们发现唐人对离婚的看法其实与汉人有着很大的差别。首先,除了继承汉代的"七出"原则外,唐代法律中又增加"义绝"一项。[3] 所不同的是,"七出"是丈夫出妻的依据,主动权只在丈夫手中。而"义绝"则是朝廷的强制性离婚,而且对夫妇双方都具法律效应。[4]《唐律》第190条曰："诸犯义绝者离之,违者,徒一年。"也就是说,夫妻间的一方犯

---

[1] 参见陈鹏《中国婚姻史》,第589—666页。
[2]《大戴礼记》卷80。
[3] 陈鹏认为,汉律当有"义绝"条文,但作为一种强制性的规定则从唐始。见《中国婚姻史》,第608页。
[4] 向淑云指出,义绝见于律文,似以唐律为最早,但"义绝则离"之说汉以来就有。因此唐律的规定是承袭了汉儒礼说,而将它法制化。见向淑云《唐代婚姻法与婚姻实态》,第130页。

"义绝"之罪而另一方不离者会受道法律的惩罚。长孙无忌《疏议》解释道：

> 夫妻义合，义绝则离。违而不离，合得一年徒罪。离者，既无"各"字，得罪止在一人，皆坐不肯离者；若两不愿离，即以造意为首，随从者为从。[1]

长孙无忌又对义绝作出如下解释：

> 义绝，谓殴妻之祖父母、父母及杀妻外祖父母、伯叔父母、兄弟、姑、姊妹，若夫妻祖父母、父母、外祖父母、伯叔父母、兄弟、姑、姊妹自相杀及妻殴詈夫之祖父母、父母，杀伤夫外祖父母、伯叔父母、兄弟、姑、姊妹及与夫之缌麻以上亲，若妻母奸及欲害夫者，虽会赦，皆为义绝。

由此可见，"义绝"一条实际上是对将夫妇之情置于法律之上的行为防范，它一方面反映了唐代统治体系对性别制度的控制，另一方面也从侧面反映了夫妇之情在唐代社会的普遍认同。从《旧唐书·房琯传》来看，唐朝廷对强制性离婚的夫妇的复婚有时也会听之任之。比如，房琯之"孽子"房孺复曾前后两娶。他的第一位夫人是郑氏，因产

---

[1]《唐律疏议》卷14。

蓐病而亡。崔随后再娶台州刺史崔昭女,但是:

> 崔妒悍甚,一夕杖杀孺复侍儿二人,埋之雪中。观察使闻之,诏发使鞠案有实,孺复坐贬连州司马,仍令与崔氏离异。孺复久之迁辰州刺史,改容州刺史、本管经略使。乃潜与妻往来,久而上疏请合,诏从之。[1]

此外,丈夫在出妻之后仍钟情于妻子的故事也时有发生,唐社会对此似乎习以为常。比如,玄宗时期,中书侍郎严挺之出妻后,其妻再嫁蔚州刺史王元琰。值王元琰坐赃,玄宗诏三司使推之,严挺之"救免其罪"。玄宗察觉后,谓张九龄曰:"王元琰不无赃罪,严挺之嘱托所由辈有颜面。"九龄曰:"此挺之前妻,今已婚崔氏,不合有情。"玄宗曰:"卿不知,虽离之,亦却有私。"[2]

唐代离婚法的另一个重大变化是将"和离"写入法律中。《唐律》第 190 条曰:"若夫妻不相安谐而和离者,不坐。"长孙无忌对"若夫妻不相安谐"的解释是:"彼此情不相得,两愿离。"[3]"和离"之入律反映了唐人对婚姻双方私人感情的尊重。对唐人来说,婚姻虽是为了"合两姓之好",但夫妇间的琴瑟之谐也是婚姻组合中不可缺少的成分。

---

[1]《旧唐书》卷 111。
[2]《旧唐书》卷 108,《李林甫传》。
[3]《唐律疏议》卷 14。

从现存的唐代资料来看，唐人以"情不相得"为由而离婚的远远超过了以"七出"及"义绝"而离婚的。比如，杨际平、郭锋、张和平在《五一十世纪敦煌的家庭与家族关系》一书中指出，现存的敦煌文稿中的七份离婚书均属于"和离"范围，没有一份是因"七出"或"义绝"而离婚的，而且夫妇双方都有提出离婚的权力。此外，这些离书都强调双方感情不和，而且往往将最后的责任归之于"宿世之因"。各种离书的末尾，又都包含有对故妻或双方的良好祝愿。[1] 陈鹏先生对敦煌离婚协议书的形式作了如下概括："书首必先叙离婚之原因，次，申明离婚出于情愿，并无逼迫。次，既离之后，听妻改嫁，不再翻悔。次，注明离婚时日。最后，由夫亲书花押，印盖手摹。"[2]

以下是敦煌文稿中 S. 6537 的两篇《放妻书》：

## 放妻书一

盖以伉俪情深，夫妇语义重幽，怀合巹之欢，念同牢之乐。夫妻相对，恰似鸳鸯双飞，并膝花颜共坐，两德之美，恩爱极重。二体一心，生同床枕于寝间，死同棺椁于坟下。三载结缘，则夫妇相和；三年有怨，则来仇隙。今已不和，想是前世怨家。反目生□，作为后代增嫉，缘业不遂，见此分离。聚会二亲，以□一别，所有物色书之。相隔之后，更选重官双职之夫，弄影庭前，美逞琴瑟合

---

[1] 杨际平、郭锋、张和平《五一十世纪敦煌的家庭与家族关系》，第74—75页。
[2] 陈鹏《中国婚姻史稿》，第650页。

T4-4　放妻书一（S.6537）

韵之态。械恐舍结，更莫相谈，千万永辞，布施欢喜。三年衣粮，便献柔仪。伏愿娘子千秋万岁。时厶年厶月厶日厶郡百姓厶甲放妻书道。

## 放妻书二

　　盖闻夫妇之礼是前世之因，累□□共修。今得缘会，一从结契，要尽百年，如水如鱼，同欢终日。生男满十，并受公卿。生女柔容，温和内外。六亲欢美，远近似父子之恩；九族邕怡，四时如不憎更改。奉上有谦恭之道，恤下无傥无偏。家饶不尽之财，姑姊称长延之乐。何乃结为夫妇，不悦鼓□。六亲聚而咸怨，邻里见而含恨，苏乳□□，尚恐异流，猫鼠同窠，安能得久？二人意隔，大小不安，更若连流，家

T4-5　放妻书二（S.6537）

业破散。颠铛损劫，至见宿活不残；擎□筑□，便招困□之苦。男饥耕种，衣结百穿；女寒绩麻，怨心在内。夫若举口，妇便生瞋；妇欲发言，夫则捻棒。相会终日，甚时得见，饭饱食全，意隔累年。五亲何得团聚，干沙握合，永无此期。谓羊虎同心，一向陈话美词。心不合和，当头取办。夫觅上对，千世同欢；妇娉毫采，鸳鸯为伴。所要活业，任意分将。奴婢驱驰，几□不勒。两共取稳，各自分离。更无期，一言致定。会请两家父母六亲眷属，故勒手书，千万永别。恐有不照验，绚倚巷曲街点眼弄眉，息寻旧事，便招解脱之罪。为留后凭，仅立。

　　从 S.6537 的第二篇《放妻书》中我们还可以看到，唐代的协议离婚在陈述夫妇感情不和时并没有像汉代的七出那样单方面地指责妻子的过错，而是将责任归咎于双方"夫若举口，妇便生瞋；妇欲发言，夫则拾棒"，可见唐人的离婚观念和习俗要比汉代进步得多。夫妇和离的情况在唐代墓志铭中也有反映。如大和年间的《大唐故澧州慈利县令李府君墓志铭并序》记载道：

　　公讳萼。……端悫立身，忠烈成性，以降伏牂柯，诣阙进献，以功授澧州慈利县令。子爱黎甿，推诚案牍，临下见爱，去任见思。荣未及于丹霄，祸遄至于窀穸，以元和四年六月廿日终。昔娶荥阳郑氏，乖其和顺，寻而离析，既无胤嗣，诸侄护丧，以大和三年正月十五日祔茔殡于河南府密县义台乡许吕管敬义里明山之阳，礼也。[1]

在这篇墓志中，死者李萼曾娶荥阳郑氏，但这门婚姻以"离析"告终。从其"乖其和顺，寻而离析"来看，李郑夫妇的分手很可能属于"和离"范围。值得注意的是，郑氏没有生育，属于"无子出"之列，但李萼在离婚后似乎并没有娶妻生子，因此，"无子"有可能是李郑夫妇感情不"和顺"的原因之一，但并不一定是他们离析的缘由。此外，开成年间的《故紫金光禄大夫检校太子詹事守右神策军正将兼殿中侍御史上柱国颍川郡开国公食邑二千户陈府君墓志铭并序》提道，墓主陈士栋的婚姻很不顺利，虽曾四娶，却都没有白头到老，不是以和离告终，就是以丧妻结束。这篇墓志是这样描写他的家庭的：

顷君未婚，有子三人，曰宗敬、宗直、宗楚。及娶扶风班氏女，淑姿懿范，衣冠之华贵也，生子曰宗峻、宗师。夫人上事六姻，下抚众子，盐梅娣姒，规矩闺闱。故颍川仰其德教，发于兴叹耳，谓天佑善，必享多福。噫斯遘疾，先君而逝，享年廿二，终于修德里第，即元和十一年四月廿六日。以其年六月廿六日，窆于长安县承平乡大严村陈氏之先茔，礼也。君后经三娶，分不相赝，或丧或离，家业凋敝，因兹猜悴，寝疾经时。[2]

[1]《汇编》大和 017。
[2]《汇编》开成 033。此墓志铭的作者是乡贡进士扶风班浔，很可能与陈士栋的第一位夫人有亲属关系。

唐墓志铭中唯一一篇反映以"七出"离婚的是大中年间的《唐故留守李大使夫人曲氏墓志铭》,不过从志文来看,曲氏很可能是以妾或家妓的身份出嫁的:

> 夫人姓曲氏,号丽卿,美容德,善词旨。其先祖瑰赫有武功,世为大官。及笄之年,初嫁刘仆射昌裔之幼子曰纡,生一女……纡为贵公子,无所爱惜,迫于太夫人之命,不得已礼娶他室,遂厚遗金玉缯彩玩用臧获,数盈百万,俾归于李大使士素之室,生四女二男。[1]

虽然此志称曲氏"嫁"入刘家,但从刘纡在其母亲的逼迫下出曲氏而另"礼娶他室"来看,曲氏的身份并不是"礼娶"的正妻。作者在铭的段落中更明确地提到,曲氏"适刘以色,归李兼德"[2],暗示她本来是一个妓女。"七出"在新旧《唐书》中也时有所见,比如,《新唐书·李大亮传》记载道,李大亮之孙李迥秀"喜饮酒,虽多不乱,当时称其风流。母少贱,妻尝詈媵婢,母闻不乐,迥秀即出其妻。或问之,答曰:'娶妇要欲事姑,苟违颜色,何可留?'"。[3]

白居易曾作判文一百篇,其中有五篇涉及离婚案,总的来说,白居易的论点是以夫妇之情为中心的。第一篇判文题为"得甲去妻后,妻犯罪,请用子荫赎罪,甲怒不许",白居易认为,即使夫妇有义绝之

[1]《汇编》大中160。
[2]同上。
[3]《新唐书》卷99。

犯,作为丈夫的甲也应看在其前妻是自己儿子的母亲的份上,让她用
"子荫"的原则赎罪。白居易写道:

二姓好合,义有时绝;三年生育,恩不可遗。凤虽阻于和鸣,乌岂
忘于返哺?旋观怨偶,遽抵明刑。王吉去妻,断弦未续;孔氏出母,疏
网将加。诚鞠育之可思,何患难之不救?

第二篇判文题为"得甲妻于姑前叱狗,甲怒而出之,诉称非七出,
甲云:不敬",白居易对这一假设案件的态度也与唐代夫妇以"琴瑟
之谐"为上的宗旨一致。他认为,作为丈夫的甲忽视了"夫和"以及
"好合"的原则,他认为甲应该召回他的妻子:

细行有亏,信乖妇顺;小过不忍,岂谓夫和?甲孝务恪恭,义轻
好合。馈豚明顺,未闻爽于听从;叱狗衍仪,盍勿庸于疾怨?虽怡声
而是昧,我则有尤;若失口而不容,人谁无过?虽敬君长之母,宜还
王吉之妻。

白居易的第三篇判文的题目是"得乙在田,妻饷不至。路逢父告
饥,以饷馈之。乙怒,遂出妻,妻不伏",他在文中阐述的观点与上文
完全一致,即乙当与其妻重修旧好:

象彼坤仪,妻惟守顺;根乎天性,父则本恩。馔宜进于先生,饩可

辍于田畯。夫也望深馌彼，方期相敬如宾；父兮念切嚣然，旋闻受哺于子；义虽乖于齐体，孝则见于因心。盍嘉陟岵之仁，翻肆送黥之怒。孰亲是念，难望父一言；不爽可征，无效士二其行。犬马犹能有养，尔岂无闻？凤凰欲阻于飞，吾将不取。

第四篇判文"得景娶妻三年，无子，舅姑将出之。诉云：归无所从"是典型的"七出"条例，但白居易利用"三不去"原则而主张"请从不去"：

承家不嗣，礼许仳离；去室无归，义难弃背。景将崇继代，是用娶妻。百两有行，既启飞凤之兆；三年无子，遂操《别鹤》之音。将去舅姑，终鲜亲族。虽配无生育，诚合比于断弦；而归靡适从，庶可同于束蕴。固难效于牧子，宜自哀于邓攸。无抑有辞，请从不去。

白居易的唯一一篇伸张"七出"原则的判文题为"得乙出妻，妻诉云：无失妇道。乙云：父母不悦，则出，何必有过"，在判文中，白居易强调"礼事舅姑，不悦则出"：

孝养父母，有命不从；礼事舅姑，不悦则出。乙亲存为子，年壮有妻，兆启和鸣，授室之仪虽备；德非柔淑，宜家之道则乖。若无爽于听从，苟见尤于谴怒，信伤婉娩，理合仳离。

　　陈鹏先生指出,唐代离婚法虽比前代严密,离婚率却不比前代低,唐代公主离婚改嫁者,尤例不胜举,且有再离而三嫁的,而真正的以离婚为耻的观念到宋代才出现。[1] 离婚案在白居易的判文中占5%也说明离婚现象在唐代并不罕见。然而,唐代在离婚法及其实施中有一个明显的特点——强调和离,这与唐代注重夫妇"琴瑟之谐"的性别观念是一致的。

---

[1] 陈鹏《中国婚姻史稿》,第 593—595 页。

第五章

# 夫妇关系以外的
# 两性契约关系

弃置今何道，当时且自亲。

还将旧时意，怜取眼前人。

——元稹《莺莺传》

# 有家无妻的男性

　　君讳绅,字宗,今嗣曹王绛之季弟也,实崔氏之出。孝惠明敏,忠而有谟,知亲而亲,不疏其疏。始以天荫,选授斯任,在秩谅谅然有济物之心,吏惮民悦,得廉察使沈付师之知,称奖荐至,曹人具瞻。秩满薄游,遇疾于扬州南堰王氏之私第,药饵无效,逮册日,卒于疾所,享年三十五,时大和甲寅岁九月十三日也。未娶,有三子曰宝,曰重,曰小重。幼而无知,皆保赖于长仲之力。卒之明年二月廿二日,归祔于先茔。吾其次仲也,葬而铭曰:

　　手足之痛,楚而内缠,天不可问,吾其茹冤。〔其一〕　耳属之枢,号尔之灵,力愈血眦,尔其吞声。〔其二〕　才尔何主,天尔何尸?日月云逝,恨无已而。〔其三〕　邙岗洛汭,旧樻青青,归尔于此,克石斯贞。〔其四〕[1]

---

[1]《汇编》大和086。

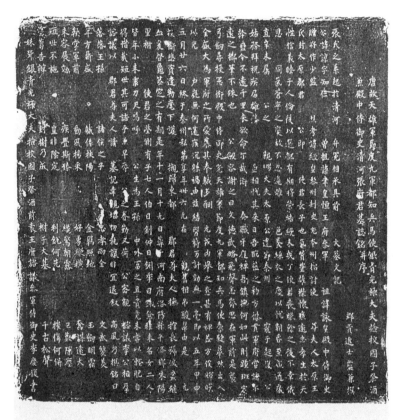

T5-1　唐咸通五年清河张府君（谅）墓志铭（《汇编》咸通037）

有家无妻例证之一

　　这篇题为《唐故宣州旌德县尉李君墓志铭并叙》的墓志虽然行文不长，却为我们提供了非常可贵的关于唐代家庭组合的材料。墓志中的李绅去世时 35 岁，他从未结过婚，却留下了三个儿子。在唐代，这类有家无妻的男性为数不少[1]，唐墓志铭对此也不隐讳。[2] 由此可见，男性婚前有性行为以至生儿育女是为唐代社会特别是中期以后所普遍接受的。男性婚前"成家"有多种情况：或是与家中的侍婢有性行为而生育；或是因有艳遇而生育；或是在婚前置外妇；或是在找到合适的正妻之前先纳妾而生儿育女；此外，与侍婢生育子女然后将她们提升为妾以示与一般侍婢有别的也很普遍。

下面来看一篇贞元年间未婚而有"侍栉之女"的元襄的墓志——《唐故处士河南元公墓志铭并序》：

贞元十有七祀，夏六月初，朔之二日，处士河南元公襄殁于寿安县甘泉乡之别业，享年卅一。以其年十一月廿七日迁神于河南县金谷乡焦古原，祔于先茔，从吉兆也。呜呼！公始自魏室受氏，代生明哲，婚宦显著，焕乎中州。……幼而恭敏，长习诗礼，好善不倦，居然有成。方当佩玉云衢，垂冕象露，光我王国，昭彰后昆，岂谓未受禄于天，奄归全于地。其终也无疾，其嗣也无儿，悠悠昊穹，盖云命也。

太夫人在堂，五昆弟在侧，抚几长恸，感于路人，涂刍之日，家无束帛，太夫人减常膳节浣衣，俾营窀穸也。以时之多虞，礼亦从俭，密迩先茔，是图归祔焉。侍栉之女，始孩而孤；同出之妹，未笄而归于释

---

[1] 费省认为，从敦煌户籍残卷来看，唐代存在着相当数量的失婚男女。见费省《唐代人口地理》，第73—75页。

[2] 除了本文讨论到的墓志外，其他提及有家无妻的墓志包括：《全唐文》卷590、767；《汇编》咸通024、037、059；《续集》开成008，会昌021，大中004、046，咸通035、043等。

氏矣。公之嫡长弟充、次弟京遵太夫人之成命,衔天伦之至戚,躬备葬具,尽我情礼,虽古君子,何以加也。以必复在太夫人犹子之中,尝与公同宴息之暇,备睹公之事业,俾刻铭于泉扉。铭曰:

赫赫魏室,实生我宗;光光祖祢,盛于关东。大父有裕,作牧黎庶,皇考继兴,子男是膺。公也敏达,志在青云,不婚无禄,奄隔良晨。昆弟雁序,高堂泣亲,孤女婴孩,睹者伤魂。刻石下泉,永表明神。[1]

以上这篇墓志的作者是墓主元襄的表兄弟杨必复撰写的。从志文中我们了解到,元襄死时仅 31 岁,而且"不婚无禄",但是他有一个由"侍栉"所生的女儿,年在"始孩",还不到足岁。"侍栉""侍巾栉"或"侍执巾栉"在典籍中一般指妻或妾,语出《左传》中晋太子圉之妻嬴氏之口[2],但它往往是谦称,或是妻妾自称,或妻族人以之称某人之妻。[3] 这篇墓志明确讲到元襄未婚,则"侍栉"很可能暗示这位孤女的母亲是一个侍婢。[4]

贞元年间的《唐故云麾将军王公墓志铭并序》也提到未婚而有子女的情况,但生母的身份不详。这篇志文记载道,墓主王恒泛"以贞元十八年六月五日终于博陵之里,实时年卅有三矣。"因为他"夙丁家

---

[1]《汇编》贞元 108。
[2]《左传》僖公二十二年:"晋大子圉为质于秦,将逃归。谓嬴氏曰:'与子归乎?'对曰:'子,晋大子,而辱于秦,子之欲归,不亦宜乎! 寡君之使婢子侍执巾栉,以固子也,从子而归,弃君命也。不敢从,亦不敢言。'"
[3] 如蒲松龄《聊斋志异·狐梦》:"有小女及笄,可侍巾栉。"
[4] 如明代沈德符的《万历野获编·礼部·粗婢得对》:"杨元配为严夫人,殁后,以婢郭氏侍巾栉。"

祸",以至"卅未婚,临棺无令室主丧",但他有"庶子"二人,"孟曰七
斤,仲曰观奴"。[1]

　　一般来说,婚前"成家"的男性最终会明媒正娶,组成一个正式的
家庭。如开成年间的《故紫金光禄大夫检校太子詹事守右神策军正
将兼殿中侍御史上柱国颍川郡开国公食邑二千户陈府君墓志铭并
序》记载道,墓主陈士栋在娶扶风班氏女之前,已"有子三人,曰宗敬、
宗直、宗楚"。班氏女死于元和十一年(816)四月,享年22岁,留下亲
生的两个儿子宗峻和宗师,由此可见,陈、班的结合至少已有三年。
班氏过世时陈士栋年31岁,以此推算,他最晚在28岁时已与班氏成
婚,换句话说,在二十才出头时陈士栋就已经"成家"做父亲了。[2]
长庆年间的《大唐洛阳县尉王师正故夫人河南房氏墓志铭并序》讲
到,房氏的丈夫王师正在与房氏结婚之前已"有男有女",房氏过门之
后,对这些孩子爱若己出。从墓志的前后文来判断,房氏是以正妻的
身份嫁入王家,而王房结婚时,王师正"先时"所生的儿女的母亲(们)
还健在,可见她(们)并不是王师正的前妻。房氏的墓志记载道:

　　夫人讳敬,字都宾,河南洛阳人也。……嗟夫人十六龄矣,尊夫
人字而筓之,许妻于我,纳采后数月,不幸而尊夫人弃养,夫人泣血号
慕,哀毁过礼。家无姑嫂姊妹以相依,乃托穆氏从母于陕。师正职河
阳怀汝节度府,至元和十三年四月,始获亲迎于济源县。良愿既果,

---

[1]《汇编》贞元118。
[2]《汇编》开成033。

T5-2　唐长庆二年洛阳县尉王师正故夫人河南房氏（敬）墓志铭（《汇编》长庆011）

悲乐交心。其年冬，余府罢尽室入洛，漂泊羁辛者久之。间一岁，余尉洛阳，性拙且愚，值夫人体用闲淡，俱不能事事，虽巫食禄，家常罄虚，至于温暖奉身之事，阙如也，而夫人处之不改其乐，未尝健美荣华，时阅释典自适而已。呜呼！彼黔娄之夫妇，安贫乐道固如是。

先时师正有男有女,及夫人归,爱抚若己出,有幼者留其母,长之育之,懿慈仁如是。彼数子者,蒙恩德一何甚!

……

实望偕老,庶几世荣。何沴生寒暑,而疾作膏肓,医巫方术,汤饮药饵,尽心焉,诚祷焉,曾未有间,抱疹弥固。长庆二年五月二日,奄终于神都履道里之官第。享年廿三。呜呼! 天既难问,神亦何凭,为善不佑,夭折如斯,岂图兰梦之兆无答,薤荣之落遄及,长恸奈何! 已矣奈何! 长子景度,次子景章、景新,洎崔氏女等,皆天与常性,因心则哀,嗷嗷孺慕,昼夜不绝。[1]

从这篇墓志来看,房氏本人似乎并没有生育,而长子景度,次子景章、景新,及崔氏女,可能都是王师正在正式成婚前所生的儿女。房氏婚后四年即死于"寒暑"之症,当时,王师正的女儿已嫁到一户崔氏人家,可见王师正至少在结婚前之十年就已经有家小了。再如,开成年间的《唐左春坊太子典膳郎河东卫君夫人扶风辅氏墓志铭并序》记载道,墓志主辅氏的丈夫在婚前已有三子,他们可能是由别宅妇所生的。辅氏与卫君结婚不到一年("星霜未周")就因病而死。当时,她的亲生儿子才"逾满月",她自己也仅有二十二岁。但是辅氏"夫人犹有众子三人,寄于淮楚,长曰孟老,次曰小孟,□曰千郎,并髫龀之年也。"[2]而大中年间的一篇无题墓志(《汇编》大中 076)则写道,作者

[1]《汇编》长庆 011。
[2]《汇编》开成 030。

归仁晦在礼娶之前曾"纳支氏以备纫针之役,由是育五男二女"。等
到归仁晦"以礼娶郑夫人"后,"支氏以□乞归养于其父母家"。

值得注意的是,有家无妻的现象虽被唐代社会所认可,但它却并
不是一种时尚;相反地,终身未娶常常被看作一种不成功的标志。如
开成年间的《唐故邕管招讨判官试左清道率府兵曹参军清河崔公墓
志铭并序》写道:

> 叔父讳洧,字利物。太保忠公之孙,南和府君之子。汉初自齐徙
> 贝,隋末自贝迁洛,本清河东武城人也。性贞独退默,态度不能与时
> 世合,每安所安、适所适而已矣。为孀姊幼弟孤侄主衣食,遂求署小
> 职于淮泗间,仅十五岁。太和初,为戎府招,授试卫佐,竟以累牵,未
> 及南行,府除。九年冬,泝汴入洛,至止逾旬,疡生于左足。以开成元
> 年春正月廿日,终于东都教业坊之私第,享年五十四。以仲春甲申祔
> 葬于邙山,不幸不娶。有女三人:大吴、小吴、盛儿。铭曰:
>
> 内无刑兮我何所愧,道可济兮时不我试。陪松阄于邙原,讫天地
> 兮呜呼于兹地。[1]

这篇墓志是由崔洧的堂侄朝散大夫前守建州刺史上柱国崔耿撰
写的。虽是以侄辈纪念叔伯辈,但全文充满了怜悯之情。墓志主崔
洧显然没有"修身、齐家、治国、平天下"的雄心壮志,他一生得过且

---

[1]《汇编》开成001。

过,与世无争。为了抚养孀姐及弟弟的儿子们,他不得已而外出谋生,却又不能终其职。他虽然生有三个女儿,却"不幸不娶"。可以说,崔洧是名门中穷困潦倒的一个典型例子。

在长庆年间的《唐故宋州单父县尉李氏公招葬墓志铭并序》中,墓主李会昌与崔洧命运相差无几。他"终身未娶",死时留下四个孩子,这些孩子可能是他的两个侍婢或妾所生的。这篇由李会昌表兄李缝撰写的墓志记载到,李会昌在南海时遇土将杨湛清叛变,于元和十四年(819)被乱兵刺死,享年 38 岁。他"以官薄未娶,有长女贞、次女顺,悉为侍巾栉者所育。及尉单父也,有贾姓如□者,生长子艾,小女真"。[1] 在这里,"贾姓如□者"中的衍字不知是不是"君",而"贾姓如君"当可解释为贾姓的妾。另外一个例子是咸通年间的张崇。张崇的曾祖父、祖父均"不仕而终",他的父亲也没有担任过一官半职。张崇因暴疾而死,年仅 24 岁。他从未婚娶,但有"室女",并留下"女二人:长曰宜姐、次曰会会","又有遗腹婴男刘七"。[2] 大中年间的《唐故处士太原王府君墓志铭并序》则更是描写一个出身名门但因病魔缠身、恢恢默处而无力娶妻的父亲:

呜呼! 世有履道而不忒,处约而无闷,暧然若明珠潜渊,美玉韫石,□渴仁义,殁齿而已,物不知我,尊岂非穷欤? 其唯府君乎? 府君讳翔,字退举,太原晋阳人也。汉征君之嘉遁,晋汝南之晦德,仁积泽

[1]《汇编》长庆 006。
[2]《续集》咸通 035。

T5-3 唐大中元年故处士太原王府君（翱）墓志铭并序（《汇编》大中001）

丰，遂昌来裔，九世祖讳隆，后魏绛郡太守，封安阳伯。灵源不污，枝流益清。曾祖讳之咸，皇京兆府长安县尉。祖讳纶，皇江陵府长林县令。皇考讳略，皇荆州龙岗县令。府君其家嗣也。外王父博陵崔公讳咏，元和年中屡镇南服，由桂林领番禺，名重藩岳。

府君生数岁而失所恃。令太夫人，府君从母也。继生一子，慈育两均。府君亦蒸蒸色养，不爽名教，年四十余，犹褐衣默处，恢恢焉。道生纷华，克外荣利。每念躬为宗子，当洁禋祀，而粢盛无助，涅然心疚。方求姻好而痾瘵被体，历稔沉绵，形气衰惙，委靡衽席之间，编籍不释于手，其高迈洞识，世人罕知。祉寿宜钟而天付狭促，昊穹不谅，徒悲善人，弥留寝剧，医不可为。以会昌六年十一月二日终于东都时邕里之私第，享年四十四。有子四人，男曰黝儿、坚儿，女曰停停、五女。黝虽齿未成人，而乐易之风，休然有绍，庆蔓滋其后乎！[1]

这篇墓志的主人王翱虽是太原王与博陵崔的后代，但他"痾瘵被体""形气衰惙"，虽有蔓滋其后之庆，而终无粢盛之助。由此可见，在唐代，虽然有家无妻、终身不娶的现象被普遍接受，但它绝不是当时社会所崇尚的立身之道。换言之，成功的婚姻当是社会地位、权力和财富的标志之一。

## 妾、别宅妇、侍婢

　　虽然唐代墓志铭中提及男性娶妾的或墓志主本身是妾的为数极

---

[1]《汇编》大中001。

多,男性娶妾的比例究竟是多少还是一个难以确定的数值。[1] 在唐
代,身后能有墓志铭者一般都是有一定社会地位或财富的,而这两点
正是男性娶妾的基本条件,所以墓志铭中所反映的娶妾比例并不具
有代表性。不过细读为妾所作的墓志铭或娶妾男性的墓志铭,我们
可以感觉到,与男性有家无妻一样,娶妾在唐代社会是一个很普遍的
现象。但与有家无妻不同的是,唐代社会对男性娶妾持中和态度,既
没有把它看作一种没落的象征,也没有唐代以后的那种以妻妾成群
为男性成功的标志的倾向。娶妾与娶妻的最大区别是,娶妻以礼聘,
娶妾则并没有礼仪规定。比如,在咸通年间的《唐故汝南殷氏瑞卿墓
志》中,作者韦滔称他与殷氏的婚日为"相面日"。[2]

　　唐代描写妾的墓志铭往往以强调她们谦顺、俭朴的品德以及对
家族的贡献为主,以下这篇署名由嗣子崔绍孙撰的《唐故东海徐氏墓
志铭并序》可以说是这类墓志的典型之作:

　　唐咸通十一年岁次庚寅五月壬子朔十一日壬戌,有东海徐氏号
玉堂,终于东都康俗里之私第。徐氏得姓东海,因徙家五陵,遂生神
州。婉嬺成姿,闲华禀性,年十七去□我先太守之选。洎开成殆咸

[1] 据梅因斯(Mary Jo Maynes)和王安(Ann Waltner)的统计,传统中国社会中男性
　　娶妾的比例约为 5%。参见梅因斯与王安《从世界史的角度来看妇女生命周期的
　　变化——中国与欧洲的婚姻的比较》(Women's life-cycle transitions in a world-
　　historical perspective: comparing marriage in China and Europe),载《妇女史杂
　　志》第 12 辑(2001)第 4 期。
[2] 《续集》咸通 080。

通，讫三十年，诚节两全，始终一致，奉上以敬顺，接下以谦和。由是我先君益器重之。

前年之前秋，余奉命随计西笑，及京曾未决辰，旋闻大祸，水陆涂程，云水五千，虽见星奔驰，逾时方到。既到，盖睹大赖之绩，实自徐氏，况抚孤拯弱，守节立事，独断于心，行之于己，颇为余族之所叹尚。而又栖心于澹泊之教，盖佩道箓，道讳瑶质。

自遘疾之初，及弥留之际，尝辍呻吟而念道。每谓其嗣曰："吾生四十八年，亦不为过天矣。殁侍泉下，我之夙志矣。人谁无往，此往岂复恨耶？"言竟奄然。真达人也。一男二女：男曰渭孙，行实温恭；长女适京兆韦氏，次女未笄，容德克备，当必配贤偶也。

呜呼！生有令范，殁有令嗣，又何悲乎？以其月廿七戊寅窆于河南府河南县平乐乡朱阳村北邙之原，礼也。渭孙衔哀襄事，罔有阙遗，绍孙多目得之行实，乃为铭曰：

婉娈贞姿，雍容令范，布德行人，唯慈与俭。二女皆贤，一子时秀，方盛余门，必昌厥后。邙山之南，洛水之北，惨惨云烟，萧萧松柏。□□坠□兮归于此原，使城一掩兮幽明永隔。[1]

从墓志的署名以及志前后文来推测，崔绍孙可能是崔氏"先君"之元妻所生的。因为年长，所以比徐氏的亲生子女更"多目得之行实"，加之又是嗣子，故代表崔氏家族撰写此志。这篇墓志明确讲到，徐氏十

---

七岁时被崔绍孙的父亲所"选",至崔氏父亲死时(咸通九年,868),为崔氏之妾近三十年。因为她具有"诚节两全,始终一致,奉上以敬顺,接下以谦和"的品德,不仅崔氏先君对她很"器重",而且整个家族为之"叹尚"。徐氏生有一男二女,临死之际对他们表示了自己的"夙志":要在泉下再为崔氏先君"侍"巾栉。

开元年间的《大唐邠王故细人渤海郡高氏墓志之铭》以大量笔墨描绘了唐邠王李守礼之妾高淑媛"与物无竞",不敢"冒宠专房"的故事。这篇墓志以申明娶妾之必然性为开端:

监(鉴)于春秋,寅酌诂训,枞择邦媛,精求淑女,树彼风化。是以国君之制,有三归焉。损益异宜,不相沿袭。略其同之选,迹其所由,细人即侄娣之谓也。

接着介绍了高淑媛的家庭背景,以强调她乃"高门之庆":

唐分四岳,肇洪源于滥觞;齐委二卿,擢修干于合抱,代济其美,不陨其名。曾祖裕,皇任澄州刺史,当无为之朝,处共理之地,每推诚以徇物,岂役智以矜功。慕长者于刘昆,狭中孚于郭伋。祖智惠,皇任汝州司法参军。正以闲邪,直以驭枉。循三尺之律,不为擢移;按五刑之科,亟闻阴德。父思业,吏部常选。负廊庙之材,耻居常调;轻州县之职,且乐田园。高门之庆,归于细人矣。

邠王李守礼显然对高淑媵的才貌气质十分满意，所以特意"托媒氏而委禽，备少姜之盛典"，于开元五年（717）七月廿七日娶高淑媵为妾，高淑媵时年18岁。少姜是春秋时晋侯的宠妾[1]，"备少姜之盛典"句不仅确证了高淑媵的妾的身份，而且还反映了李守礼对她的专宠。但是从墓志来看，高淑媵似乎深知为妾的地位之微妙而不敢贸然承受李守礼对她的恩遇：

自结褵朱邸，甫艳青春，一偶坐于筐床，便假词于同辈。乃退而称曰：女谒上僭，则粢盛不修；冒宠专房，则胤嗣不广。于是奉元妃以肃敬，睦诸下以柔谦，淑慎其身，先人后己，演贯鱼之序，陈授环之仪，喜愠忘怀，与物无竞。随珠耀掌，方欣母贵之荣；天桃在颜，遄兴爱弛之诫。固辞恩幸，退处幽闲，悟泡幻之有为，遂虔诚于妙观。萦针缉缕，错综真容，日居月诸，服勤无倦。[2]

高淑媵因病死于开元二十三年（735）十一月七日。在身为邠王之妾的18年，她仅生有一子，"固辞恩幸，退处幽闲"的态度亦可谓至诚。

　　描写妾之谦顺俭朴最为动人的是元稹的《葬安氏志》。元稹的元妻韦氏卒于元和四年（809），两年之后，元稹在好友的安排下娶安氏为妾，并生下了元稹唯一的儿子荆儿。安氏入元家四年后即因病去世，元稹在志中感慨了她"逼侧以居其身"，甚至于衣食"不足"的艰难：

---

[1] 事见《左传》昭公二年。
[2]《续集》开元146。

予稚男荆母曰安氏，字仙嫔，卒于江陵之金隄乡庄敬坊沙桥外二里妪乐之地焉。始辛卯岁，予友致用悯予愁，为予卜姓而授之四年矣。供侍吾宾友，主视吾巾栉，无违命。近岁婴疾，秋方绵痼。适予与信友约浙行，不敢私废，及还，果不克见。

大都女子由人者也，虽妻人之家，常自不得舒释，况不得为人之妻者，则又闺祉不得专妒于其夫，使令不得专命于其下，外己子不得以尊卑长幼之序加于人，疑似逼侧以居其身，其常也。况予贫，性复事外，不甚知其家之无。苟视其头面无蓬垢、语言不以饥寒告，斯已矣。近视其篋笥，无盈丈之帛，无成袭之衣，无帛裹之衾，予虽贫，不使其若是可也。彼不言而予不察耳，以至于其生也不足如此，而其死也大哀哉。

稚子荆方四岁，望其能念母，亦何时幸而立，则不能使不知其卒葬，故为志且铭。铭曰：

复土之骨，归天之魂，亦既墓矣，又何为文，且曰有子，异日庸知其无求墓之哀焉。[1]

从以上几篇墓志来看，唐代男性或是在正式成婚前先娶妾成家（如《汇编》开成033中的陈士栋、长庆011中的王师正，以及大中076中的归仁晦），或是在成婚之后再娶妾并生儿育女（如《汇编》咸通082中崔渭孙的父亲，以及《续集》开成146中的李守礼），或是像元稹那

[1]《全唐文》卷654。

样,在元妻死后及再娶之前纳妾以侍巾栉。而李德裕为他的妾所撰写的《滑州瑶台观女真徐氏墓志铭并序》则反映了另一种情况:唐代官员离别家小赴职后在任职当地娶妾。李德裕写道,徐氏名盼,字正定,"长庆壬寅岁,余自御史丞出镇金陵,徐氏年十六,以才惠归我"。徐氏为李德裕"长育二子,勤劳八年",于"大和己酉岁十一月己亥,终于滑州官舍,享年二十三"。徐氏自嫁给李德裕为妾之后,可能一直跟随在他身边。这篇墓志提到,徐氏"去吴会兮别尔亲,越梁宋兮倦苦辛",最终死于李德裕的官舍。[1]

徐氏"归"李德裕后,其身份与"别宅妇"颇为接近,因为她并没有与李氏家族住在一起。但徐氏跟随李德裕共同生活了八年,这又与别宅妇有别。在唐代,"别宅妇"是不可能与其夫长期同居的。《朝野佥载》曾记载了唐初时兵部尚书任瑰娶妾不成而"别宅安置"的故事,可为别宅妇与妾有别之证:

> 初,兵部尚书任瑰敕赐宫女二人,皆国色。妻妒,烂二女头发秃尽。太宗闻之,令上宫赍金壶瓶酒赐之,云:"饮之立死。瑰三品,合置姬媵。尔后不妒,不须饮;若妒,即饮之。"柳氏拜敕讫,曰:"妾与瑰结发夫妻,俱出微贱,更相辅翼,遂致荣官。瑰今多内嬖,诚不如死。"饮尽而卧。然实非鸩也,至夜半睡醒。帝谓瑰曰:"其性如此,朕亦当畏之。"因诏二女令别宅安置。[2]

[1]《汇编》大和025。
[2] 张鷟《朝野佥载》卷3,《唐五代笔记小说大观》,第34页。

　　唐代墓志铭中申明死者是别宅妇的并不多，可见别宅妇在地位上也要比妾低下，而置别宅妇也比娶妾随便的多。《旧唐书·李义府传》记载，显庆元年（656），李义府"以本官兼子右庶子，进爵为侯。有洛州妇人淳于氏，坐奸系于大理，义府闻其姿色，嘱大理丞毕正义求为别宅妇，特为雪其罪"。[1] 别宅妇与妾的另一个差别是，别宅妇并不属于已嫁之人，因此，她与"夫"之间的契约关系是十分松散的。从《新唐书·李绅传》的记载来看，在唐代，别宅妇甚至可以被列入未有婚配之列：

　　教坊使称密诏阅良家子及别宅妇人内禁中，京师嚣然。绅将入言于帝，吉甫曰："此谏官所论列。"绅曰："公尝病谏官论事，此难言者，欲移之耶？"吉甫乃欲讽诏使止之，绅以吉甫畏不敢谏，遂独上疏。帝曰："朕以丹王等无侍者，比命访闾里，以赀致之，彼不谕朕意，故至哗扰。"乃悉归所取。[2]

　　唐玄宗时期，别宅妇曾一度被禁。《唐会要》记载："开元三年二月敕：禁别宅妇人，如犯者，五品以上贬远恶处，妇人配入掖庭。"[3] 但娶别宅妇的唐代男性为数不少，到了唐中后期，撰写墓志铭以纪念别宅妇者也时有之，如柳宗元为马淑撰写的《太府李卿外妇马淑志》，即是

---

[1]《旧唐书》卷82。
[2]《新唐书》卷152。
[3]《唐会要》卷41。

一例。马淑本是歌舞妓出身,可见别宅妇的出身往往并不高。[1] 德宗时期,吴通玄娶宗室女为外妇一事被他政敌作为告他的一大罪状,事传至朝廷,德宗果然大怒。[2] 黄正建指出,从唐代的史料来看,唐后期并没有禁养"别宅妇"之条令,它反映了唐代前后期别宅妇本身内涵的变化:由于女妓制度的发展,唐中后期的别宅妇往往就是"别第妓人"或"外妇",养别宅妇即近于养妓,唐朝廷也因此听之任之。[3]

另一种夫妇关系之外的两性契约关系是男性主人与侍婢的关系,[4]这在唐代似乎是习以为常的事。新旧《唐书》中多有关于主婢

---

[1]《全唐文》卷 587。

[2] 事见《旧唐书》卷 136 及《新唐书》卷 145。《朝野佥载》记载了殿中侍御史王旭以虐待别宅妇为乐的故事,证明了别宅妇的地位低下:

殿中侍御史王旭括别宅女妇风声色目,有稍不承者,以绳勒其阴,令壮士弹竹击之,酸痛不可忍。倒悬一女妇,以石缒其发,遣证与长安尉房恒奸,经三日不承。女妇曰:"侍御如此,若毒儿死,必诉于冥司;若配入宫,必申于主上。终不相放。"旭惭惧,乃舍之。(《唐五代笔记小说大观》,第 22 页)

[3] 参见黄正建《唐代"别宅妇"现象小考》,收于邓小南主编《唐宋女性与社会》(上),上海辞书出版社,2003 年版,第 251—262 页。

[4] 此外,贵族男性与他人婢奴发生关系也是司空见惯的。比如白行简在其《天地阴阳交欢大乐赋》(敦煌文稿 P.2539)中就描写过这一类男女关系:

更有久旷房事,常嗟独自。

不逢花艳之娘,乃遇人家之婢。

一言一笑,因兹而有意。

身衣绮罗,头簪翡翠,

或鸦角青衫,或云鬟绣帔;

或十六七,或十三四。

笑足娇姿,言多巧智,

貌若青衣之俦,意比绿珠之类。

摩挲乳肚,□滑腻之肥浓;

掀起衣裳,散氤氲之香气。

共此婢之交欢,实娘子之无异。

故郭璞设计而苦求,阮籍走趋而无愧。

之情的记载。如韦安石之女嫁与太常主簿李元澄后不久即病死,"安石夫人薛氏疑元澄先所幸婢厌杀之。其婢久已转嫁,薛氏使人捕而捶之致死"。[1] 又如,房琯之子房孺复"恶贱其妻",而"多畜婢仆"。[2] 而安禄山一手提拔起来的平卢掌书记高尚在寓居河朔县界时,"与令狐潮邻里,通其婢,生一女"。[3] 再如,李逢吉得势之时,门下史田伾"倚逢吉亲信,顾财利,进婢,嬖之"。[4] 许敬宗则不仅"嬖其婢",甚至还"因以继室,假姓虞"。[5] 而李元素则因"溺姬侍"得罪了妻族而被免官。[6]《新唐书·郎余令传》也记载到,郎余令之兄郎余庆因其宠婢而葬送了自己的官运:

　　骦州司马裴敬敫与余庆雅故,以事答余庆婢父,婢方嬖,谮敬敫死狱中。又衰货无艺,民诣阙诉之,使者十辈临按,余庆谩谰,不能得其情。最后,广州都督陈善弘按之,余庆自恃在朝廷久,明法令,轻善弘,不置对。善弘怒曰:"舞文弄法,吾不及君;今日以天子命治君,吾力有余矣。"欲榜械之,余庆惧,服罪。高宗诏放琼州。会赦当还,朝廷恶其暴,徙春州。[7]

[1]《旧唐书》卷 92,《韦安石传》。
[2]《旧唐书》卷 111,《房琯传》。
[3]《旧唐书》卷 200,《高尚传》。
[4]《新唐书》卷 174,《李逢吉传》。
[5]《新唐书》卷 223,《许敬宗传》。
[6]《新唐书》卷 147,《李元素传》。
[7]《新唐书》卷 199。

据《唐会要》载，在唐代，甚至有官员携宠婢在办公处过夜者，如："开成四年二月，刑部奏：大理司直张黔牟在寺宿直，以婢自随。"张黔牟因此还受了处分，"判官一任，当徒一年"。[1]

描写或提及主婢关系最多的是唐代的笔记小说。如《宣室志·王坤》中王坤与其婢轻云的缠绵[2]、《独异志》中干宝之母对其父与婢的关系的报复[3]、《霍小玉传》中的霍小玉的出身(小玉乃是其父与"宠婢"净持所生)[4]，以及《本事诗》中乔知之对窈娘的痴情[5]。因与男主人有性关系而生育的侍婢也当为数不少，如《广异记·吴兴渔者》记载了献州从事裴氏向龟人卜问其婢所怀之胎的性别，当是这种主婢关系的例证：

唐开元中，吴兴渔者，于苕溪上每见大龟，四足各蹋一龟而行。渔者知是灵龟，持石投之，中而获焉。久之，以献州从事裴。裴召龟人，龟人云："此王者龟，不可以卜小事，所卜之物必死。"裴素狂妄，时庭中有鹊，其雏尚珫，乃验志之，令卜者钻龟焉。数日，大风损鹊巢，鹊雏皆死。寻又命卜其婢，所怀娠是儿女。兆云："当生儿。"儿生，寻

---

[1]《唐会要》卷66。

[2] 此篇原文记载道："太原王坤，大中四年春为国子博士。有婢轻云，卒数年矣。一夕，忽梦轻云至榻前，坤甚惧，起而讯之。轻云曰：'某自不为人数年矣，尝念平生时，若系而不忘解也。今夕得奉左右，亦幸会耳。'坤懵然若醉，不寤为鬼也。"

[3] 此篇原文记载道："干宝母妒，当葬父时，潜推一婢于墓中。十余年后，母亡，与父合葬，开墓，婢伏于棺上，久而乃生。问之，如平昔之时，指使无异。"

[4] 此篇原文记载道："故霍王小女，字小玉，王甚爱之。母曰净持，即王之宠婢也。"

[5]《本事诗·情感第一》："唐武后时，左司郎中乔知之有婢名窈娘，艺色为当时第一。知之宠爱，为之不婚。"

亦死。裴后竟进此龟也。[1]

　　因为与侍婢通而危害夫妇关系的传闻在唐小说笔记中时有所见,比如《广异记·苏丕女》即叙述一个丈夫与婢以魇蛊之法危害妻子的故事:

　　武功苏丕天宝中为楚丘令,女适李氏。李氏素宠婢,因与丕女情好不笃,其婢求术者行魇蛊之法,以符埋李氏宅粪土中,又缚彩妇人形七枚,长尺余,藏于东墙窟内,而泥饰之,人不知也。数岁,李氏及婢,相继死亡,女寡居。

　　四五年,魇蛊术成,彩妇人出游宅内,苏氏因尔疾发闷绝。李婢已死,莫知所由。经一载,累求术士,禁咒备至,而不能制。后伺其复出,乃率数十人掩捉,得一枚,视其眉目形体悉具,在人手中,恒动不止。以刀斫之,血流于地,遂积柴焚之。其徒皆来焚所号叫,或在空中,或在地上。烧毕,宅中作炙人气。翌日,皆白衣,号哭数日不已。其后半岁,累获六枚,悉焚之,唯一枚得而复逸,逐之,忽乃入粪土中。苏氏率百余人掘粪,深七八尺,得桃符,符上朱书字宛然可识,云:"李云婢魇苏氏家女,作人七枚,在东壁上土龛中。其后九年当成。"遂依破壁,又得一枚,丕女自尔无恙。[2]

─────────

[1] 戴孚《广异记》。
[2] 同上。

　　唐墓志铭中唯一一篇可能是描写主婢之间的两性契约关系的是大中年间柳知微撰写的《唐故颍川陈氏墓记》：

　　陈氏讳兰英，大和中，归于我。凡在柳氏十有七年，是非不言于口，喜怒不形于色，谦和处众，恭敬奉上，而又谙熟礼度，聪明干事。余以位卑禄薄，未及婚娶，家事细大，悉皆委之。尔能尽力，靡不躬亲，致使春秋祭祀，无所阙遗，微尔之助，曁不及此。无何，疾生于肺，缠绵不愈，以大中四年十二月三日终于升平里余之私第，年四十。先有一女曰婆女，五岁不育；今有一男曰貂蝉，年未成童。即以其月十一日葬于长安县永寿乡高阳原。虑陵谷变迁，失其所在，遂书石纪事，置诸墓门云尔。

以上这篇墓志的格式与一般为妾作的墓志不同，既没有"侧室"[1]"别室"[2]"室人"[3]"细人"[4]"姬人"[5]"如夫人"[6]，甚至"夫人"[7]之类的称谓，也不"铭"以赞词，死者陈氏可能是一个没有良人

---

[1]　如，《汇编》咸通060。

[2]　如，《汇编》咸通102。

[3]　如，《续集》开元168。

[4]　如，《续集》开元148。《续集》中的《唐庆国故细人孙氏墓志铭并序》（天宝031）有"细人古或谓之孺人，次妃之列也"之议。

[5]　如《全唐文》卷216中陈子昂之《馆陶郭公姬薛氏墓志铭》曰："姬人姓薛氏。"

[6]　如《续集》咸通057。又如《汇编》大中094曰："公雅性澹薄简易，无婚宦之情，故终不娶。女出如夫人郭氏。"

[7]　如《续集》大历009题为《大唐英武军使开府仪同三司兼太常卿上柱国萧国公论第八女所生夫人墓志》，其志文则点明："纳我公之室，遂有一女焉。及居处鸣谦，亟闻雅让。"

身份的侍婢。

一般来说,纳妾要比置别宅妇或宠幸侍婢正式得多。纳妾不仅有一定的仪式,而且从法律上来说,妾是嫁入男家的。《唐律》:"《户令》云:娶妾仍立婚契。"即是"验妻、妾,俱名为婚"。[1]正因为如此,妾可以因丈夫的官位而受到一定的"法律"保护。比如,《唐律疏议》立则道:"诸五品以上妾,犯非十恶者,流罪以下,听以赎论。"长孙无忌疏曰:

　　五品以上之官,是为"通贵"。妾之犯罪,不可配决。若犯非十恶,流罪以下,听用赎论;其赎条内不合赎者,亦不在赎限。若妾自有子孙及取余亲荫者,假非十恶,听依赎例。[2]

而当丈夫犯罪时,妾与妻一样受到连累。《唐律疏议》有关"役满及会赦免役"的条文明确提到:"犯流断定,不得弃放妻妾。"也就是说,当丈夫被流放时,妻妾都要"从之"[3],而婢则可以弃放之。

妾与婢之间最大的差别是,妾在身份上是良人,而婢则属于贱人。《唐律疏议》曰:"妾者,娶良人为之。"[4]而"客女及婢,虽有子息,仍同贱隶"。[5]因为妾婢之间的良贱差别,当"妾殴夫家奴婢"

---

[1]《唐律疏议》卷14,第182条。
[2]《唐律疏议》卷2,第13条。
[3]《唐律疏议》卷3,第24条。
[4]《唐律疏议》卷12,第160条。
[5]《唐律疏议》卷22,第322条。

时,其处罚"减部曲一等",而当"奴婢殴主之妾"时,其处罚则为"加部曲一等"。此外,从身份上来说,侍婢"既同资财,即合由主处分"。[1]因此侍婢有被主人出让、转买,甚至有为主人之友侍巾栉的可能,而妾则不会有这种"危险"。[2]但值得指出的是,唐代男性在别宅妇或侍婢生儿育女后往往会将她们提升为妾。《唐律》曰:"若婢有子及经放为良者,听为妾。"长孙无忌疏议曰:"婢为主所幸,因而有子;即虽无子,经放为良者:听为妾。"[3]此外,"诸放部曲为良"条疏也讲道:"据《户令》:'自赎免贱,本主不留为部曲者,任其所乐。'况放客女及婢,本主留为妾者,依律无罪,准'自赎免贱'者例,得留为妾。"[4]

唐代男子娶妾的目的是什么呢?从表面上来看,当然是为了防备"胤嗣不广"。[5]在唐墓志铭中,妾所生的子女在其贵族家庭中的比例也确实很大,在有些家庭中甚至超过妻所生子女。如咸通年间的《唐故银青光禄大夫检校户部尚书使持节郓州诸军事守郓州刺史充天平军节度郓曹濮等州观察处置等使御史大夫上柱国弘农郡开国公食邑二千户河南杨公墓志铭并序》记载道,墓志主杨汉公前后两娶,前夫人郑氏"归于公之室,十有一年"而没,"生二子:曰筹,曰范"。继夫人韦氏生有二子一女,子"曰符,曰篆",女适前进士周慎辞。此外,杨汉公又生有"别四女"及"别七子",其别子分别名曰谭、

---

[1]《唐律疏议》卷14,第192条。
[2]当然例外是免不了的。比如,《新唐书》卷209《来俊臣传》记载道,段简"有妾美,俊臣遣人示风旨,简惧,以妾归之"。
[3]《唐律疏议》卷13,第178条。
[4]《唐律疏议》卷12,第160条。
[5]《续集》开元146。

郡、同、艮、巽、涣、升。[1] 由死者的小叔孙玩撰写的《唐监察御史里
行孙君侧室杜氏墓志铭》一文则描写了一位"恭谨柔顺",以"男长而
文,女成而嫁"为荣的妾——杜氏:

> 知盐铁汴州院事监察御史里行孙虬丧杜氏姬人于宣武城之官
> 舍。杜氏,京兆人,号曰令仪,自笄年入于孙氏之家,逾二纪矣。为人
> 恭谨柔顺,出自生知;处于侪流,无纤芥之失。能御僮仆,善治生业,
> 聪智明敏,可谓天资。男长而文,女成而嫁,斯为荣矣。然而寿不延
> 永者,命矣夫! 以咸通八年正月二十七日遘疾而卒,年四十有三。其
> 年四月十日窆于东都北山。
>
> 有男五人:长曰岩,士行有余,词华已著,为伯叔之深奖,顾名位之
> 可期,次小亚,次启奴,次新奴,幼五弟,并聪俊可爱。女六人:长适河南
> 府参军乐安任体仁,体仁良家子也,次字小迎,次春春,次三三,次小女,
> 五女之容姿孝敬,皆出于人,实吾兄之积善,杜氏之彰美所庆也,幼字小小,
> 乳未期而失所恃。玩职罢寿州,拜兄于汴,受教书纪,纳铭于穴。铭曰:
>
> 淑哉杜氏,恭敬和睦,既彰乃美,宜厚其禄。寿也未长,逝兮何
> 速,窆于邙山,享其阴福。[2]

在这篇墓志中,身为监察御史里行孙虬之妾的杜氏生育了五男六女,

---

[1]《续集》咸通008。
[2]《汇编》咸通060。

远远超过了唐代妇女的平均生育率。在咸通年间中的《唐前申州刺史崔君故侧室上党樊氏墓志铭并序》中，死者樊氏为其夫崔揆生育了三男三女，也比一般的唐代贵族妇女的子女要多。此志的作者是张玄晖，崔揆之侄崔膺的好友。他写道：

> 清河崔膺，博古好奇，与余有重世之旧。一日揖而言曰："我再从叔曰揆，族清行高，联典四郡，早持家法，晚为吏师，子闻之乎？"余曰："然"。膺曰："吾叔之姬上党樊氏，本实仕胄，幼而流落，十九归于吾叔。内和外敬，志洁诚端，承正室之苹蘩，主宾馆之馈遗，胤绪昌矣，姻族赖之。使吾叔莅于王事无内顾之忧者，樊之力焉。生男子三人：长曰全休，前伊阙主簿，次曰广，唐州比阳主簿，不幸早卒，幼曰克荫，补斋郎。女子三人：曰荐，曰獠，曰卢，皆未及笄。而樊以咸通己丑岁六月二十三日疾殁于河南府洛阳县立行里第，享年五十四。越月二十八日，葬于河南县平乐乡杜郭里。吾子务乎舞笔，为樊述其始终，以慰吾叔，可乎？"张玄晖曰："诺。"遂翰写膺言，冠于铭右。铭曰：
>
> 蔼浓芳兮欺上春，落华胄兮嫔贤人。庆螽斯兮懿日新，何不寿兮归天真？嗟嗟遗挂伤夫君，高原得地安灵神。[1]

然而，除了这一冠冕堂皇的"胤绪"理由之外，满足色欲往往是娶妾之不言而喻的动机。唐初时，文人李邕即以挥金"纳国色"而闻名。[2]

---

[1]《汇编》咸通 076。
[2]《唐语林》卷 4。

而上文提及的《唐故留守李大使夫人曲氏墓志铭并序》中的曲丽卿因
"美容德,善词旨",被大家子刘纡纳为姜;丽卿之女云卿又因"艳态横
逸"而被洛阳令魏镳所选。这篇墓志描写道:

> 云卿善音律,妙歌舞,词巧春林之莺,容丽秋江之月。家洛桥之
> 北,秋水泛涨,领女奴辈数人,徐步金堤,闲观雪浪,裙服绰约,艳态横
> 逸。洛阳令魏镳鸣驺呵道,目逆而送之,俾媒妁导意于夫人。[1]

此外,乾封年间的《司刑太常伯武安公世子奉冕直长源〔公〕侧室
赵五娘墓志铭并叙》也提道,赵五娘懿懿"色倾城国,年十有八,适
于源氏"。[2]

　　值得注意的是,唐代官员在离开妻小及父母而在外任职的情况
下,往往会在当地娶妾,如李德裕之娶徐盼。[3] 或者携妾而往,如在
《唐故留守李大使夫人曲氏墓志铭并序》中,魏镳迁南阳郡太守时,
"挈"云卿"而随之,益加专房之宠"。[4] 又如,咸通年间的《唐河南府
河南县尉李公别室张氏墓志铭并序》的作者李管记叙道,墓主"姓张
氏,号留客,出余外氏家也。余外氏南阳张,世居东周,季舅白马殿中
刍,以余幼年,遂留以训育,于诸甥中,慈煦最厚,故以斯人配焉。咸

---

[1]《汇编》大中160。
[2]《汇编》乾封010。
[3]《滑州瑶台观女真徐氏墓志铭并序》,《汇编》大和025。
[4]《汇编》大中160。

通三年,余选授伊阙丞,方掣之任"。[1]

唐代法律中关于期丧的规定也反映出男性娶妾的目的之一是为了保证正常的性生活。从礼制上来说,在服期亲[2]之丧期间嫁娶是"非人情所忍"的,因此,在《唐律》中,"居期丧而嫁娶者"会受到"杖一百"的惩罚。但是,《唐律》又规定:"妾不坐。"疏议解释道:

> 若居期亲之丧嫁娶,谓男夫娶妇,女嫁作妻,各杖一百。"卑幼减二等",虽是期服,亡者是卑幼,故减二等,合杖八十。"妾不坐",谓期服内男夫娶妾,女妇作妾嫁人,并不坐。[3]

妾来源于何处?娶妻与娶妾虽然"俱名为婚",两者"取"的途径截然不同。娶妻不仅要有媒人,要"门当户对",而且必须以"礼聘",以"礼迎"。而娶妾则往往通过买卖而成立,所以《唐律疏议》在区别妻、妾、婢的不同时强调:"妻者,齐也,秦晋为匹。妾通卖买,等数相悬。"[4]有关妾的买卖的最直接记载是《新唐书·李德裕传》:李德裕任剑南节度使时,蜀人因贫穷而"多鬻女为人妾"。李德裕因此"为著科约,凡十三而上,执三年劳;下者,五岁。及期则归之父母"。[5]

[1]《汇编》咸通 102。
[2]期亲指为之服齐衰一年的亲戚,包括祖父母、伯叔父母、在室姑、兄弟、姐妹、妻、侄、嫡孙等。如果在居父母丧期间娶妻者,"徒三年";但若是娶妾,则又"减三等"。见《唐律疏议》卷 13,第 178 条。
[3]《唐律疏议》卷 13,第 179 条。
[4]《唐律疏议》卷 13,第 178 条。
[5]《新唐书》卷 180,《李德裕传》。

当然,买卖并不是唯一的娶妾途径[1],皇帝赐美女予大臣为妾在史书中也多有记载,比如《隋唐嘉话》就记载了唐太宗欲赐房玄龄"美人"而其夫人"宁妒而死"的故事。[2]

从唐墓志来看,妾基本上来自平民,如上文提到的源公之妾赵懿懿即出自无禄之家:懿懿之父赵感"优游不仕,养素全真"。[3]不过,出身官宦之家但因特殊情况而以妾的身份出嫁者也时有所见,陈子昂所著的《馆陶郭公姬薛氏墓志铭》即描写了一位左武卫大将军之女薛氏在出家为尼之后又出嫁为妾的经历:

　　姬人姓薛氏,本东明国王金氏之允也。昔金王有爱子,别食于薛,因为姓焉,世不与金氏为姻。其高曾皆金王贵臣大人也,父永冲,有唐高宗时与金仁问归国,帝畴厥庸,拜左武卫大将军。

　　姬人幼有玉色,发于秾华,若彩云朝升,微月宵映也。故家人美

――――――――――

[1]《玄怪录卷》"郭代公"条讲述了一个平民之女自愿作郭代公之妾的故事。此女之父"以五百缗而嫁女于鬼",郭代公除鬼救女之后,

　　　得免之女辞其父母亲族曰:"多幸为人,托质血属,闺闱未出,固无可杀之罪。今者贪钱五十万,以嫁妖兽,忍锁而去,岂人所宜?若非郭公之仁勇,宁有今日。是妾死于父母,而生于郭公也。请从郭公,不复以旧乡为念矣。"泣拜而从公。公多歧援谕,止之不获,遂纳为侧室,生子数人。(《唐五代笔记小说大观》,第355页)

[2]据说这还是"吃醋"一词的出处:

　　　梁公夫人至妒,太宗将赐公美人,屡辞不受。帝乃令皇后召夫人,告以媵妾之流,今有常制,且司空年暮,帝欲有所优诏之意。夫人执心不回。帝乃令谓之曰:"若宁不妒而生,宁妒而死。"曰:"妾宁妒而死。"乃遣酌卮酒与之,曰:"若然,可饮此鸩。"一举便尽,无所留难。帝曰:"我尚畏见,何况于玄龄!"(《隋唐嘉话》卷中)

[3]《汇编》乾封010。

之,少号仙子。闻嬴台有孔雀凤凰之事,瑶情悦之。年十五,大将军薨,遂剪发出家,将学金仙之道而见宝手菩萨。静心六年,青莲不至,乃谣曰:"化云心兮思淑真,洞寂灭兮不见人。瑶草芳兮思蓋蓋,将奈何兮青春。"遂返初服而归我郭公。

郭公豪荡而好奇者也,杂佩以迎之,宝瑟以友之,其相得如青鸟翡翠之婉娈矣。华繁艳歌,乐极生悲,以长寿二年太岁癸巳二月十七日遇暴疾而卒于通泉县之官舍。呜呼哀哉!郭公恍然犹若未亡也。宝珠以含之,锦衾而举之,故国途遥,言归未遄,留殡于县之惠普寺之南园,不忘真也。铭曰:

高丘之白云兮,愿一见之何期。哀淑人之永逝,感绀园之春时。愿作青鸟长比翼,魂魄归来游故国。[1]

妾在唐朝的地位虽远低于妻,但因娶妾之普遍,为妾及妾所生子女的地位和利益辩护的呼声越来越高。唐初时,褚遂良即上表指斥魏晋以来"嫡待庶若奴,妻御妾若婢"的恶习,提倡"擢文武之才,无限于正庶",反对以嫡庶选千牛舍人:

臣闻主祭祀之裔,必贵于嫡长;擢文武之才,无限于正庶。故知求贤之务,有异承家。前王制礼缘情,于斯为极。永嘉以来,王涂不竞,在于河北,风俗顿乖。嫡待庶若奴,妻御妾若婢,废情亏礼,转相

---

因习。构怨于室,取笑于朝,莫能自悛,死而无悔。降及隋代,斯流遂远。独孤后罕雎鸠之德,同牝鸡之晨,普禁庶子,不得入侍。自始及末,怨声未弭。

圣朝御历,深革前弊,人以才进,不论嫡庶,于兹二纪,多士如林。今者简千牛舍人,方为此制,臣窃思审,于理未安。何者?母以子贵,子不缘母也。今以母非正室,便令子无贵仕,则赵衰孕于越婢,遂集产于胡姬。田文、枚皋,皆妾子也,文则播美于强齐,皋则有声于大汉,未闻前载,有所间然。傥侧室之子,负材而不用,君弃之于上,家轻之于下,忠孝莫展,友爱无施,如此等人,岂不怨愤!

虽隔千牛之选,仍许二卫之官;色类乃复稍殊,捍御至竟无别。若唯才是用,人自甘心。一彼一此,异端斯起。至如昨来检责粗人,公孙武达及崔仁师等儿,多是嫡子。故知善恶由乎积习,邪正宁限嫡庶!必然之理,不言可明。[1]

显庆二年(657),修礼官长孙无忌又上奏指出,《唐律疏议》中没有列出庶子为庶母服丧的规定,以至嫡庶之间,"吉凶顿殊",他认为这种重嫡轻庶的习俗"深非至理",因此"请依典故,为服缌麻"。高宗制"从之"。[2]

从大中年间的一篇墓志中我们可以看出,到了唐朝中后期,姜子的地位似乎已与嫡子接近,姜子照样会受到全家族的疼爱。如开成

---

[1]《唐会要》卷27。
[2]《旧唐书》卷27,《礼仪志》。

年间《□□□□□□□□李司徒亡女墓志铭并序》明确提到李氏季女"即如夫人孙氏之所出",但她"自幼敏慧,为尊父器之,及长贤利,为亲戚重之"。[1] 又如,《唐姑臧李氏故第二女墓志铭并序》是由死者李国娘之父——汴宋亳等州观察判官监察御史里行李胤之撰写的,其全文如下:

余次女十八娘,字国娘,大中三年正月七日,没于东京彰善坊,年十四。其月廿四日,殡于河南县龙门乡孙村,从权也。

曾祖惇,皇太原士曹,姚河南源氏,继范阳卢氏。祖玗,皇怀州司马;姚荥阳郑氏。亲清河崔氏。所亲刑氏,开成元年,因余从事。七月廿二日生于华州官舍。后余佐广、职户部、佐襄、贬分司卫佐、尉万年,迨今回环数万里,绵历百余州,与汝忧欢未尝暂间。

去春京城遘疾,洎夏旋复瘳损。岁杪,余从汴复与东□,廿四日,次稠桑。腹疾发,痛及□,其苦益侵,百药无□,俄诀古今。痛毒肺肝,如横锋刃。况天与和柔,生知孝义,始自提幼,便识物情,爱恶不萌于心,喜愠不形于色。同气十一人,自小戏弄,未省忿争,饶奉慈爱,独若成人。亲族姑叔,皆所怜异。余每省疾,必假宽言,用安余意,其明敏如此。方期作嫔君子,以援吾宗,遽兹凋零,痛可言耶?

同出姊弟娘、妹阿越、弟朗儿、小朗、倅儿洎左宾等,哀动路歧。刑氏叫号,所不忍道。有故未祔先茔,更俟通岁,且书贞石,用记日

[1]《汇编》开成028。

时。词曰：

呜呼天道，常助善人。此女之善，其谁与邻？如何夭落，曾不逡巡。天不可问，空伤我神。号叫不及，唯知断魂。[1]

李胤之的这篇为庶出女儿所撰写的墓志可谓情深至切，志中不仅表露出了他对国娘的疼爱之心，而且还讲到李氏亲族姑叔对她的"怜异"。可见，在唐朝中后期，已不再有唐朝以前的"嫡待庶若奴"的恶习。

不过，李国娘的墓志铭也反映了唐代妾子以正妻为母的习俗。在墓志中，李胤之明确讲到，李国娘之"亲"乃是清河崔氏，而"所亲"则是刑氏。在这里，"所亲"当是指所生之母。《汇编》大和055则更直截了当地阐明了"母"与"所生"之不同：

大唐大和六年岁次壬子八月辛酉朔，廿三日癸未，北平田氏第二女享年十八，卒于河南府洛阳县履信坊里之私第。……父聿，朝议郎权知光王傅，上柱国，赐绯鱼袋，分司东都。母博陵崔氏，权葬荆山。所生即勃海严也。

在开成年间的《唐陇州防御判官殿中侍御史内供奉崔揆母林氏墓志铭并序》中，作者称自己的父亲的元妻太原王氏为"揆先太夫人"，而当王氏及崔揆的父亲去世后，崔揆称自己为"孤"，尽管自己的

---

T5-4　唐大和六年田氏女墓志（《汇编》大和055）

生母林氏还健在。这篇墓志的全文如下：

崔揆，清河人，门望标显。曾祖太保忠公，德位昭灼；烈祖、皇考皆历郡守。揆先太夫人太原王氏，尝以崔氏宗绪未继为忧。及林育揆,爱养之道,有加常理。揆早孤,林保视甚勤,揆果有立,累进官,处身有常度,为吏静专清正,士友皆亲之。示亲孝,居丧得礼。林享年六十四,开成五年八月十四日终于洛阳县殖业里第,其年十一月十二日,葬于河南县平乐乡杜翟村。

　　这种妾子以正妻为母的现象可能在唐代是一以贯之的。[1]唐后期咸通年间的《唐故赵郡李氏女墓志铭并序》是为李吉甫的曾孙李悬黎所写。文中提到李氏之"考讳烨,宣武军节度判官检校尚书祠部员外兼侍御史,妣荥阳郑氏夫人"。但是此志的作者,李氏之兄又在志末提到他们两人的生母是"练师陈氏"。[2]

　　综上所述,在唐代上层社会中,男性娶妾的现象十分普遍,这也使得妾及妾子在社会及家庭中的地位比之唐以前有所提高,但是,正如《唐律疏议》所规定的,"妻者,齐也,秦晋为匹。妾通卖买,等数相悬"[3],唐代妻妾之间的差别要比唐以后各朝的妻妾间的差别大。在唐代,以妾为妻要受到法律的惩罚,而唐以后以妾"填房"或"扶正"的习俗非常普遍。从这一点来说,唐朝正可谓是一个承上启下的时代。

---

[1] 不过,唐代也有过正妻之子以妾为母的特殊例子。《旧唐书》卷 183《薛怀义传》讲道:"则天将革命,诛杀宗属诸王,唯千金公主以巧媚善进奉独存,抗疏请以则天为母,因得曲加恩宠,改邑号为延安大长公主,加实封,赐姓武氏。"
[2]《汇编》咸通 096。
[3]《唐律疏议》卷 13,第 178 条。

## 妻妾关系

娶妾的盛行使得唐代妇女的婚姻生活受到两层关系的制约：除了夫妇关系之外，妻妾关系是每一个已婚妇女所面临的一道关。对一个新妇来说，丈夫会不会娶妾，或丈夫娶妾后对自己的生活和地位有何影响，始终是一个大悬念。对一个以妾的身份进入家庭的女子来说，维持丈夫对自己的兴趣，减小主妇对自己的防备和妒忌，又是她能否在家里站住脚的关键。唐朝的法律、礼制对这一习俗有所论述和界定，唐代的文章、小说以及墓志铭也都有一定程度的反映，其根本目的是为了确保媵妾制的正常运行。

正如上文已提及的，唐代在法律上明确规定了妻妾的等级差别，因此"诸以妻为妾，以婢为妻者"会受到"徒二年"的惩罚。相反地，"以妾及客女为妻，以婢为妾者"，也会受到"徒一年半"的惩罚。[1]唐朝这种尊重妻子地位的习俗可能与望族自为婚姻有关：妻子一般都是出于门户相当之家，所以必须与买卖所得并出自平民家庭的妾划清界限。而且，妻子的望族背景往往又保证了她们在夫家中的地位不受到威胁。

不过，唐代男性中也有因宠嬖婢妾而试图违反这种规定者。据冯翊子《桂苑丛谈·史遗》记载，淮南节度使杜佑的元妻是梁氏，"梁卒，策嬖姬李氏为正嫡。有敕封邑为国夫人"，崔膺"密劝，请让追封

---

[1]《唐律疏议》卷13，第178条。又，《新唐书》卷34引《五行传》曰："弃法律，逐功臣，刹太子，以妾为妻，则火不炎上。谓火失其性而为灾也。"

亡妻梁氏"。杜佑请崔赝为表,略云:"以妾为妻,鲁史所禁。"又云:
"岂伊身贱之时,妻同勤苦;宦达之后,妾享荣封。"于是,梁氏"遂得追
封,李亦受命,时议美焉"。又如大中年间,刘从谏有妾韦氏,刘请封
夫人,居然也得到了朝廷的许可。[1]

　　妻妾地位的差别还反映在夫殴伤妻妾时对其惩处的轻重。如
《唐律》卷22第325条曰:"诸殴伤妻者,减凡人二等;死者,以凡人
论。殴妾折伤以上,减妻二等"。疏议曰:

　　妻之言齐,与夫齐体,义同于幼,故得"减凡人二等"。"死者,以
凡人论",合绞。以刃及故杀者,斩。殴妾,非折伤无罪;折伤以上,减
妻罪二等,即是减凡人四等。若杀妾者,止减凡人二等。

　　《唐律疏议》同条又规定,妻之于妾即同于夫之于妻,因此,"妻殴
伤杀妾,与夫殴伤杀妻同",即"谓殴者,减凡人二等;死者,以凡人
论"。[2] 这种对妻的侵犯与对妾的侵犯法律规定上的差别还包括了
与亲戚之妻妾的通奸。如《唐律疏议》卷26第411条曰:"诸奸缌麻
以上亲及缌麻以上亲之妻,若妻前夫之女及同母异父姊妹者,徒三
年;强者,流二千里;折伤者,绞"。但如果是奸其妾,则罪"减一等"。
疏议解释道:

---

[1]《新唐书》卷214。不过,诏至刘家后,刘从谏的夫人裴氏大怒,"毁诏不与"。
[2] 同上。

"奸缌麻以上亲",谓内外有服亲者;"及缌麻以上亲之妻",亦谓有服者妻;"若妻前夫之女",谓妻前家所生者:各徒三年。强者,流二千里。因强奸而折伤者,绞。得罪已重,故"妾,减一等",谓减妻罪一等。其于媵,罪与妾同。

唐代在礼制上也对妻妾的差别作出相应的规定。如《开元礼·三品以上丧·初终》曰:"妻坐于床西,妾及女子子在妻之后。"[1]这种在礼仪上明确区别妻妾地位的情况是前代礼制中所不曾见的。

从唐史书及笔记小说来看,唐代妻妾(婢)的关系并不和谐。房玄龄夫人吃醋的故事反映了唐代妻子们对媵妾制的极度反感,《朝野佥载》中诸多妒妇的形象更是令读者胆战心惊。[2]总之,在唐朝的文学作品中,很难找到像《列女传》中"卫宗二顺"[3]那样妻妾各知其

---

[1]《大唐开元礼》卷138。《新唐书》卷20《礼乐志》及《通典》卷138《开元礼纂》也有相同记载。

[2]唐代"妒妇"是唐代妇女研究中的热点之一。陈东原指出,唐代"妒妇"现象是东晋以后社会动乱、礼教约束力松弛所造成(参见陈东原《中国妇女社会史》,台湾商务印书馆1986年版,第7页)。牛志平认为,唐代世风开放,因而"造就了部分女子雄健强悍的性格"(参见牛志平《唐代妒妇述论》,《人文杂志》,1987年第3期,第64页)。日本学者大泽正昭则认为唐代"妒妇"之盛的原因在于汉族与北方民族的婚姻制度的不同。北方民族盛行一夫一妻制,而汉民族历来有一夫一妻多妾制的传统。唐代以后两者融合,以至长期受北方民族文化影响的妇女对多妾极为反感(参见大泽正昭《"妒妇""悍妻"以及"惧内"——唐宋变革期的婚姻与家庭之变化》,收于邓小南主编《唐宋女性与社会》,上海辞书出版社2003年版,第829—848页)。

[3]《列女传》记载道:
　　卫宗二顺者,卫宗室灵王之夫人及其傅妾也。秦灭卫君角,封灵王世家,使奉其祀。灵王死,夫人无子而守寡,傅妾有子。傅妾事夫人八年不衰,供养愈谨。夫人谓傅妾曰:"孺子养我甚谨。子奉祭祀而妾事我,我不聊也。且吾闻主君之母不妾事人。今我无子,于礼,斥绌之人也,而得留以尽其节,是我幸也。(转下页)

位、互敬互让的故事。但是，细读《朝野金载》，我们不难发现，这些故事中的妒妇往往会得到恶报，可见这些作品与"卫宗二顺"的故事有异曲同工之妙：其目的都是为了维护媵妾制、告诫妻子要恪守自己的本分。比如《朝野金载》中有关范略妻任氏的故事讲道：

贞观中，濮阳范略妻任氏，略先幸一婢，任以刀截其耳鼻，略不能制。有顷，任有娠，诞一女，无耳鼻。女年渐大，其婢乃在。女问，具说所由，女悲泣，以恨其母。母深有愧色，悔之无及。[1]

又如，广州化蒙县丞胡亮的故事讲道，胡亮从都督周仁轨讨獠，得一首领妾，幸之。当胡亮不在家时，他的妻子贺氏"乃烧钉烙其双目，妾遂自缢死"。但是贺氏不久生出了一个没有眼睛的孩子。[2] 再如，骁卫将军梁仁裕曾"先幸一婢，妻李氏甚妒而虐，缚婢击其脑"。几个月后，李氏得病，"脑溃，昼夜鸣叫，苦痛不胜，数月而卒"。[3] 而荆州

（接上页）今又烦孺子不改故节，我甚内惭。吾愿出居外，以时相见，我甚便之。"傅妾泣而对曰："夫人欲使灵氏受三不祥耶！公不幸早终，是一不祥也。夫人无子而婢妾有子，是二不祥也。夫人欲出居外，使婢子居内，是三不祥也。妾闻忠臣事君无怠倦时，孝子养亲恵无已地。妾岂敢以小贵之故变妾之节哉！供养固妾之职也。夫人又何勤乎！"夫人曰："无子之人而辱主君之母，虽子欲尔，众人谓我不知礼也。吾终愿居外而已。"傅妾退而谓其子曰："吾闻君子处顺，奉上下之仪，修先古之礼，此顺道也。今夫人难我，将欲居外，使我居内，此逆也。处逆而生，岂若守顺而死哉！"遂欲自杀。其子泣而止之，不听。夫人闻之惧，遂许傅妾留，终年供养不衰。君子曰："二女相让，亦诚君子。可谓行成于内，而名立于后世矣。"诗云："我心匪石，不可转也。"此之谓也。
[1] 张鷟《朝野金载》卷2，《唐五代笔记小说大观》，第28页。
[2] 同上。
[3] 同上。

枝江县丞张景的妻子"酷虐",张景之婢借助了阴间的力量才报了仇:

> 荆州枝江县主簿夏荣判冥司。县丞张景先宠其婢,厥妻杨氏妒之。景出使不在,妻杀婢,投之于厕。景至,绐之曰婢逃矣。景以妻酷虐,不问也。婢讼于荣。荣追对之,问景曰:"公夫人病困。"说形状。景疑其有私也,怒之。荣曰:"公夫人枉杀婢,投于厕。今见推勘,公试问之。"景悟,问其妇。妇病甚,具首其事。荣令厕内取其骸骨,香汤浴之,厚加殡葬。婢不肯放,月余而卒。[1]

此外,《唐才子传》关于女诗人鱼玄机的记载也反映了唐代妻妾不兼容的关系。鱼玄机"性聪慧,好读书,尤工韵调,情致繁缛。咸通中及笄,为李亿补阙侍宠"。但是李亿的夫人性妒,"不能容",李亿不得不将她送到咸宜观做女道士。[2]

从唐墓志铭来看,关于妻妾关系的记载多与《列女传》的风格相同,即以叙述妻之不妒及妾之不敢承"专宠"为主(参见上文关于妾的墓志的讨论)。天宝年间的《大唐濮阳郡临濮县令元有邻夫人韩氏墓志》是这样描写一位对丈夫有内宠丝毫不露愠色的元妻的:

> 夫人颍川人也,高祖永兴,北齐尚书令、昌黎王,生东环州刺史翔,翔生弘农郡司马处玄,处玄生会稽郡剡县主簿友直,友直生夫人。

---

[1] 张鹭《朝野佥载》卷2,《唐五代笔记小说大观》,第28页。
[2] 《唐才子传》卷8。

　　夫人居巽之位，佐坤之德，玉映清越，蕙心有孚，闺闱之仪，穆如也。及笄，适河南元公。公大业之裔，君子之光，爰初筮仕，至于为邑。夫人有伦有脊，左□右之。公则制义承家。夫人以柔从事，正位于内，□音不恌，常以礼者忠信之薄，命者死生之说，吾将生□□厚，死归于顺，既厚且顺，此外何求？

　　开元廿七年遘疾，终于洛阳立行里之私第，出妻卅九。天宝元年七月四日，葬于平阴之原，送终，礼也。

　　夫人见贞吉如不及，闻妒忌如怨偶。先是公有内宠，谋其广嗣。夫人施惠及下，宜尔子孙，求思贤□，而无愠色。此静方之义，终古有词。

　　长子孟宽等，孝德周物，锡类由中，诵寒泉之诗，多陟屺之感，爰命不佞，式扬清芬。弼[1]托以深知，情因词举，恭惟妙善，直书其事云：

　　夫人生也，兰有其芳。夫人逝也，玉沉其光。出国门兮望高岗，愁青松兮思白杨。□灵幡至上兮路人凄伤，天长地久兮德□允臧。[2]

此志中的韩氏夫人出身官员之家，嫁与元有邻后，虽"正位于内"，却以"厚""顺"为宗旨，对丈夫"谋其广嗣"听之任之。从"施惠及下，宜尔子孙"这两句话来看，韩氏似乎对己出他出之子一视同仁，所以墓志赞扬她有"静方之义"。这种赞扬元妻对庶出子女的慈爱在其他墓

[1]弼即秘书省校书郎王弼，本墓志的作者。
[2]《续集》天宝001。

志中也有反映，如在会昌年间的《荥阳郑夫人墓志铭》中，当墓志主郑琼得知丈夫杨牢在外有子时，不仅收养了孩子，还邀请其母入住，并赏赐了不慎透露了消息的侍儿：

牢年三十，在洛阳，尝与外有子，既尵，夫人未之名，一旦为侍婢失语所漏，方甚愧恐。夫人曰："久以君无男用，忧几成病，今则□□当贺，奈何愧为？"因以锦缬二幅赏侍儿能言。不弃隔我子于外，盖令知母恩。内此婢，遂收养之。其爱抚之道，非亲戚莫知。[1]

再如，在咸通年间的《亡妻太原王夫人墓志铭》中，河中节度押衙唐思礼描写道，他的妻子不仅对他与女奴间的私情不在意，而且还对这位女奴恩宠有加："又有女奴，每许侍余之栉，以己之珍玩之物，俾自选以宠与之"。[2]

由于娶妾之盛行，唐人对媵妾之制以及妻妾的地位与关系也相应地作出了详细的规定，唐文学作品及墓志铭也反映了这种参与。总的来说，唐代婚姻以门当户对为宗旨、以望族自重为风气，从而造成了妻与妾地位的明显差别。然而唐代也完全改变了魏晋以来"嫡待庶若奴，妻御妾若婢"的风气，在唐墓志铭中，妾对家族贡献得到了相当的肯定，而妾所生子女也几与嫡子平等看待，这种变化既与唐皇室的胡人血统有一定的关系，也反映了唐代社会对夫权的尊重。

---

[1]《汇编》会昌 005。此墓志的作者是郑琼的丈夫杨牢。
[2]《续编》咸通 011。

第六章

冥间夫妻

曲洛遥源，崇邙迥构，开灵诞哲，擒祥毓秀。

家擅簪裾，门光领袖，业著金石，功昭篆籀。

爰挺英妙，幼标成德，道综丘坟，艺苞儒墨。

柘弓仁贲，奔箭俄移，方春蕙落，先夏兰萎。

光庭璧碎，耀掌珠亏，空传令范，永闷芳仪。

叶偶潘杨，疏芳兰桂，宝婺均彩，金娥比丽。

百两行遵，九泉俄翳，昭途隔礼，幽埏合契。

——《大唐尚书都事故息颜子之铭并序》

## 冥婚的定义和实例

冥婚是指男女死后结亲，这一习俗在西周时就已形成。《周礼·地官·媒氏》立则道："禁迁葬者与嫁殇者。""迁葬"，按郑玄的解释，是指将生时并非夫妇的一男一女合葬在一起，以"使相从也"。[1]"嫁殇"，郑司农定义为"嫁死人也"。[2]贾公彦又进一步解释说："嫁殇者，生年十九已下而死，死乃嫁之"。[3]大概是因为冥婚不合儒家礼教传统的缘故，唐代以前的历史记载中提到冥婚实例的屈指可数：《战国策》提到过秦国宣太后与魏丑夫死后合葬的要求[4]；《汉书》记录了馆陶公主与董偃的身后姻缘[5]；《北史》中有穆平城与始平公主的冥婚故事[6]。除此之外，最有影响的可能就是曹操向邴原提出的

[1]《周礼注疏》卷14。
[2] 郑玄引郑司农注，同上。
[3] 同上。
[4]《战国策》卷6《秦策》2。
[5]《汉书》卷65《东方朔传》。
[6]《北史》卷20《穆崇传》。

冥婚建议。曹操少子曹冲自小以"聪察歧嶷"闻名,曹操对他十分疼爱。207 年,曹冲因病而死,曹操"伤惜之甚"。[1] 当时邴原的女儿也已夭亡,所以曹操"欲求合葬"。但是,曹操的爱子之心并没有打动邴原,邴以合葬非礼为由回绝了曹操。[2] 曹操并不罢休,再为曹冲"娉甄氏亡女,与合葬"。[3]

　　到了唐代,这种对冥婚持鄙视态度的传统似乎已烟消云散。不仅正史、墓志铭、唐文学作品中都有关于冥婚的记载,连唐代的文物遗址中也有冥婚的痕迹。冥婚似乎已被唐代的各个社会阶层所接受,并成为一时风尚,以至于作为书信来往指南的《大唐吉凶书仪》也将冥婚书仪作为其内容之一。[4] 下面我们先来看看墓志铭及唐正史中所记载的冥婚实例。

　　在已出版的唐代墓志中,共有十一篇墓志提及冥婚安排(参见表 6.1"唐代冥婚实例")。在这些实例中,有八个是来自墓志铭的记载,分别为韦几与崔氏(《大唐象州使君第六息故韦君之墓志铭》[5])、贾元叡与卫氏(《大唐故贾君墓志铭》[6])、颜襄子与刘氏

---

[1]《北史》卷 20《穆崇传》。
[2]《三国志》卷 11《邴原传》。《资治通鉴》也描述了这一事件。司马光强调了"合葬"的本质:"嫁殇。"他写道:"操幼子仓舒卒,操伤惜之甚。司空掾邴原女早亡,操欲求与仓舒合葬,原辞曰:'嫁殇,非礼也。'"见《资治通鉴》,汉献帝建安十三年。
[3]《三国志》卷 20《邓哀王传》。
[4] 见黄永武主编《敦煌宝藏》,台北新文丰出版社 1981 年版,第 132 卷,第 551 页。此外,《敦煌宝藏》第 13 卷中的《书仪残卷》中也有冥婚书信来往的范例。
[5]《续集》贞观 051。
[6]《汇编》显庆 124。

（《大唐尚书都事故息颜子之铭并序》[1]）、赵承庆[2]与刘氏（《唐故昌平县开国男天水赵君墓志铭并序》[3]）、陆广秀与孙氏（《唐故宣德郎行忠州参事飞骑尉陆公并夫人孙氏墓志铭并序》[4]）、王豫与萧氏（《大周故右翊卫清庙台斋郎天官常选王豫墓志铭》[5]）、韦泂与崔氏（《大唐赠并州大都督淮阳王韦君墓志铭》[6]），及李璇与刘氏（《西郡李公墓石》[7]）。其他三个冥婚实例出自新旧《唐书》，它们是李重润与裴氏（《懿德太子重润传》[8]）、韦洵与萧氏（《萧至忠传》[9]），及李侁与张氏（《承天皇帝侁传》[10]）。

表 6.1　唐代冥婚实例

| | 出　处 | 合葬年代 | 新郎家庭 | 死亡年代 | 死亡年龄 | 新娘家庭 | 死亡年代 | 死亡年龄 |
|---|---|---|---|---|---|---|---|---|
| 1 | 续贞观 051 | 647 | 贵族 | 646 | 21 | 贵族 | 缺 | 缺 |
| 2 | 显庆 124 | 660 | 平民 | 660 | 17 | 平民 | 缺 | 缺 |
| 3 | 显庆 133 | 660 | 贵族 | 660 | 17 | 贵族 | 缺 | 缺 |
| 4 | 垂拱 001 | 685 | 贵族 | 685 | 23 | 贵族 | 缺 | 缺 |
| 5 | 续延载 004 | 694 | 贵族 | 687 | 29 | 贵族 | 688 | 16 |
| 6 | 神功 007 | 697 | 贵族 | 694 | 28 | 贵族 | 697* | 缺 |
| 7 | 旧卷 86 | 705 | 皇室成员 | 701 | 19 | 贵族 | 缺 | 缺 |

[1]《汇编》显庆 133。
[2] 承庆是赵氏之字。他的名不可辨认。
[3]《汇编》垂拱 001。
[4]《续集》延载 004。
[5]《汇编》神功 007。
[6]《汇编》景龙 011。
[7]《汇编》天宝 086。
[8]《旧唐书》卷 86。
[9]《旧唐书》卷 22。
[10]《旧唐书》卷 116。

| | 出　　处 | 合葬年代 | 新郎家庭 | 死亡年代 | 死亡年龄 | 新娘家庭 | 死亡年代 | 死亡年龄 |
|---|---|---|---|---|---|---|---|---|
| 8 | 景龙 011 | 708 | 皇室亲属 | 692 | 16 | 贵族 | 缺 | 缺 |
| 9 | 旧卷 92 | 705—10 | 皇室亲属 | 缺 | 缺 | 贵族 | 缺 | 缺 |
| 10 | 天宝 86 | 745 | 平民 | 745 | 28* | 平民 | 缺 | 缺 |
| 11 | 旧卷 116 | 768 | 皇室成员 | 760* | 25* | 皇室亲属 | 缺 | 缺 |

＊为估计数。

在这十一个实例中，十例发生在初唐或盛唐时期，只有一例发生在安禄山叛乱之后的 768 年。就这些实例而言，唐代的冥婚似乎只限于生前未婚的年轻男女。冥婚新郎的平均年龄是 22.3 岁，冥婚新娘的年龄记录只有一例，16 岁。冥婚夫妇的结婚年龄及双方的年龄差异似乎与唐代正常婚姻相近。在这十一例冥婚中，有两位冥婚新郎出生于平民家庭，五位冥婚新郎的祖、父辈都是朝廷或地方的官员，两位是皇室亲属，还有两位是太子。十一位冥婚新娘的家庭背景与新郎的家庭背景大致相符，两人出自平民，八人出自贵族，一人是皇室亲属。

## 文学作品中的冥婚

唐代笔记小说中有关冥婚的故事几乎都带有点鬼谈的味道，但冥婚在这类文学题材中出现在一定程度上也反映了这一习俗的普遍性。第一个冥婚故事是《季攸》。全文如下：

天宝初，会稽主簿季攸有女二人，及携外甥孤女之官。有求之者，则嫁己女。己女尽而不及甥。甥恨之，因含怨而死，殡之东郊。

经数月，所给主簿市胥吏，姓杨，大族子也，家甚富，貌甚美。其家忽有失胥，推寻不得，意其为魅所惑也。则于墟墓访之。时大雪，而女殡室有衣裾出。胥家人引之，则闻屋内胥叫声。而殡宫中甚完，不知从何入，遽告主簿。主簿使发其棺，女在棺中，与胥同寝，女貌如生。其家乃出胥，复修殡屋。

胥既出，如愚数日方愈。女则不直，于主簿曰："吾恨舅不嫁，惟怜己女，不知有吾，故气结死。今神道使吾嫁与市吏，故辄引与之同衾。既此邑已知，理须见嫁，后月一日可合婚姻。惟舅不以胥吏见期而违神道，请即知闻，受其所聘，仍待以女婿礼。至月一日，当其饮食，吾迎杨郎。望伏所请焉。"

主簿惊叹，乃召胥，一问，为杨胥。于是纳钱数万。其父母皆会。攸乃为外甥女造作衣裳、帷帐。至月一日，又造馔，大会杨氏。鬼又言曰："蒙恩许嫁，不胜其喜。今日故此亲迎杨郎。"言必，胥暴卒。乃设冥婚礼，厚加棺敛，合葬于东郊。[1]

在唐代的笔记小说中，《广异记》中收集的唐代冥婚故事最多，其

---

[1]《太平广记》卷333。

中又以《长洲陆氏女》最有名:

> 长洲县丞陆某,家素贫。三月三日,家人悉游虎丘寺。女年十五六,以无衣不得往,独与一婢守舍。父母既行,慨叹投井而死。父母以是为感,悲泣数日,乃权殡长洲县。
>
> 后一岁许,有陆某者,曾省其姑。姑家与女殡相近,经殡宫过。有小婢随后,云:"女郎欲暂相见。"某不得已,随至其家。家门卑小,女郎靓妆,容色婉丽。问云:"君得非长洲百姓耶?我是陆丞女,非人,鬼耳。欲请君传语与赞府,今临顿李十八求婚,吾是室女,义难自嫁,可与白大人,若许为婚,当传语至此。"其人尚留殡宫中。
>
> 少时,当州坊正从殡宫边时,见有衣带出外,视之,见妇人。以白丞,丞自往,使开壁取某,置之厅上。数日能言,问焉得至彼,某以女言对,丞叹息。寻令人问临顿李十八,果有之,而无恙自若。初不为信,后数日乃病,病数日卒。举家叹恨,竟将女与李子为冥婚。[1]

如果说《长洲陆氏女》反映唐代父母竭力满足儿女愿望的心态,那么《广异记》中《王乙》的故事则反映唐代夭折男女追求幸福的主动性:

> 临汝郡有官渠店,店北半里许,李氏庄王乙者,因赴集,从庄门过。遥见一女年可十五六,相待欣悦,使侍婢传语。乙徘徊槐阴,便

---

[1]戴孚《广异记》,中华书局1992年版,第85—86页。

至日暮，因诣庄求宿，主人相见甚欢，供设亦厚。

二更后，侍婢来云："夜尚未深。宜留烛相待。"女不久至，便叙绸缪。事毕，女悄然忽病。乙云："本不相识，幸相见招，今叙平生，义即至重，有何不畅耶？"女云："非不尽心，但适出门闲，逾垣而来，墙角下有铁爬，爬齿刺脚，贯彻心痛，痛不可忍。"便出足视之。言讫辞还，云："已应必死，君若有情，回日过访，以慰幽魂耳。"

后乙得官东归，途次李氏庄所，闻其女已亡，私与侍婢持酒馔至殡宫外祭之，因而痛哭。须臾，见女从殡宫中出，乙乃伏地而卒。侍婢见乙魂魄与女同入殡宫，二家为冥婚焉。[1]

《广异记》中的《魏靖》则是一个冥婚"未遂"的故事：

魏靖，钜鹿人，解褐武城尉。时曹州刺史李融令靖知捕贼，贼有叔为僧而止盗赃。靖案之，原其僧。刺史让靖以宽典，自案之，僧辞引伏。融命靖仗杀之。

载初二年夏六月，靖会疾暴卒，权殡已毕，将冥婚舅女，故未果葬。经十二日，靖活，呻吟棺中，弟侄惧走，其母独命斧开棺，以口候靖口，气微暖。久之目开。身肉俱烂，徐以牛乳乳之。

既愈，言初死，经曹司，门卫旗戟甚肃。引见一官，谓靖何为打杀僧，僧立于前，与靖相论引。僧辞穷，官谓靖曰："公无事，放还。"左右

---

[1] 戴孚《广异记》，中华书局 1992 年版，第 87—88 页。

曰："肉已坏。"官令取药,以纸裹之,曰："可还他旧肉。"既领还,至门闻哭声,惊惧不愿入。使者强引之。及房门,使者以药散棺中,引靖臂推入棺,颓然不复觉矣。既活,肉囊烂都尽,月余日如故。初至宅中,犬马鸡鹅悉鸣,当有所见矣。[1]

此外,从《鉴诫录》中我们还可以找到生人自愿在死后与一座女塑像结冥婚的故事:

传言鬼神所凭,有时而信。故黄熊入梦,不为无神;豕人立啼,显彰有鬼。蜀有曹孝廉第十九名晦,因游彭州道江县灌口,谒李冰相公庙,睹土塑三女俨然而艳,遂指第三者祝曰:"愿与小娘子为冥婚,某终身不娶凡庶矣。"遂呵卦子掷之,相交而立。

良久,巫者度语曰:"相公请曹郎留着体衣一事以为言定。"曹遂解汗衫留于女座。巫者复取女红披衫与之,曰:"望曹郎保惜此衣,后二纪当就姻好。"曹亦深信,竟不婚姻,纵遇国色,视之如粪土也。果自天佑甲子终于癸未二十年,曹稍觉气微,又疑与神盟约数,乃自沐浴,俨然衣冠,俟神之迎也。是日至暝,车马甚盛,骈塞曹门,同街居人竟来观瞩。至二更,邻人见曹升车而去,莫知其由。及晓视之,曹已奄然矣。[2]

---

[1] 戴孚《广异记》,中华书局1992年版,第134—135页。
[2]《鉴诫录·求冥婚》。

笔记小说中最有意思的冥婚故事要数《玄怪录》中的《曹惠》。曹惠是武德初期的江州参军。他的官舍有一个佛堂，堂中有两个木偶人。一天，这两个木偶人开口说话，自称一个叫轻素，一个叫轻红。轻素告诉曹惠：

> 某与轻红是宣城太守谢家佣偶，当时天下工巧，总皆不及沈隐侯家老苍头孝忠也。轻素、轻红，即孝忠所造也。隐侯哀宣城无辜，葬日故有此赠。时轻素在圹中方持汤与乐家娘子濯足，闻外有持兵称敕声。娘子畏惧，跣足化为白蟏。少顷，二贼执炬至，尽掠财物。[1]

曹惠对轻素的陈述感到吃惊，因为他知道宣城太守生时娶的是王氏，在泉壤之下埋着的怎么会是乐氏呢？轻素解释道："王氏乃生前之妻，乐氏乃冥婚耳。"原来王氏性格粗暴，"至冥中，犹与宣城琴瑟不睦"。于是谢宣城向天帝请求，要休了王氏。"天帝许逐之"，但把他们共同养育的二女一男判给了王氏。在冥中离了婚之后，谢宣城"再娶乐彦辅第八娘子"。显然，谢对他的冥婚十分满意：

> （乐氏）美资质，善书，好弹琴，尤与殷东阳仲文、谢荆州晦夫人相得，日恣追寻。宣城尝云："我才方古词人，唯不及东阿耳。其余文士，皆吾机中之肉，可以宰割矣。"见为南曹典铨郎，与潘黄门同列，乘

---

[1] 牛僧孺《玄怪录》卷2，《唐五代笔记小说大观》，第370页。

肥衣轻,贵于生前百倍。[1]

宣城谢太守与乐氏的冥间姻缘表明唐代社会不仅没有轻视冥婚,似乎还将它看作解决现世婚姻不幸的一条后路。

唐代诗歌中也有对冥婚的描写,比如韦璜的《与独孤穆冥会诗》,就是根据独孤穆与临淄县主冥婚的传说而创造的。其序约略记述了这段阴阳间的缘分:

贞元中,河南独孤穆者,隋将独孤盛裔孙也。客游淮南,夜投大仪县宿。路逢青衣,引至一所,见门馆甚肃,酒食衾褥备具。有二女子出见,自称隋临淄县主,齐王之女,死于广陵之变。以穆隋将后裔,世禀忠烈,欲成冥婚。召来护儿歌人同至,赋诗就礼。且云死时浮瘗草草,嘱穆改葬洛阳北阪。穆于异日发地数尺,果得遗骸,因如言携葬。其夜县主复见,曰:"岁至己卯,当遂相见。"至贞元十五年己卯,穆果暴亡,与之合窆。[2]

韦璜的这篇诗序还反映了一个唐代文学作品中有关冥婚故事的另一个主题:与现实生活相反,在文学作品中,冥婚的提议者几乎都是女性,如季攸之外甥女、长州陆氏女、李氏庄女以及临淄县主等。

---

[1] 牛僧孺《玄怪录》卷2,《唐五代笔记小说大观》,第370页。
[2]《全唐诗》卷866。

这说明唐人视婚姻为女子"终身大事",女子未及嫁而死则可说是死而有憾。在这些冥婚故事中,唯一由男方本人提议的冥婚是《曹惠》中宣城谢太守与乐氏的结合。但有意思的是,宣城谢太守的最初动机是在冥间与他的王氏夫人离婚。

## 冥婚程序

唐代社会视冥婚为正常婚姻的一种,所以描写冥婚的用词与一般婚姻没有任何差别,如"聘""娶""伉俪""夫人"等。同样的,唐代冥婚的程序也与正常结婚相似。冥婚的第一个步骤是找一户背景相当的、刚失去子女的家庭。延载年间的《唐故宣德郎行忠州参事飞骑尉陆公并夫人孙氏墓志铭并序》提到,陆广秀与孙氏的冥婚是因孙氏之父与陆广秀姑姑之子的同僚关系而促成的。两家既不陌生,又门当户对。陆广秀出生于世族,他的七代祖陆丽是后魏简王,陆自己历任解褐朝散郎、行忠州参军事、宣德郎、飞骑尉、属州牧上书等。孙氏的祖父孙处约是唐东西两台侍郎;父亲孙俊见任中大夫、安北都护。[1]

在两家正式协办冥婚之前,唐人还互寄冥婚书以确定双方的意愿。[2] 敦煌文稿中的《冥婚书》(P.3637)里有这样一封"求婚"书范例:

---

[1]《续集》延载004。
[2] 周一良曾对敦煌书仪中的冥婚做过研究。见《敦煌写本书仪中所见的唐代婚丧礼俗》,载《文物》1985年第7期;及周一良、赵和平《唐五代书仪研究》,中国社会科学出版社1998年版。

某顿首顿首：

仰与臭味如兰，通家自昔。平生之日，思展好仇。积善无征，苗而不秀。又承贤女，长及载笄，淑范凤芳，金声早振。春花未发，秋叶

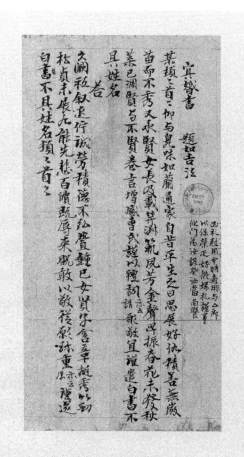

T6-1　冥婚书（P.3637）

已凋。贤与不贤,卷(眷)言增感。曹氏谨以礼词［亦云请］愿敬宜。谨遣白书,不具。姓名。

在收到冥婚提议后,女方家长也照例要寄回信。敦煌文稿中的"答冥婚书"写道:

久缺祇叙,延伫诚劳。积德不弘,叠钟已女。贤子含章挺秀,竹劲松贞。未展九能,先悲百赎。既辱来贶,敢以敬从。愿珍重［亦云厚］。谨遣白书,不具。姓名顿首顿首。

冥婚之注重门当户对在所有十一个实例中都有体现,而望族间自为婚姻也是冥婚习俗所认同的一个准则,《大唐象州使君第六息故韦君之墓志铭》[1]与《大唐赠卫卿并州大都督淮阳郡王京兆韦府君墓志铭并序》[2]中的韦崔联姻、《大周故右翊卫清庙台斋郎天官常选王豫墓志铭》[3]的王萧联姻,及《萧至忠传》[4]的韦萧联姻等,都是大姓通婚。记载冥婚的墓志铭都非常强调门户的重要性,如垂拱年间的《唐故昌平县开国男天水赵君墓志铭并序》感叹道,因为赵承庆一生"延爵于恩泽",所以在他死后,父母要在"胜族"中为他找一位

---

[1]《续集》贞观051。
[2]《汇编》景龙011。
[3]《汇编》神功007。
[4]《旧唐书》卷22。

"夫人",以"结影夜台"。[1]另外一个与唐代婚姻习俗相符的现象
是,唐冥婚墓志铭大都力陈夫妇双方的美德以强调他们的般配。比
如,在显庆年间的《大唐尚书都事故息颜子之铭并序》中,作者极少提
到颜襄子与刘氏的生平,却化了大量的篇幅来颂扬颜刘的天合之作。
这篇墓志的铭写道:

> 曲洛遥源,崇邙迥构,开灵诞哲,搞祥毓秀。家擅簪裾,门光领
> 袖,业著金石,功昭篆籀。爰挺英妙,幼标成德,道综丘坟,艺苞儒墨。
> 柘弓伫贲,奔箭俄移,方春蕙落,先夏兰萎。光庭璧碎,耀掌珠亏,空
> 传令范,永阒芳仪。叶偶潘杨,疏芳兰桂,宝婺均彩,金娥比丽。百两
> 行遵,九泉俄翳,昭途隔礼,幽埏合契。

从神功年间的《大周故右翊卫清庙台斋郎天官常选王豫墓志铭》
中我们还得知,为了确保王豫能在冥间与一位相称的新娘成亲,王家
亲戚们等了三年才为他办成冥婚。王豫出身贵族,他的父亲曾任荆
州户曹。王豫本人有门调宿卫、州举孝廉、补清庙台斋郎等头衔,还
接到过"敕令优选"。可惜他父母早亡,以至"忧瘵常积"。二十八岁
时"卒于洛阳殖业里之旅舍"。为了他的冥间婚姻,他的父母亲两族
可能都出了力。王豫的墓志铭是由他的四舅谢士良写的,他的冥婚
礼是他的叔父办的。合葬礼毕,叔舅两家才稍感欣慰:王豫"生前纪

[1]《汇编》垂拱001。

乘羊之异"，现在终于找到了一位"幽途琴瑟"之伴，也算是"殁后谐鸣凤之占"。[1]

延载年间的《唐故宣德郎行忠州参事飞骑尉陆公并夫人孙氏墓志铭并序》介绍道，陆广秀不仅官职有加，而且还是个才华横溢的君子。他"识亮明惠，体性温雅，仁孝忠谨，挺自天然，诗书礼乐，不资师训"。由于他"才行既高"，所以才"婚娶难返"，以至"未有伉俪"而"奄从风烛"。所幸的是，陆家为他娶到乐安孙氏女。孙氏"令淑殊状，内外共推。妇德芳规，幽显同仰"，使得陆广秀不仅"百两之仪斯展"，而且"六礼之式攸申"。[2]

冥婚程序的第二步是由亲家双方合办的冥婚礼。虽然冥婚实例中没有冥婚礼的记载，但唐笔记小说及敦煌文稿却对此有所反映。比如，《广异记》中的《长州陆氏女》和《王乙》都提到死者双方家属合办"冥婚礼"。从敦煌文稿来看，唐冥婚礼至少包括宴席和祈告两个内容。S. 1727《大唐吉凶书仪》就有一份冥婚新郎父亲的告词样本：

告汝甲乙，汝既早逝，大义未通。独寝幽泉，每移风月。但生者好偶，死亦嫌单。不悟某氏有女，复同霜叶。为汝礼聘，以会幽灵。择卜良辰，礼就合吉。设祭灵右，众肴备具。汝宜降神就席尚飨。[3]

---

[1]《汇编》神功 007。
[2]《汇编》延载 004。
[3]《敦煌宝藏》第 13 卷，第 104—105 页。

在冥婚新郎之父祷告之后,冥婚新娘的父亲也会向他死去的女儿告知她的婚礼。《大唐吉凶书仪》提供了这样一份祷词:

> 告汝甲乙,尔既早逝,未有良仇。只寝泉宫,载离男女。未经聘纳,祸钟德门,奄同辞世。二姓和合好□,以结冥婚。择卜良时,就今合□。[1]

冥婚程序中最重要的一个环节是合葬。所有有关唐冥婚的资料都涉及这一步骤。冥婚在西周时称为"迁葬",就是指将一死者的遗体或棺椁移至配偶的墓中。冥婚合葬与唐代一般的夫妇合葬一样,有单棺葬与双棺葬两种方法。敦煌的冥婚书讲到"以骨同棺"[2],这当是指单棺葬。

最明显的冥婚单棺葬是懿德太子与裴氏的合葬。据《唐懿德太子墓发掘报告》的报道,懿德太子与裴氏的骸骨是在同一石椁中找到的。[3]《王乙》的故事似乎也证实了冥婚单棺葬的存在:王乙的侍婢声称他亲眼看到王乙与李氏庄女的灵魂双双飞入她原来的坟墓,此外,王家在冥婚礼之后似乎也没有为王乙另备棺椁。《季攸》的故事也讲到季、杨两家安排了冥婚单棺葬,可能是为了满足季氏外甥女"同寝"的迫切愿望。

----

[1]《敦煌宝藏》第 13 卷,第 104—105 页。
[2] 同上。
[3]《文物》1972 年第 7 期,第 26—32 页。

在唐代,冥婚双棺葬可能也很普遍。最明显的例子是韦洵与萧至忠之女的冥婚。新旧《唐书》中的《萧至忠传》都提到,萧至忠对他女儿与韦洵的冥间姻缘并不热衷,冥婚的安排都是韦后的主意。韦后当时气焰正盛,而韦洵是韦后的弟弟,所以萧至忠不好推托。等韦后败于玄武门之变后,萧至忠便"遽发韦洵垄,持其女枢归"。[1]

夫妇双棺葬在唐代的考古发现中也很常见。据《大唐故章怀太子并妃清河韦氏墓志铭》记载,章怀太子是高宗与武后的次子,嗣圣元年(684)死于巴州。死时才三十一岁。神龙二年(706),他的灵枢被送回长安,"许陪葬乾陵柏城之内"。景云二年(711)6月,章怀太子妃张氏遘疾而死,四个月后,她的灵枢"窆于太子之旧茔"。[2]根据《唐章怀太子墓发掘报告》的报道,张氏虽与章怀同穴,但却并不同棺。[3]

冥婚墓志铭都非常强调合葬的重要性。在唐人看来,同穴是死后同居生活的必要条件。所以夫妇死后,只要有能力,一般都会选择合葬。但是对一般夫妇来说,合葬并不是他们之间婚姻的唯一证明。在长期的婚姻生活中,他们生儿育女,相濡以沫,共同经历了许多欢乐和灾难。从亲迎到洞房,从妻子因丈夫宦途腾达而受封到妻子为公婆服丧,所有这一切都在提醒着社会和自己他们的夫妇身份。然而对冥婚夫妇来说,合葬则是这种夫妇身份的唯一证明,也是"确保"

---

[1]《新唐书》卷 123。
[2]《汇编》景云 020。
[3]《文物》1972 年第 7 期,第 13—25 页。

他们"夫妇生活"的唯一途径。正可能是因为这个缘故,萧至忠才会"发韦洵垄",带回自己的女儿,以证明韦萧联姻已不再有效。

合葬既是冥婚的关键,冥婚家属都郑重待之。垂拱年间的《唐故昌平县开国男天水赵君墓志铭并序》称,赵家为赵刘夫妇"卜兆于青乌",最后择墓于"北邙山下,东路城边",可以让赵刘二人欣赏"黄河一曲,白日千年"。[1] 韦洵与崔氏的葬礼更是隆盛。合葬之日,韦洵的棺椁由礼部尚书彭国公韦温、太子詹事陈国公陆颂、秘书监虢王邕、试雍州司马崔日用等充使监护。朝廷还:

> 给班剑册人,羽葆鼓吹仪仗送至墓所往还。长安调卒,将作穿土。会五月之侯家,交两宫之节使。车徒成列,达灵文之寝园;铙吹相喧,震京兆之阡陌。[2]

韦崔合葬墓的位置十分理想。不仅"桑梓回薄,池隍枕倚",而且还"秦川可望,视八水之寒波;汉邑相承,看五林之古树"。


## 冥婚兴盛的原因

冥婚在唐以前一直被看作"非礼",为什么到了唐代会那么兴盛

[1]《汇编》垂拱001。
[2]《汇编》景龙011。

呢？这与唐代的社会和历史背景是切切相关的。首先，唐人本来就比前代人重丧葬，尤其是在初唐和盛唐时期。[1] 由于经济繁荣、社会稳定，唐人的生活方式渐趋奢侈。唐人衣饰之华丽、筵席之丰盛、宫室之精美及车马之俱全，在文学作品及考古文物中体现得淋漓尽致。这种对物质生活的追求是唐人重丧葬的主要原因之一。更何况，对贵族成员来说，一个体面的墓葬似乎并不是很大的经济负担。据《新唐书·食货志》记载，会昌年间，唐朝廷对官员的薪水定下统一标准。九品官月俸起自一万六千文，一品官的月俸则高达二百万文。[2] 而大中六年的一篇墓志铭记载道，买一块长安附近（万年县）宽敞的墓地只是一个一品官的月俸的百分之六：

买孙家庄下东北上地壹段，柒亩半余壹拾肆步。东韩家西吕将军南自至北至道。内置营一所，管地一亩半余十五步，计钱一百一十三贯三百五十文。[3]

与重葬相关，死亡观念的变化也是冥婚盛行的重要原因之一。在中国，死后世界的概念早在新石器时代就已萌芽。考古学家们指出，半坡人普遍实行二次葬，这可能是因为他们相信死者只有在身体

---

[1] 参见蔡希勤《中国墓葬文化》，中国城市出版社 1995 年版；叶骁军《中国墓葬历史图鉴》，甘肃文化出版社 1994 年版。

[2]《新唐书》卷 55。

[3]《唐故朝议郎行内侍省宫闱局丞员外置同正员上柱国同府君墓志》，《汇编》大中062。一贯等于一千文。

上的肉完全消失的情况下才能进入下一个世界。[1] 到了商朝,"另一世界"无所不在,殷人的生活几乎完全受它控制。殷人的青铜器装饰着繁复的饕餮以防备自己祖先之外的鬼魂来吃盛器中的祭品;殷人的人牲祭祖及殉葬风俗也是中国历史之最;殷人的周祭制度十分严密,而且任何重大决定都要通过占卜来征求先祖与诸神的意见。[2] 西周时期,周人也曾采用甲骨占卜的方式来行事,还创造出一套繁复的祭祀和丧葬制度,以祖先神灵来维持现世社会。[3] 到了汉代,中国人已牢固地建立了死者灵魂所属的"另一世界"的概念。[4] 此外,汉代

[1]半坡博物馆《西安半坡》,文物出版社 1985 年版,第 8 页。也有学者认为中国的死后世界的概念是佛教传入中国后的产物。比如李约瑟(Joseph Needham)在他的《中国的科学与文明》(Science and civilization in China)一书中写道,中国人在"佛教普及之前"从来没有过"另一世界"这样的想法(剑桥大学出版社 1973 年版,第五卷,第二册,第 98 页,注 C)。有关中国"死后世界"概念外来说,参见余英时《魂兮,归去来兮!佛教传入前中国灵魂与死后世界观的变迁的研究》("O soul,come back!" a study in the changing conceptions of the soul and afterlife in pre-Buddhist China),《哈佛大学亚洲研究学刊》(Harvard journal of Asiatic studies)第 47 卷(1987)第 2 期,第 381—382 页。

[2]关于商朝的周祭与甲骨占卜,参见王宇信和杨升南《甲骨学一百年》,社会科学文献出版社 1999 年版,第 194—280 页、第 592—629 页,及常芝玉《商代周祭制度》,中国社会科学出版社 1987 年版。

[3]关于周甲骨占卜,参见朱歧群《周原甲骨研究》,台湾学生出版社 1997 年版,第1—73 页;徐锡台《周原甲骨文综述》,三秦出版社 1987 年版;王宇信和杨升南,《甲骨学一百年》,1999 年版,第 281—334 页。

[4]关于汉代的死后世界观念,参见鲁惟一(Michael Loewe)《中国的生死观:汉代的信仰、神话、及推理》(Chinese ideas of life and death:faith, myth and reason in Han period〔202 BC - AD 200〕),艾伦和恩文出版社(Allen & Unwin)1982 年版;余英时《早期中国死后世界概念的新证据综评》(New evidence on the early Chinese conception of afterlife — a review article),《亚洲研究学刊》第 41 卷(1981)第 1 期,第81—85 页;《中国古代死后世界观的演变》,《联合月刊》第 26 卷(1983),第 81—89页;《魂兮,归去来兮!佛教传入前中国灵魂与死后世界观的变迁的研究》;《中国汉代思想中的生命及永生》(Life and immortality in the mind of Han China),《哈佛大学亚洲研究学刊》第 25 卷(1964—1965),第 80—122 页;蒲慕州《墓葬与生死中国古代宗教之省思》,台湾联经出版事业公司 1993 年版,第 193—225 页。

人还对死后世界的细节十分关注。汉代墓葬的随葬品似乎包罗了死者在另一世界中所需要的一切生活用品。[1]魏晋南北朝时期，天堂与地狱的概念渐趋形象化，佛教与道教互相借鉴、互相竞争，使得天堂与地狱成为既十分具体又尽人皆知的去处。[2]

这种道佛两教的争斗、融合、互长的状态持续到了唐代，死后世界的形象也更趋完满精致。几乎所有的文学体裁都有对死后世界的描述，唐变文及佛教经典尤其如此。除此之外，在唐代，死后世界的图绘作品也十分丰富。比如张孝师的地狱画，吴道玄及刘阿祖所画的《大目乾连冥间救母变文》《还魂记》，以及《十王经》等。[3]同时，唐人对死亡的态度也深受佛教的影响。比如，虽然夫妇合葬在唐代十分流行，但也有夫妇以"奉清净教，欲断诸业障"为由而拒绝合葬，或要求火化者。[4]许多妇女还在晚年或临死前乞一法号，以图在死

[1] 参见《长沙马王堆一号汉墓》，文物出版社 1973 年版；《湖北江陵 168 号墓发掘报告》，《文物》，1975 年第 4 期，第 1—11 页；鲁惟一《通向天堂的路——中国人对长生不死的追求》(Ways to paradise: the Chinese 1uest for immortality )，艾伦和尤文出版社 1979 年版。

[2] 关于道教与佛教中的天堂与地狱的观念，参见柯素芝《超凡与神圣的激情——中国中世纪时期的西王母》，第 32—38 页；戴密微(Paul Demiéville)《汉至隋时期的哲学与宗教》(Philosophy and religion from Han to Sui)，收于崔德绎和鲁惟一编《剑桥中国史》(The Cambridge history of China)第一卷，剑桥大学出版社 1994 年版，第 808—872 页；巫鸿和宁强《中国早期艺术中的天堂形象》(Paradise images in early Chinese art)，收于贝克(Janet Baker)编《一个外来信仰的兴盛——中国佛教艺术的新研究》( The flowering of a foreign faith: new studies in Chinese Buddhist art)，艺术传播资源有限公司(Art Media Resources，Ltd)1999 年版，第 54—67 页。

[3] 参见太史文(Stephen F. Teiser)《"死去又活来"——中国中世纪的地狱的表现》("Having once died and returned to life": representations of hell in Medieval China)，《哈佛大学亚洲研究学刊》第 48 卷(1988)第 2 期，第 433—464 页。

[4] 《唐故常州武进县尉王府君夫人苏氏墓志铭并序》，《汇编》会昌 033。

后世界能有菩萨的保佑。[1]

　　唐代死后世界观最受佛教影响的可能是"判定"概念的成熟。比如《十王经》就描写了地下世界的十个判官分掌对死者一生的评估与判断大权的故事。[2]尽管中国早期的死后世界观已有官员掌管地下世界的概念，但繁复的"判定"过程却是随着佛教而来的舶来品。而《十王经》正是这种更新了的死后世界观的产物。另外一个很有意思的变文故事是《唐太宗入冥记》，它记载太宗死后受地下判官崔子玉的嘲弄和利用的"经过"。[3]

　　《唐太宗入冥记》的重要性在于它不仅描写了一个结构完整的地下世界，而且还反映出了中国早期死后世界观中所没有的一些概念。在佛教进入中国之前，中国死后世界的尊卑体系是与现实世界的尊卑体系一致的，活着是尊者，死后也一定是尊者。所以连墓葬规模及随葬品也要根据死者生前的地位来决定。上古时代的人甚至认为因为儿童的体力不够健壮，所以他们的魂魄很可能到不了天上或地下。而在《唐太宗入冥记》中，堂堂的皇帝也不过是一个普通的灵魂。更

[1] 比如，《有唐卢氏故崔夫人墓铭并序》记载道，卢缄之妻乃是名相崔群之女，她"将终加号曰上乘，庶幽明之有凭，其护佑也"。《汇编》大中128。参见本书第七章《婚姻之外的女性》。
[2] 参见太史文《〈十王经〉文及中国中世纪佛教中"炼狱"观念的形成》，(The scripture on the ten kings and the making of purgatory in Medieval Chinese Buddhism)，夏威夷大学出版社(University of Hawaii Press)1994年版，第4、第14—15页。
[3] 斯坦因2630。见黄征和张涌泉编《敦煌变文校注》，中华书局1997年版，第319—332页。参见，高国藩《敦煌鬼故事〈唐太宗入冥记〉与信仰民俗》，高国藩《敦煌俗文化学》，上海三联书店1999年版，第349—384页。

重要的是，任何人，包括皇帝，只要还在六道轮回之中，都要被判官判一番，都要对自己的生前的所作所为负责。

这一中国化了的"判定"观念的形成具有极大的历史意义。与唐以前的死后世界观相反，在唐代，每个人死亡与再生的经历和过程都一样，因此每个人的"好死"也就具有同样的重要性，而死者死后生活的幸福也成了家人最关心的事。正是因为这个原因，唐朝为未成年孩子撰墓志、办重葬的也特别多。[1] 唐代的父母不仅相信他们的子女死后会生活在另一世界，而且还要为子女死后生活的好坏而操心。由此看来，冥婚的兴起也是唐代死后世界观转变的结果。

这种对子女死后生活的关心和忧虑，在冥婚墓志及敦煌文稿有明显的反映。比如，《冥婚书》中就讲到，冥婚父母为子女办婚事的主要原因是心疼他们在"泉宫""独寝"，没有享受到"男女""风月"之温情。[2] 景龙年间的《大唐赠并州大都督淮阳王韦君墓志铭》也讲到韦崔之姻的成功是对韦崔两家的极大安慰："求淑魄于高门，代姻无忝；结芳神于厚夜，同穴知安。"[3] 天宝年间的《西郡李公墓石》陈述道：李璇虽属功成名就，但却"未婚而终"，他的"父母哀其魂孤，为结幽契，娶同县刘氏为夫人"。[4] 由此可见，冥婚安排的动因之一是父母希望自己的子女在死后能有幸福的生活，即便冥间的婚姻并不能给双方家庭添子加孙、传宗接代。

---

[1] 比如，在《汇编》及《续编》中，大约有百分之十的墓志是为尚未成年成家者写的。
[2]《敦煌宝藏》第 13 卷，第 104—105 页。
[3]《汇编》景龙 011。
[4]《汇编》天宝 086。

当然，在唐代也有像季攸那样因为内疚而成全夭折子女的冥间婚姻。李倓与张氏的婚姻就是肃宗悔过的结果。《旧唐书·承天皇帝倓传》记载道：

承天皇帝倓，肃宗第三子也。天宝中封建宁郡王，授太常卿同正员。……为良娣、辅国所构，云建宁恨不得兵权，颇畜异志。肃宗怒，赐倓死。既而省悟，悔之。

大历三年五月诏曰："故齐王倓承天祚之庆，保鸿名之光。降志尊贤，高才好学。艺文博洽，智略宏通。断必知来，谋皆先事。识无不达，理至逾精。乃者，寇盗横流，銮舆南幸。先圣以宸扆之恋，将侍君亲；惟王以宗庙之重，誓宁家国。克协朕志，载符天时。立辨群议之非，同献五原之计。中兴之盛，实藉奇功。景命不融，早从厚穸。天伦之爱，震惕良深。流涕追封，胙于东海。顷加表饰，未极哀荣。夫以参旧邦再造之勤，成天下一家之业，而存未峻其等，殁未尊其称。非所以旌徽烈明至公也。朕以眇身缵膺大宝，不及让王之礼，莫申太弟之嗣，所怀靡殚，邈想逾切，非常之命，宠锡攸宜。敬用追谥曰承天皇帝，与兴信公主第十四女张氏冥婚，谥曰恭顺皇后。"[1]

如果说佛教的死后世界观导致了唐代父母对子女死后男女风月之情的关心，那么唐人对男女风月之情的开放态度也对冥婚的兴起

[1]《旧唐书》卷116。

起了极大的促进作用。唐笔记小说绝不乏男女苟合的故事，或男求"不以陋愚，特垂枕席之欢耳"[1]，或"女笑而止，相得之欢，誓将白首，绸缪之意，无不备尽"[2]。《唐语林》曾提到，天宝中，唐人"呼丈夫、妇人纵放不拘礼度者为'查'。又有百数十种语，自相通解，谓之'查语'。大抵多近猥僻"。[3] 仅"查语"就达百数十种，唐代的"猥僻"之风可谓盛矣。

　　唐人认为"男女之际"的"大欲"是极自然的事，当双方"情苟相得，虽父母之命，不能制也。"[4]在敦煌文稿中，有一份性交图描绘了男女交媾的种种姿势，想来该是性生活指南之类的图标。此外，向来被认为是伪作的《天地阴阳交欢大乐赋》也在敦煌文稿中发现。这份题署白行简撰的《大乐赋》详细描述了各种类型男女关系（如夫妻、婚外恋、主人与奴婢等）的性交状态及感受，并声称"男女之情"乃是情之精要，而"官爵功名"则是"情之衰"。[5] 应该说，唐人对性行为的态度使得让生时未婚的男女合葬在一起显得顺情合理。

　　当然，在唐代反对冥婚的舆论也不少见。白居易就曾专门写过一篇指责冥婚的文章。这篇题为"得景嫁殇、邻人告违禁、景不伏"的判拔萃文写道：

---

[1]《玄怪录》卷4。
[2] 同上。
[3]《唐语林》卷4。
[4] 白行简《女娲传》,《太平广记》卷484。
[5] P.2539,见《敦煌宝藏》第121卷,第616—618页。值得一提的是,"大乐"也是佛教密宗中的一个概念。

生而异族，死岂同归。且非合祔之仪，爰抵嫁殇之禁。景天婚是恤，窀穸斯乖。以处子之舜华，迁他人之蒿里。曾靡卜于鸣凤，各异室家；胡为相以青乌，欲同宅兆。徒念幼年无偶，岂宜大夜有行。况生死宁殊，男女贵别。纵近倾筐之岁，且未从人；虽有游岱之魂，焉能事鬼？既违国禁，是乱人伦。请征媒氏之文，无抑邻人之告。[1]

　　虽然白居易的判文写得非常义正词严，但细细想来，这篇作品似乎并不能代表唐代社会对冥婚的看法。首先，唐代并不存在所谓的针对冥婚的"国禁"；其次，这篇文章用的是"嫁殇"一词，而不是唐代通用的"冥婚"。显然，白居易的着眼点是在阐扬《周礼》中的儒家思想，而不是讨论唐代的社会问题。

　　其实，在唐代，冥婚也不只是对死人有利，真正的得益者应该是冥婚者的家属。对这些家属来说，安排冥婚的好处还不少。首先，冥婚虽不能"上以事宗庙，下以继后世"，但它至少能"合二姓之好"。[2]敦煌文稿中的《冥婚书题依吉法》就很明显地体现了这一点。在冥婚书中，男方家族表示"平生之日"即已"思展好仇"；女方家族则为"久缺祗叙，延仁诚劳"而感慨。可见冥婚的安排起到了增进两族间交往的作用，这在大姓间可能更是如此。《唐故昌平县开国男天水赵君墓志铭并序》就明确地提到了这一点："赐耿之后，篡帝其先。新合二

[1]朱金城《白居易集笺校》，上海古籍出版社1988年版，第3596页。
[2]《礼记·昏义》。

族,冥交两贤。猗欤显德,燕尔幽泉。一谐琴瑟,万古兰荃。"[1]

此外,冥婚还为双方家属提供了炫耀财富、地位和伸张权势的极好机会。最明显的例子便是三个与韦后有关的冥婚实例,其主人公分别是韦后的儿子懿德太子李重润,以及韦后的弟弟韦洞与韦洵。《旧唐书·懿德太子重润传》记载了懿德太子的曲折经历和他的冥间姻缘:

懿德太子重润,中宗长子也,本名重照,以避则天讳故改焉。开耀二年,中宗为皇太子,生重润于东宫内殿。高宗甚悦,及月满,大赦天下,改元为永淳。是岁立为皇太孙。开府置官属。及中宗迁于房州,其府坐废。

圣历初,中宗为皇太子,封邵王。大足元年为人所构,与其妹永泰郡主、婿魏王武延基等窃议张易之兄弟何得恣入宫中。则天令杖杀。时年十九。

重润风神俊朗。早以孝友知名。既死非其罪,大为当时所悼惜。中宗即位,追赠皇太子,谥曰懿德。陪葬乾陵,仍为聘国子监丞裴粹亡女为冥婚,与之合葬。[2]

韦后的季弟韦洞,字冲规,如意元年(692)死时年仅十六岁。当

[1]《汇编》垂拱 001。
[2]《旧唐书》卷 86。

时韦后和中宗被武则天黜为庶人,韦洵也因此而被流放。神龙元年(705),中宗"恢张百度,惇叙六姻",因"嗟右戚之丧家宝,感中闺之失贤季",乃追赠韦洵卫尉卿。次年,又追赠淮阳郡王,"迎置京邑,具礼改窆",于是"冥婚太子家令清河崔道猷亡第四女为妃而会葬"。[1]丧事均由朝廷支出,韦氏乃为之铺张至极。虽然韦洵与萧至忠女儿的会葬规模并无详细资料可询,但想来与韦洵的差不到多远。

　　虽然这三个冥婚都是以朝廷的名义安排的,但真正的策划者可能是韦后。《新唐书·萧至忠传》即明确讲到:"韦后尝为其弟洵与至忠殇女冥婚。"[2]韦后东山再起之后,昭冤雪耻并且炫耀、巩固和扩张她的殊荣和威势,是她念念不忘的大事。为儿子和弟弟安排冥婚虽出于悯惜之心,但这背后的政治动机也是显而易见的。与萧、裴、崔三家有权势的望族联姻,韦后可算是煞费苦心。

　　冥婚不仅能提供巩固联盟和势力的机会,还能为冥婚家属带来许多实际的利益。比如,韦后的儿子和弟弟都被封王,他们的冥婚新娘们也因此而被封为王妃,冥婚家庭便因而成了真正的受益者。比如在韦洵与崔氏会葬之日,韦家得赏赐"赙物□千段,米粟五百石,衣等九袭",又加赠韦洵"使持节都督并州诸军事并州大都督。赐东园秘器"。[3]更有甚者,李俊与张氏在冥婚之日被追谥承天皇帝和恭顺皇后,可以想象,恩赐之厚一定是有过之而无不及。

[1]《汇编》景龙011。
[2]《新唐书》卷123。
[3]《汇编》景龙011。

　　综合而论,唐代冥婚的骤兴是与唐代的社会和历史背景密切相关的。唐代(尤其是初唐与盛唐)经济的繁荣为冥婚提供了深厚的物质基础;唐代死后世界观的更新及对男女之情的开放态度为冥婚提供了极好的精神和心理条件;从另一方面来说,冥婚又为有能力作此安排的父母和亲属提供了表达自己心愿以及获取种种实际利益的机会。难怪到了经济衰退、社会动荡的五代,冥婚忽然显得不再顺理成章。《新五代史·刘岳传》记载道,晚唐明宗皇帝读了郑余庆的《书仪》之后,对唐代的起复、冥婚之制颇感困惑,叹曰:"儒者所以隆孝悌而敦风俗,且无金革之事,起复可乎? 婚,吉礼也,用于死者可乎?"于是他诏令刘岳"选文学通知古今之士,共删定之"。刘岳与太常博士段颙、田敏对《书仪》作了一番研究之后,得出的结论是,冥婚乃"出鄙俚,皆当时家人女子传习所见",虽然"时有礼之遗制",但"其后亡失,愈不可究其本末"。[1] 由此可见,时至晚唐,冥婚所代表的性别观念和制度已不为朝廷及上层社会所认同,而唐代的冥婚习俗也已很难恢复它的真正面目。

　　　　　　　　　　　　　　　　　　　

[1]《新五代史》卷 55。

第七章

## 婚姻之外的女性

一树笼松玉刻成，飘廊点地色轻轻。

女冠夜觅香来处，唯见阶前碎月明。

——王建《唐昌观玉蕊花》

# 女　妓

　　唐代女妓是现代唐史研究中的热门题目之一,不过,中国学者、日本学者及西方学者的研究重心往往不同。中国学者的研究多注重对唐妓的分类及唐妓与文人的关系,日本学者多偏向于对长安娼妓的考证[1],而西方学者往往着眼于讨论唐妓的身份与地位。最早对唐妓作分类研究的是王桐龄、傅乐成和宋德熹[2],虽然这三位学者在分类及对唐妓的称呼上有差别,他们基本上都同意唐妓可以细分为五类:宫妓、官妓、营妓、民妓、家妓。在此基础上,当代台湾学者廖美云与郑志敏的研究进一步探讨了文学作品中对唐妓的描写以及

---

[1] 如岸边成雄《长安北里の性格と活动》,载《历史と文化》4,《历史学研究报告》7 (1959);《唐代妓馆の组织》,载《东京大学教养学部人文科学科纪要》5,《古代研究》2(1955);石田干之助《增订长安の春》,日本平凡社1967年版等。
[2] 王桐龄《唐宋时代妓女考》,《史学年报》第1辑(1929)第1期,第21—31页;傅乐成《唐代妇女的生活》,傅乐成《汉唐史论集》,台湾联经出版社1977年版,第117—142页;宋德熹《唐代的妓女》,鲍家麟编《中国妇女史论集续集》,台湾稻香出版社1991年版,第67—122页。

唐妓与文人的密切关系。[1]

　　西方学者对唐妓的研究始于对唐代文学作品的翻译，而学者们对"妓"一词的翻译往往反映了他们对唐妓身份与地位的认识。比如李豪伟（Howard Levy）在1963年翻译出版的《北里志》中将"妓"翻译成"courtesan"（高等妓女、名妓、交际花）[2]，但他在1971年翻译出版《白居易作品选译》时却将"妓"翻译成"whore"（下等妓女、卖淫者）或"prostitute"（妓女）。[3] 法国学者罗勃特·罗托斯（Robert des Rotours）曾将《北里志》翻译成法文，他将所有的"妓"都翻译成"courtisanes"（高等妓女、名妓、交际花）。[4] 在《中国古代的性生活》（Sexual life in ancient China）一书中，高罗佩（Robert Hans Van Gulik）提出，唐代有两种妓女，一种是"没有艺技的"妓女（prostitute），另一种是"擅长歌舞、巧于文字"的妓女（courtesans）。[5] 哈佛大学教授宇文所

[1] 廖美云《唐妓研究》，台湾学生出版社1995年版；郑志敏《细说唐妓》，台湾文津出版社1997年版。

[2] 李豪伟（Howard Levy）《北里志》（The gay quarters of Chang'an），《东方与西方》杂志（Orient/West）第八辑（1963）第5期，第121—128页；第6期，第115—122页；第九辑（1964）第1期，第103—110页。

[3] 李豪伟《白居易作品选译》（Translations from Po Chü-i's collected works），帕拉根出版社（Paragon Book Reprint Corp.）1971年版。

[4] 罗勃特·罗托斯（Robert des Rotours）《中国唐末的妓女》（Courtisanes Chinoises à la fin des T'ang），高等中国研究学院图书馆出版物第22种（Bibliothèque de l'Institut des Hautes Etudes Chinoises 22）法国大学出版社（Presses Universitaires de France）1968年版。

[5] 高罗佩（Robert Hans Van Gulik）《中国古代的性生活：公元前1500至公元1644年间中国人的性与社会的初步调查》（Sexual Life in ancient China：A preliminary survey of Chinese sex and society from Ca. 1500 B. C. Till 1644 A. D），E. J. 布瑞尔学术出版社（E. J. Brill Publisher）1961年版，第171页。

安(Stephen Owen)将唐妓(尤其是文人的家妓)翻译成"demimonde"（风尘女子、名声不佳的女子），他认为，这些"demimondes"多出身于社会地位低于儒家贵族的艺人或商人家庭，与贵族妇女相比，她们能更自由地与男性接触。这些女性的社会地位与形象介于娼妓（prostitutes）和一定程度上的体面（guarded respectability）之间。[1] 此外，熊存瑞(Victor Xiong)及童若雯(Jowen R. Tung)倾向于将唐妓翻译成"entertainer"（艺术表演者、提供娱乐的人）。在《唐代长安的歌舞妓》一文中，熊存瑞指出，长安唐妓(尤其是平康里的唐妓)的主要职责是歌舞与诗书来往，因此《北里志》中在评价当时的名妓时以才能为最高标准而并不注重她们的相貌与身材。[2] 童若雯在《写给父家长们的寓言：唐代话语中的社会性别政治》(Fables for the patriarchs: gender politics in Tang discourse)一书中指出，唐代妓女文化的兴盛是唐社会性别政治的产品，唐代的文人官员不仅需要女妓来抬高自己在文坛的地位，而且还依靠她们来满足自己对女性美的渴望，因为在儒教传统中，男性是不应该对自己的妻子表现出强烈的情爱的。[3]

---

[1] 宇文所安(Stephen Owen)《中国中世纪时代的终结：中唐文人文化论文集》(The end of the Chinese "Middle Ages": essays in Mid-T'ang literary culture)，斯坦福大学出版社(Stanford University Press)1996年版，第131页。

[2] 熊存瑞(Victor Xiong)："唐代长安的歌舞妓"(Ji-entertainers in Tang Chang'an)，见牟牟正蕴(Sherry Mou)《存在与再现：中国文学传统中的妇女》(Presence and presentation: women in the Chinese literature tradition)，圣马丁出版社(St. Martin's Press)1999年版，第149—169页。

[3] 童若雯：《写给父家长们的寓言：唐代话语中的社会性别政治》(Fables for the patriarchs: gender politics in Tang discourse)，若曼-利特菲尔德出版社(Rowman & Littlefield Inc.)2000年版，第6—10章。

　　虽然学者们对唐妓有多方面的研究，但他们使用的史料多来自于唐代文人的诗歌或笔记小说，对唐代墓志中有关唐妓的记载却没有任何讨论。从现存的唐墓志铭来看，至少有 18 篇墓志是为女妓或由女妓而转为妾的女性撰写的（见表 7.1"唐代女妓墓志状况"），此外，还有一篇墓志（大中 160）是为一位女妓的母亲所撰写的。这些墓志为我们了解唐代女妓的来源、功能及社会地位提供了极为宝贵的资料。

表 7.1　唐代女妓墓志状况

|  | 出　处 | 篇　名 | 死亡年代 | 墓志主 | 身　份 |
|---|---|---|---|---|---|
| 1 | 续开元 168 | 室人太原王氏墓志铭 | 739 | 王仁淑 | 宫妓/妾 |
| 2 | 天宝 046 | 大唐故范氏夫人墓志铭并序 | 744 | 范如莲花 | 家妓、妾 |
| 3 | 续天宝 061 | 故美人李二娘墓志铭 | 750 | 李二娘 | 歌舞妓/家妓 |
| 4 | 圣武 001 | 大燕圣武观故女道士马凌虚墓志铭 | 756 | 马凌虚 | 歌舞妓/妾? |
| 5 | 续建中 009 | 郝氏女墓志铭 | 783 | 郝闰 | 歌舞妓/妾 |
| 6 | 全 587 | 太府李卿外妇马淑志 | 810 | 马淑 | 歌舞妓/外妇 |
| 7 | 全 738 | 卢金兰墓志铭 | 819 | 卢金兰 | 歌舞妓/妾 |
| 8 | 续元和 074 | 无 | 819 | 子体贤 | 家妓 |
| 9 | 大和 071 | 勃海严氏墓志 | 833 | 严氏 | 家妓/妾 |
| 10 | 大和 097 | 无 | 833 | 吕媛 | 家妓 |
| 11 | 续大和 043 | 唐故章四娘墓志铭并序 | 833 | 章四娘 | 家妓 |
| 12 | 开成 010 | 唐故赠陇西峻夫人董氏墓志铭并序 | 837 | 董氏 | 宫妓 |
| 13 | 大中 160 | 唐故留守李大使夫人曲氏墓志铭并序 | 859 | 云卿 | 歌舞妓/妾 |
| 14 | 咸通 030 | 前邢州刺史李肱儿母太仪墓志 | 863 | 陈氏 | 家妓 |

续　表

| | 出　处 | 篇　名 | 死亡年代 | 墓志主 | 身　份 |
|---|---|---|---|---|---|
| 15 | 咸通 038 | 前长安县尉杨筹女母王氏墓志 | 864 | 王娇娇 | 家妓 |
| 16 | 续咸通 028 | 故妓人清河张氏墓志 | 864 | 张氏 | 家妓/妾 |
| 17 | 续咸通 066 | 有唐吴兴沈氏墓志铭并序 | 870 | 沈子柔 | 民妓 |
| 18 | 续咸通 096 | 唐张氏墓记 | 873 | 张三英 | 乐府籍/外妇 |

　　研究唐代女妓的学者基本上承认唐妓可以大致分为由官方管辖的公妓和不属于官方的私妓两类,公妓包括宫妓、官妓、营妓,私妓包括民妓和家妓。虽然所有类型的女妓在唐以前都已存在,但唐代无疑是唯一一个不同类型的女妓同时到达顶峰阶段的时代。[1]

　　先来看看唐代的宫妓。宫妓在初唐时期并不盛行,武则天甚至还一度取消了宫妓。《唐会要》称:"龙朔元年(661)正月,禁妇人倡优杂戏,皇后所请也。"[2]武则天又在如意元年(692)将内教坊改为云韶府,旨在清除淫声邪乐。[3]宫妓的兴盛始自玄宗时期。《新唐书》记载道,玄宗即位后,"置内教坊于蓬莱宫侧,居新声、散乐、倡优之伎"。[4]此外,玄宗还于开元二年(714)在京都设左右教坊,"掌俳优杂技……以中官为教坊使"。左右教坊成了唐妓(包括公妓和私妓)

[1] 有关各类女妓的最早记载,参见王书奴《中国娼妓史》,三联书店 1988 年版。
[2] 《唐会要》卷 34《论乐》。
[3] 同上。
[4] 《新唐书》卷 22《礼乐》。

故妓人清河張氏墓誌

妓人清河張氏世良家也年二十

歸于我色艷體閑代無罕比温柔

謝恩雅靜沉妍隨余住官咸通五

年甲申歲十一月一日暴疾歿于

解縣攉鹽使宅享年五十一悲哉

育男二人女一人長男慶之早卒

終睦州叅軍次易慶慶前宣州旌

德縣丞咸通六年歲在乙酉四月

二十日葬于東都河南縣金谷鄉

嗚呼家光□

兩池榷鹽使守太子右庶子兼御史

永賜紫金魚袋李從質文并書

T7-1　唐咸通六年妓人张氏墓志（《续集》咸通028）

的主要来源。[1]

宫妓的职责主要是为朝廷提供歌舞娱乐，特别是当皇帝在宫中设宴时。比如，唐代著名的曲江宴往往有来自内教坊的宫妓的歌舞表演。元和年间，白居易曾撰谢恩状，表述自己被宪宗"恩赐"曲江宴的经历和感受。他写道：

今日伏奉圣恩赐臣等于曲江宴乐，并赐茶果者。伏以暮春良月，上巳佳辰，获侍宴于内庭，又赐欢于曲水。蹈舞局地，欢呼动天。况妓乐选于内坊，茶果出于中库。[2]

虽然宫妓的职责是歌舞娱乐，但她们与皇帝或皇室成员发生性关系是常事。比如，玄宗之子瑛之母即"以倡进，善歌舞，帝在潞得幸"。[3] 据《教坊记》，唐人称内教坊的宫妓为"内人"或"前头人"，而得幸的内人则被称为"十家"。"十家"的待遇比一般的宫妓要高：

妓女入宜春院，谓之"内人"，亦曰"前头人"，常在上前头也。其家犹在教坊，谓之"内人家"，四季给米。其得幸者，谓之"十家"，给第宅，赐无异等。初特承恩宠者有十家，后继进者，敕有司给赐同十家。

[1]《新唐书》卷48《百官志》。关于建立教坊的目的，项阳则指出："教坊的建立，是因为乐之雅俗关系。唐人以为太常本是礼乐机构，将筵宴之乐置于其中显得有些不伦不类，因此，另辟一机构管理和培训筵宴乐人才是十分必要的。"见项阳《山西乐户研究》，文物出版社2001年版，第10页。
[2]《三月三日谢恩赐曲江宴会状》，《白居易集笺校》，第3380页。
[3]《新唐书》卷82《十一·宗诸子传》。

虽数十家，犹故以“十家”呼之。每月二日、十六日，内人母得以女对；无母，则姊妹若姑一人对。十家就本落，余内人并坐内教坊对。[1]

开成年间的《唐故赠陇西郡夫人董氏墓志铭并序》非常详细地描写了一位荣宠至极的宫妓——董氏的一生，反映了唐皇室对女妓制度的公开支持：

王者统天地，合阴阳，外班元士之秩，内备嫔御之列，莫不慎择华族，精选良家，将以应九九之阳数，佐明明之盛德。其或艺传躧步，体善折腰；声既溢于九霄，名自传于千古者，有若赠陇西郡夫人董氏焉。夫人轩盖承家，派流绵远。自扰龙而受氏，奋直笔以传芳。仲舒擅美于儒林，君异名登于仙籍。岂独清音响亮，空号双成之笙；长袖翩翻，唯许娇娆之舞而已哉！

自笄年入居宫台，容华绰约，仪则详闲，执礼谦和，发言明媚，而又纤腰柔弱，举趾嫣妍。飞燕自得于体轻，平阳雅称其妙丽。当德皇御宇，而名达宸听，超自辈流，登于乐籍。时或曲移节奏，韵变宫商；故态方□于俗流，新声尚迷于众伎，彼则哇咬才啭，此已俯仰合仪。岂习利而学能，诚目击而心得者也。时或令节良辰，锡燕兰殿，百辟就列，九奏在庭，天子厌八佾之旧容，思七盘之新态。锦茵既设，罗袜徐登，动容而宛转若神，当场而义气自得。莫不金乌驻景，借白日之

[1] 崔令钦《教坊记》，见《唐五代笔记小说大观》，第123页。

光辉；玉女萦空，讶彩鸾之腾赴。宁独千官万乐，屏息而心呼者哉！

　　是以列圣佳其艺能，六宫推其德美，虽修蛾已老，椒房之贵人；而罗袖时翻，授梨园之弟子。名居上品，时历六朝，逝水不留，化泉将及，以开成二年岁次丁巳八月壬辰廿二日癸丑，卒于内院，享年六十有六。皇帝念其恩旧，奖以伎能，宠赠追荣，窆引□□。其年其月卅日辛酉，俾祔葬于先茔万年县霸城乡南窑村。以□□也。呜呼！通灵台下，汉皇传十里之香；鲋隅山□，□项有九嫔之葬。诏词臣埴铭于墓云。铭曰：

　　芬□□□兰发丛，婀娜兮翠柳摇风，芳姿妙舞不复见，纤腰雅□□成空。于嗟绝艺，时所仰恃。诏词臣志幽壤。[1]

　　《唐故赠陇西郡夫人董氏墓志铭并序》是翰林学士朝议郎黎埴奉文宗之命撰写的。从墓志来看，董氏当出身于乐籍，笄年入宫为歌舞妓，她经常在良辰佳宴之际为皇帝及百官表演。她"玉女萦空"般的舞姿深为德宗青睐，因此得幸。这篇墓志虽非常强调董氏的嫔御身份，但从对她出身的描写以及对赵飞燕和平阳侯典故的引用来看，董氏并不是以嫔御身份入宫的，她成为"椒房之贵人"当是得幸之后的事。正因为如此，墓志才会强调董氏死后被封为陇西夫人是由于文宗"念其恩旧，奖以伎能"（而并不是因为她的嫔御地位）。

　　开元年间的《室人太原王氏墓志铭并序》中的王仁淑也是一位

────────
[1]《汇编》开成010。

出身乐籍的宫妓。与董氏不同的是，王仁淑最后选择了出嫁为妾的出路。她的丈夫及墓志作者宁远将军守右司御率上柱国张令晖写道：

> 吾室人字仁淑，王子宾天之后，得姓于太原，门庆家声，昭彰谱录。祖训府君，衣冠之秀也；父德府君，礼乐之英也。室人韶姿婉顺，靖态繁华。昔在童颜，天纵歌舞。巴渝郑卫之曲，□蔡秦齐之声，皆能练其节奏，赏其音律。年符二八，名入宫闱。彩袖香裾，频升桂殿；清歌妙舞，常踏花筵。及夫恩命许归，礼嫔吾室，刚柔殆洽，琴瑟方调。谓谐老之齐欢，何独沦于长夜。开元廿七年六月廿六日遘疾，终于京兆府万年县道政里别业，春秋廿有六。呜呼哀哉！泣望琼田，唯念延龄之草；悲瞻玉塞，空想返魂之香。天乎天乎，与善何旷。即以其年七月十一日迁殡于咸阳县西北平原，礼也。吾以伉俪情重，具物送终，死而有灵，知吾志矣。其词曰：
> 咸京之隈，佳人夜台，山河旧国，松柏新栽。昔年歌舞人所美，今时埋没人所哀。吾唯哭送兮悲回。

在这篇墓志中，墓主王仁淑的祖父虽是衣冠出身，但她的父亲却可能是一个乐人，王仁淑或许是因为她父亲的身份而归于乐籍的。她在16岁左右"名入宫闱"，成为一名宫廷歌舞妓。宫妓身份当属贱人，据《旧唐书》，宪宗时期，"时教坊忽称密旨，取良家士女及衣冠别第妓人，京师嚣然"。宪宗不得不出面辟谣，称教坊误解了他的意图。

他只是希望教坊在"乐工中及闾里有情愿者"中取四人,"四王各与一人"。[1] 由此可见,良家女一般是不会入教坊、乐籍,或直接进宫为妓的。会昌年间,武宗也曾诏"扬州监军取倡家女十七人进禁中"。扬州监军邀请当时任淮南节度使的杜悰同选,"又欲阅良家有姿者",杜悰坚拒。武宗闻之,"乃诏罢所进伎"。[2]

营妓的主要职责是为唐武官镇将提供歌舞宴乐。比如《唐摭言》记载道杨汝士镇东川时,其子杨如温及第。杨汝士在家中设宴庆贺,"营妓咸集"。[3] 唐代的营妓并不像后代的营妓那样地位低下,唐名妓中有不少属于营妓,其中最有名的当数薛涛。宋人景涣曾在《牧竖闲谈》中称赞道:"元和中,成都乐籍薛涛者,善篇章,足辞辩……当时乃营妓中之尤物也。"[4] 薛涛与许多著名的中唐文人有诗书来往,如,牛僧孺、令狐楚、裴度、杜牧、刘禹锡、白居易等,她与元稹的长年情缘在唐代笔记也多有记载。

官妓与营妓性质相同,她们都是为唐代地方官员配备的。唐代其他种类的女妓在唐以前都有,只有官妓是至唐代才出现的。官妓与营妓并不属于某个官员私有,所以一旦被调离,他一般不会将所属女妓一起带走。唐文学作品及笔记中常有地方官员赴调他职前与官

[1]《旧唐书》卷 164《李绛传》。
[2]《新唐书》卷 166《杜佑传》。
[3]《唐摭言》卷 3。
[4] 景涣《牧竖闲谈》,见陶宗仪、陶珽《说郛》,上海古籍出版社 1988 年版,第 7 册,第 139 页。关于薛涛的生平与作品,参见美国学者拉森(Jeanne Larsen)的博士论文《中国诗人薛涛——一位中唐女性的生平与作品》(The Chinese poet Xue Tao: the life and works of a Mid-T'ang woman),爱荷华大学,1983 年。

妓依依惜别的记载。比如,歙州刺史李曜离职时,与继任的吴圆交代,佐酒录事媚川聪明敏慧,自己颇留意,希望吴圆能对她多加"存恤"。李曜离别时"洪饮,不胜离情"[1],并作诗曰:"经年理郡少欢娱,为习干戈间饮徒。今日临行尽交割,分明收取媚川珠。"[2]

因为官妓和营妓都不属于私有,所以现存的唐代墓志中少有为官妓或营妓撰写的,不过唐人文学作品及笔记中对官妓的记载却很多。从这些记载中,我们得知,除了为地方官员提供歌舞宴乐之外,她们偶尔也会陪伴官员们处理公务。比如,唐人冯贽在《云仙杂记》中称,唐代官员张宪使曾给官妓取雅号,"奏书者,号传芳妓;酌酒者,号龙津女;传食者,号仙盘使;代札者,号墨娥"。[3]可见,官妓的职责不只限于歌舞宴乐。官员与官妓发生关系在唐代很常见,比如,王谠《唐语林》曾提道,宣宗时期,宰相崔慎由的一个儿子就是官妓生的。[4]据项阳先生的研究,至晚在玄宗时期,唐代宫廷和州县都已配有乐籍。[5]以此推测,唐代营妓与官妓的来源当是属于州县的乐籍人员。从以下这段《唐会要·论乐》的记载来看,地方设教坊的目的在于"接待宾旅":

宝历二年(826)九月,京兆府奏:"伏见诸道方镇,下至州县军镇,

[1]事见《抒情诗》。见《太平广记》卷252"诙谐""李曜"条。
[2]同上。此诗收于《全唐诗》卷768。
[3]冯贽《云仙杂记·凤巢群女》。不过,毛春翔认为《云仙杂记》乃是宋人王铚伪作。见毛春翔《古书版本谈》,中华书局,1962年版,第15页。
[4]王谠《唐语林》,卷3。
[5]参见项阳《山西乐户研究》,第11—13页。

皆置音乐,以为欢娱。岂惟夸盛军戎？实因接待宾旅。伏以府司每
年重阳、上巳两度宴游,及大臣出领藩镇,皆须求雇教坊音声,以申宴
饯。今请自于当已钱中,每年方图三二十千,以充前件乐人衣粮。伏
请不令教坊收管,所冀公私永便。"从之。[1]

　　民妓指在妓院倡楼为男性提供娱乐的女妓。虽然民妓的起源尚
无可证,但当发生在唐代以前。生活在初唐时期的卢照邻在《长安古
意》中写道:"娼家日暮紫罗裙,清歌一啭口氛氲。北堂夜夜人如月,
南陌朝朝骑似云。"[2]由此可见,长安的妓院在当时已非常兴旺。至
中唐时,妓院倡楼已被唐代社会普遍接受,而居住在长安平康里的民
妓更是文人官员所津津乐道的话题。比如,白居易的《江南喜逢萧九
彻因话长安旧游戏赠五十韵》即露骨地描写了他与萧彻两人早年在
平康里与女妓寻欢作乐的景象:

　　　　　　　　　忆昔嬉游伴,多陪欢宴场。

　　　　　　　　　寓居同永乐,幽会共平康。

　　　　　　　　　师子寻前曲,声儿出内坊。

　　　　　　　　　花深态奴宅,竹错得怜堂。

　　　　　　　　　庭晚开红药,门闲荫绿杨。

　　　　　　　　　经过悉同巷,居处尽连墙。

[1]《唐会要》卷34。
[2]《全唐诗》卷41。

时世高梳髻，风流淡作妆。

戴花红石竹，帔晕紫槟榔。

鬟动悬蝉翼，钗垂小凤行。

拂胸轻粉絮，暖手小香囊。

选胜移银烛，邀欢举玉觞。

炉烟凝麝气，酒色注鹅黄。

急管停还奏，繁弦慢更张。

雪飞回舞袖，尘起绕歌梁。

旧曲翻调笑，新声打义扬。

名情推阿轨，巧语许秋娘。

风暖春将暮，星回夜未央。

宴余添粉黛，坐久换衣裳。

结伴归深院，分头入洞房。

彩帷开翡翠，罗荐拂鸳鸯。

留宿争牵袖，贪眠各占床。

绿窗笼水影，红壁背灯光。

索镜收花钿，邀人解袷裆。

暗娇妆靥笑，私语口脂香。

怕听钟声坐，羞明映缦藏。

眉残蛾翠浅，鬟解绿云长。

……[1]

[1] 朱金城《白居易集笺校》，上海古籍出版社 1988 年版，第 3825 页。

除了长安之外,唐代的其他一些城市也有不少妓院,其中以杭州、苏州及扬州为最集中。于邺曾在《扬州梦记》中描写道:"扬州,胜地也。每重城向夕,倡楼之上常有绛纱灯万数,辉罗耀列空中。九里三十步,街中珠翠填咽,邈若仙境。"[1]可见,唐代其他都市中的作乐场所在规模上绝不比长安逊色。

虽然唐代文人留下了许多关于民妓的诗赋,就目前已整理出的墓志铭来看,文人为民妓作志的却并不多见。咸通年间匡秀为沈子柔撰写的《有唐吴兴沈氏墓志铭并序》是其中唯一的一篇民妓墓志:

吴兴沈子柔,洛阳青楼之美丽也。居留府官籍,名冠于辈流间,为从事柱史源匡秀所瞩殊厚。子柔幼字小娇,凡洛阳风流贵人、博雅名士,每千金就聘,必问达辛勤,品流高卑,议不降志。居思恭里。实刘媪所生,有弟有姨,皆亲骨肉。善晓音律,妙攻弦歌,敏惠自天,孝慈成性。咸通寅年,年多疠疫,里社比屋,人无吉全。子柔一日晏勤香闺,扶衾见接,饫展欢密,倏然吁嗟曰:妾幸辱郎之顾厚矣,保郎之信坚矣。然也,妾自度所赋无几,甚疑旬朔与疠疫随波。虽问卜可禳,虑不能脱。余只谓抚讯多阙,怨兴是词。时属物景喧秾,栏花竞发,余因招同舍毕来醉欢。俄而未及浃旬,青衣告疾,雷奔电挚,火裂风摧,医救不施,奄忽长逝。呜呼!天植万物,物固有尤,况乎人之最灵,得不自知生死。所恨者贻情爱于后人,便销魂于触响,空虞陵谷,

---

[1]《丛书集成新编》卷83,台北新文丰出版公司1985年版。

乃作铭曰：

丽如花而少如水，生何来而去何自？火燃我爱爱不销，刀断我情情不已。虽分生死，难圻因缘，刻书贞珉，吉安下泉。[1]

从墓志来看，沈子柔并不属于官府所有，也不是文人官员的家妓。她身住洛阳思恭里，或受聘而往居官员府邸，"问达辛勤"，或在自己的"香闺""扶衾见接，饫展欢密"。她生前接待过许多洛阳的"风流贵人、博雅名士"，作者匡秀就是她的崇拜者和客人之一，可见她的身份当属民妓。

最有唐代特色的女妓当属文人官员家中的家妓。虽然家妓在南北朝时期已出现，唐代却是家妓制度的鼎盛期。家妓制度不仅受到朝廷的鼓励和唐代社会的普遍接受，它还成为文人官员显示自己的社会地位和政治势力的重要手段。唐朝廷对畜养家妓的许可始于中宗朝。神龙二年（706）九月，中宗"敕三品已上，听有女乐一部，五品已上，女乐不过三人"。不过，这一敕令又规定，私家"皆不得有中钟磬，乐师凡教乐，淫声、过声、凶声、慢声，皆禁之"。[2] 朝廷对家妓制度的正面支持是从玄宗时期开始的。天宝十载（751），玄宗"敕五品已上正员清官、诸道节度使及太守等，并听当家畜丝竹，以展欢娱"。[3] 玄宗之后，德宗、穆宗、宣宗诸帝也均以鼓励畜妓著称，因

[1]《续咸通》066。
[2]《唐会要》卷34。
[3] 同上。

此，家妓制度在中唐之后更为盛行。

　　家妓的来源有两种，一是通过买卖，二是由赠赐而得。现存唐代墓志中有9篇提到墓主曾是家妓。她们或出身乐籍，或在被主人购买之前已有音乐歌舞的训练。比如咸通年间的《前长安县尉杨筹女母王氏墓志》写道：

　　王氏小字娇娇，长号卿云，汴州开封人。幼失怙恃，鞠于二女兄之手。长女兄以善音律归于故相国卢公钧，卿因女兄遂习歌舞艺，颇得出蓝之妙。弘农人初以音律知，遂用彩问于女兄。唐咸通庚辰岁（860）子月遂归于杨氏。未几，杨子以罪逆受天罚，待死于长安万年裔村曰库谷。王氏固非宜留，将归女兄，坚不去，愿同疚于荒墅。太夫人念其孝谨，因许之。寒暑三周，备尝荼蓼，奉上和众，端贞柔淑。在杨氏五年，束如一日。杨氏德其孝谨，遂忘前所谓出蓝之妙，方思微沾俸禄，且酬其劳，不幸以甲申岁（864）午月遘时疠，妊且病，医饵有所妨，故天竖得以成祸，以其月四日诞一子，子逾腊而终。铭曰：

　　父王母高兮作媵于杨，始以音律兮终于行彰。其家千指兮剑戟锋芒，处于其间兮卒无短长。善非善兮天受其臧，心虽犹面兮无从而伤。杨子命奇兮荼蓼备尝，衣不暖体兮食不充肠。岁月迟迟兮五周星霜，人不堪忧兮卿不改康。宜有丰报兮白首相将，如何天夺兮二九其芳？风露尤清兮日月尤光，兰薰玉洁兮不可谖忘。[1]

————————
[1]《汇编》咸通038。

《前长安县尉杨筹女母王氏墓志》没有留下作者姓名,想来应不是杨筹,因为杨筹不会称自己的家庭为"其家",更不会把它描写成"千指分剑戟锋芒"。不过,这篇墓志为我们提供了非常可贵的关于唐代家妓的信息。王娇娇的长女兄善音律歌舞,因而成了卢钧的家妓,而王娇娇的歌舞技艺甚至超过了女兄。虽然这篇墓志并没有明确提到王娇娇出身乐籍,但从她与女兄均因善音律歌舞而成为私妓来看,她不可能是良家出身。此外,唐代墓志铭几乎找不到一篇称姐妹为"女兄"的,而《教坊记》却记载道:"坊中诸女,以气类相似,约为香火兄弟。"[1]由此推测,王娇娇的女兄们可能是她在乐籍中的"香火兄弟"而不是她的亲姐姐。

王娇娇生前为杨筹生下一女,反映了唐代男主人与家妓有性关系的普遍现象。[2] 看来王娇娇并没有因为生育而被提升为妾,这篇墓志虽然暗示杨筹曾打算("方思")改变她的身份以"酬其劳",但不幸的是,她在生下女儿后不久就去世了。在天宝年间的《大唐华原县丞王公故美人李氏墓志铭并序》中,"皓齿工歌,长袖妙舞"的李二娘进入其主人王公家时的身份也当是家妓,她虽然为王氏生下一男一女,且"将如夫人,其兆已见",但在 21 岁去世前并没有被提升为妾,

---

[1]《唐五代笔记小说大观》,第 125 页。

[2] 这一现象在其他史料中也有反映。如,《太平广记》卷 358"韦隐"条曰:"大历中将作少匠韩晋卿女,适尚衣奉御韦隐。隐奉使新罗,行及一程,怆然有思,因就寝,乃觉其妻在帐外,惊问之。答曰:'愍君涉海,志愿奔而随之,人无知者。'隐即诈左右曰:'欲纳一妓,将侍枕席。'人无怪者。"又如,大和六年(832)、杨虞卿之家妓英英病死后,白居易寄诗一首以悼。他写道:"自从娇騃一相依,共见杨花七度飞。玳瑁床空收枕席,琵琶弦断倚屏帏"(《和杨师皋给事伤小姬英英》,《全唐诗》卷 360),暗示家妓的主要功能是歌舞与性的娱乐。

此墓志写道：

> 李氏者，王公之美人也。体静心闲，花明月朗。独立闺门之内，不知者咸以为神。皓齿工歌，长袖妙舞，暂因闻见，必使悲欢。岂徒遏行云，下威凤而已。王公好奇赏异，求聘纳焉。年十有六，遂归于我，既美于色，又贤于德。飞鸣锵锵，言笑晏晏。所以恃宠于枕席，承恩于帷房。将如夫人，其兆已见。何图享年不永，与善无征，呜呼哀哉！以天宝九载三月七日寝疾，卒于昭应县之官舍，春秋廿有一。有一男一女，并才离褓褓。知与不知，咸为流涕。即以其载三月十四日迁葬于京城通化门外北原，礼也。庶松门蒿里，地久天长。呜呼哀哉！乃为铭曰：
>
> 彼姝者子，冥莫间谁！一开马鬣，长萎媚眉。佳城月苦，夜壑风悲，痛深存殁，万古□思。[1]

不过唐墓志铭中至少有两篇暗示墓主在为主人生儿育女后其身份从家妓转变为妾。如，大和年间田耒撰写的《勃海严氏墓志》曰：

> 维大唐大和七年岁次癸丑后七月乙卯朔二十八日壬午，疾枕卒于河南府洛阳县履信坊里之第，享年四十一。以八年夏五月辛亥朔四日甲寅，葬于河南县平乐乡张阳村之里也。其人即勃海严也。其

---

T7-2　唐大和七年勃海严氏墓志（《汇编》大和071）

氏先君军于魏，而名不称，常厚酒为意，此女生妓肆。余时家于魏，女
君少以乐艺进余门。受性明博，惬适正礼，可重可愧，乃当处吾之室。
先也育男二人：长曰名广，次曰名廙。已生女一人，成长而亡，即前
年之祸。墓在于东，亲其茔，以封以树。岁月何已，已者远可厚，亦志

之至。遂悼成其铭：

> 卒葬既具，私分用叙，日月自驰，我怀不违。生无阻情，彼此和颜，补余之道，二十三祀。亡女在侧，幼子哀至，夏日赫照，新坟野次。我有血诚，君当知之，葬我葬所，永远望极。[1]

在这篇墓志中，墓主严氏生于"妓肆"，并因"乐艺"而成为田耸的家妓。因为她"受性明博，惬适正礼"，田耸十分器重她。严氏为田耸生下二男一女，其在田家的地位益重。虽然这篇墓志铭并没有明确提道严氏"妾"的身份，但"当处吾之室""补余之道"以及"葬我葬所"之类的表述是不太可能会用于身份低于妾的家妓的。此外，在咸通年间李肱所撰写的《前荆州刺史李肱儿母太仪墓志》中，墓主陈氏于"会昌三年(843)，年廿一，以色以艺□妓于"李肱。陈氏"妙通音乐，曲尽其妙"，又"贫处身有道，事长待幼各尽其礼"，因此颇得李肱之重。陈氏为李肱生"男子五人：长曰小太，次曰蒙儿，又次曰金刚坚，又次曰小坚，最幼曰郡儿。女子二人，皆早不育"。陈氏于咸通四年(863)去世，时年四十三，在李家近二十一年。李肱曾陈氏生前(860)"册其名曰太仪"。他在墓志铭中写道："母以子贵，礼有明文。"[2]以"太仪"称非正妻的子女之母可能是受了贞元六年(790)朝廷新政策的启发。《唐会要》记载道：

---

[1]《汇编》大和071。
[2]《汇编》咸通030。

贞元六年七月九日,太常卿崔纵奏:"谨按司封令及六典,王母为太妃。高祖宇文昭仪生韩王元嘉,后为韩国太妃。太宗燕妃生越王贞,后为越国太妃。今诸王母未有封号,请遵典故。其月吏部郎中柳冕署状,称历代故事及六典,无公主母称号。臣谨约文比义,公主母既因公主而贵,伏请降于王母一等,命为太仪。各以公主本封,加太仪之上。"旨依。[1]

《前荆州刺史李胈儿母太仪墓志》虽未明确提道陈氏的身份转变,但从李胈册其名来看,她的地位当与姜很接近。唐墓志中比较明确提道墓主由家妓转为妾的是天宝年间的《大唐故范氏夫人墓志铭并序》:

夫人姓范,讳如莲花,怀河内人也。洎中行佐晋,张禄相秦,滂著大才,晔称良史,英声茂阀,奕世存焉。高祖预,祖义慎,父玄琛:并才韵卓荦,风调闲雅。慕梁竦之平生,恐劳郡县;咏陶潜之归去,遂乐田园。由是冠冕陵迟,夫人因为平人也。凝脂点染,独授天姿,妇德女功,不劳师氏。始以色事朝请大夫行河内县令上柱国琅琊王升次子前乡贡明经察,送深目逆,调切琴心。昔温氏玉台,愿投姑女;汉王金屋,思贮阿娇。方之宠焉,未足多也。而夫人犹自谓桃根卑族,碧玉小家,每惊齐大非偶,能用鸣谦自牧,举世必承先意,服勤尝不告

---

[1]《唐会要》卷3。

劳。而王公感夫区区，他日益重，虽名齐衣帛，而宠实专房。粤以天宝三载闰二月十四日因口覆疮中风，终于河南之私第，春秋卅七。即以其载岁次甲申四月甲午朔十六日己酉葬于大行之阳原，礼也。烈烈哀挽，垒垒孤茔，将惧为陵，庶存刊石。铭曰：

长夜穷泉兮一闭千年，云谁之思兮令淑歼焉。巫岫云没兮河阳花死，地久天长兮空存女史。[1]

这篇墓志提到范氏"始"进王家时的身份是"以色事"王升的次子王察，暗示了范氏的家妓身份。后因王察"感夫区区，他日益重"，使得她不仅"名齐衣帛"，而且还"宠实专房"。"衣帛"一词当是姜的代称，出于《左传》"季孙于鲁，相二君矣，妾不衣帛，马不食粟"[2]语。虽然"名齐衣帛"也可以解释成"地位相当于妾"，但这篇墓志铭称如莲花"范氏夫人"，则她死时的正式身份已经是妾。

关于家妓的乐府籍出身，除了《勃海严氏墓志》和《前长安县尉杨筹女母王氏墓志》之外，大和年间吕媛的墓志似乎也暗示了相同的身世背景。吕媛的墓志是由其父吕嘉荣撰写的，行文十分简短："唐吕媛，大和七年以乐艺与姊俱进于祁公。明年，姊以疾殁，媛继终，年十七。父嘉荣其年仲冬月朔日葬于金鹅村祁公茔西北二百步。"[3]这篇墓志缺盖，也没有篇名，但从吕媛两姐妹同一年以乐艺进祁家来

[1]《汇编》天宝 046。
[2]《左传》成公 16 年。又《孔丛子·礼义第三》："妻不服彩。妾不衣帛。车器不雕。马不食粟。"
[3]《汇编》大和 097。

看，她们很可能出身乐籍，她们在祁家的身份当是家妓而不是妾。

家妓的另一个来源是赠品。唐代史料中对这一现象记载颇多。比如，德宗曾以破朱滔、朱泚有功而赐李晟"女乐八人"，浑瑊"女乐五人"，戴休颜、李元谅女乐不等。[1]文人官员中也有以女乐相馈赠的，最著名者当为李绅赠妓予刘禹锡的故事。据孟棨《本事诗》：

> 刘尚书禹锡罢和州，为主客郎中、集贤学士。李司空罢镇在京，慕刘名，尝邀至第中，厚设饮馔。酒酣，命妙妓歌以送之。刘于席上赋诗曰："鬌髻梳头宫样妆，春风一曲杜韦娘。司空见惯浑闲事，断尽江南刺史肠。"李因以妓赠之。[2]

此外，从白居易与裴度间的一次诗书交往也可以看出，在唐代，朋友间赠妓是一个常见的现象。开成二年(838)，裴度送给白居易一匹骏马，并附诗云："君若有心求逸足，我还留意在名姝。"[3]白居易酬诗曰："安石风流无奈何，欲将赤骥换青娥。不辞便送东山去，临老何人与唱歌。"[4]

家妓进入主人家后往往还会受到一些歌舞训练，虽然唐代墓志

---

[1]事见《旧唐书》卷133和《新唐书》卷154的《李晟传》，《旧唐书》卷134和《新唐书》卷155的《浑瑊传》，《旧唐书》卷144和《新唐书》卷156的《戴休颜传》《李元谅传》。
[2]《本事诗·情感第一》
[3]《答白居易求马》，《全唐诗》卷335。
[4]《酬裴令公赠马相戏》，《全唐诗》卷457。白居易在诗序中写道："裴诗云：'君若有心求逸足，我还留意在名姝。'盖引妾换马戏，意亦有所属也。"

并没有什么实例，唐代文人的作品中却不乏记载。比如白居易在《把酒思闲事二首》中写道：

> 把酒思闲事，春娇何处多。
> 试鞍新白马，弄镜小青娥。
> 掌上初教舞，花前欲按歌。
> 凭君劝一醉，劝了问如何。[1]

又如，在《尝酒听歌招客》一诗中，白居易以家妓训练初成为由邀朋友到他家小聚：

> 一瓮香醪新插刍，双鬟小妓薄能讴。
> 管弦渐好新教得，罗绮虽贫免外求。
> 世上贪忙不觉苦，人间除醉即须愁。
> 不知此事君知否，君若知时从我游。[2]

虽然家妓与主人有性关系是非常普遍的现象，她们的功能和地位却与妾大不一样。家妓的主要功能是歌舞娱乐，而妾的功能是防备"胤嗣不广"。[3]《唐语林》曾记载了一段柳公绰为自己娶妾而申

---

[1]《全唐诗》卷454。
[2]《全唐诗》卷456。
[3]《续集》开元146。

辩的故事："公绰尝纳一姬,同院知之,或征其出妓者。公绰曰:'士有一妻一妾,以主中馈,备洒扫。公绰买妾,非妓也'。"[1]由此可见,在唐人的心目中,妓与妾是不能等同的。

大体说来,在唐代,妓之不同于妾者有四。第一,歌舞声乐是家妓的必备条件,而妾却并不需要具备这方面的艺技。第二,从法律上来说,纳妾称"娶",因此,妾与夫的关系是婚姻关系,妾可以因夫荫而减罪,但也像妻一样因夫罪而受牵连。比如,《唐律疏议·名例》规定,如果犯谋反罪,罪犯本人应斩,而他的"父子、母女、妻妾并流三千里"。[2]相比之下,家妓与主人间没有像妾与夫之间的那样法律上的关系,因此家妓的地位比妾要低得多。虽然她们不一定会因为主人犯法而受牵连,但是一旦主人被流或死去,她们自己在家中的地位也就岌岌可危了。正如《前长安县尉杨筹女母王氏墓志》所反映的,当杨筹"以罪逆受天罚,待死于长安万年裔村曰库谷"时,杨家认为,家妓王氏"非宜留,将归女兄"。[3]又如,据《旧唐书》,元和六年(811)二月,"河中节度使、检校太尉、中书令张茂昭卒",两个月后,宪宗即令"以张茂昭家妓四十七人归定州"。[4]

家妓与妾之间的第三个不同是家妓可以赠人,而妾在家庭中的身份却是非常稳定的。在《唐律》中,娶人之妾者会受到"徒一年"的惩罚,如果原夫主动嫁妾,他也会"徒一年"。相比之下,夺人之家妓

---

[1]王谠《唐语林》卷3,中华书局1987年版,第203页。
[2]《唐律疏议》卷4。
[3]《汇编》咸通038。
[4]《旧唐书》卷25上《宪宗本纪》。

几乎不会导致什么严重的后果。比如,《本事诗》即记载了李逢吉仗势夺取一位洛京官员的家妓而丝毫不在意的故事:

太和初,有为御史分务洛京者,子孙官显,隐其姓名。有妓善歌,时称尤物。时太尉李逢吉留守,闻之,请一见,特说延之。不敢辞,盛妆而往。李见之,命与众姬相面。李妓且四十余人,皆处其下。既入,不复出。顷之,李以疾辞,遂罢坐,信宿绝不复知。怨叹不能已,为诗两篇投献。明日见李,但含笑曰:"大好诗。"遂绝。[1]

值得指出的是,虽然妓与妾的地位完全不同,以妓的身份进入主人家庭而最终被提升为妾也是很常见的,如天宝年间《大唐故范氏夫人墓志铭并序》中的范如莲花、大和年间《勃海严氏墓志》中的严氏,以及咸通年间《前刑州刺史李肱儿母太仪墓志》中的陈氏等。而一个更常见的现象则是直接娶女妓为妾或别宅妇,唐代墓志铭中这类事例不少,其中最有代表性的当是上文已经讨论过的开元年间《室人太原王氏墓志铭》。此外,大中年间的《唐故留守李大使夫人曲氏墓志铭并序》也暗示曲氏原先的身份是女妓。这篇墓志介绍道:

夫人姓曲氏,号丽卿,美容德,善词旨。……及笄之年,初嫁刘仆射昌裔之幼子曰纾,生一女,适裴氏之子,未详其官秩存亡,故阙而不

---

[1]《本事诗·情感第一》。

书。纾为贵公子,无所爱惜,迫于太夫人之命,不得已礼娶他室,遂厚
遗金玉缯彩玩用臧获,数盈百万,俾归于李大使素之室。[1]

　　从这篇墓志来看,曲丽卿"嫁"入刘家时的身份可能是妾,从她的号以
及"美容德,善词旨"之类的描写来看,则她的出身很可能是妓女。正
因为如此,刘纾的母亲才逼迫她的儿子另外"礼娶"成婚。此外,建中
年间的《郝氏女墓志铭并序》中的郝闰可能也是妓女出身,后嫁给李
氏为妾。这篇由崔倬撰写的墓志提及,郝闰字九华子,出于赵郡李
氏,她的父亲官至左武卫大将军,外祖父官至皇韶州刺史。但不知何
故,郝闰成了一位有名的艺妓,她"善吹笙,舞柘枝等十余曲。每至移
指遗声,回眸应节,则闻者专听,睹者专视,而倾人城矣"。她在十六
岁的时候"侍巾栉于柱史李君之门,历四年而无□顺"。自此,"时人
思复见之,杳杳然如隔云霄而望神仙矣"。在这篇墓志,作者还强调
了郝闰与李氏正妻之间的和睦关系:"余之室尝谓人曰:姬人常妇所
恶,□若九华,复为所好焉。及其殁也,则曰:悔识之伤怀矣。非惠
□淑行,其孰能臻斯?"[2]从"侍巾栉"一词来看,郝闰进李家时的身
份当不是家妓,而从对郝闰与李氏正妻间的关系的描写来推测,郝闰
当不是别宅妇。

　　从墓志铭的记载来看,唐代男性娶女妓为别宅妇的情况也非常
普遍。咸通年间刘异为他的别宅妇张三英所撰写的《唐张氏墓记》陈

[1]《汇编》大中 160。
[2]《续集》建中 009。

述道："张氏者，号三英，许人也。家为乐工，系许乐府籍。伯姊季妹及英，悉歌舞靡于部内。咸通五年，有刘异自凤翔节度使移镇于许，始面张氏。八年，纳而贮于别馆。"[1]另外一篇为歌舞妓出身的别宅妇撰写的墓志铭是柳宗元的《太府李卿外妇马淑志》。马淑出生于妓楼云集的广陵，她的母亲刘客乃"倡也"，马淑随母而为南康歌妓。后因为太府李卿所"慕"而被"纳为外妇"。据墓志记载，马淑跟随李卿贬居永州时，她还经常为李卿的朋友们表演，当时被贬为永州司马的柳宗元很可能就是她的听众之一："州之骚人多李之旧，日载酒往焉，闻其操，鸣弦为新声，抚节而歌，莫不感动其音，美其容，以忘其居之远而名之辱，方幸其若是也。"马淑于元和五年(810)五月十九日"积疾卒于湘水之东"，"垂年二十四"。柳宗元作铭曰："容之丰兮艺之工，隐忧以舒和乐雍，佳冶雕殒逝安穷，谐鼓瑟兮湘之浒，嗣灵音兮永终古。"[2]

唐代女妓之盛的原因是什么？总体而言，唐代物质文化丰富，对男女交往的态度比较开放，而自玄宗以来，唐皇室对畜妓十分支持，这些都是唐代女妓制度得以全面发展的重要因素。但是，正如许多学者已经指出的，唐代女妓的一个重要特点是她们与文人的密切关系。如果说山东旧族以姓和地望为身份标识的话，进士集团则往往通过标榜诗文和妓乐来显示自己的社会地位。诗文为进士集团打开了成功之门，而妓乐则不仅能传播他们的诗文，而且还成了进士集团

---

[1]《续集》咸通 096。
[2]《全唐文》卷 590。

公开显示他们与山东旧族有别的最有效的媒介。唐代史料中进士以诗文和妓乐自我标榜的故事数不胜数，其中《旧唐书》对王澣的描写最淋漓尽致地反映了这一现象：

> 王澣，并州晋阳人。少豪荡不羁，登进士第，日以捕酒为事。并州长史张嘉贞奇其才，礼接甚厚，澣感之，撰乐词以叙情，于席上自唱自舞，神气豪迈。张说镇并州，礼澣益至。会说复知政事，以澣为秘书正字，擢拜通事舍人，迁驾部员外。枥多名马，家有妓乐。澣发言立意，自比王侯，颐指侪类。[1]

唐文人还常常通过公开聚宴与女妓寻欢作乐来显耀自己在权力体系中的得势，白居易的《三月三日祓禊洛滨》可以说是这类自我标榜的最好例证：

> 开成二年三月三日，河南尹李待价以人和岁稔，将禊于洛滨。前一日，启留守裴令公。令公明日召太子少傅白居易、太子宾客萧籍、李仍叔、刘禹锡、前中书舍人郑居中、国子司业裴恽、河南少尹李道枢、仓部郎中崔晋、司封员外郎张可续、驾部员外郎卢言、虞部员外郎苗愔、和州刺史裴俦、淄州刺史裴洽、检校礼部员外郎杨鲁士、四门博士谈弘谟等一十五人，合宴于舟中。由斗亭，历魏堤，抵津桥，登临沂

---

[1]《旧唐书》卷190《王浣传》。

沿，自晨及暮，簪组交映，歌笑间发，前水嬉而后妓乐，左笔砚而右壶
觞。望之若仙，观者如堵。尽风光之赏，极游泛之娱。美景良辰，赏
心乐事，尽得于今日矣。若不记录，谓洛无人。晋公首赋一章，铿然
玉振，顾谓四座继而和之，居易举酒抽毫，奉十二韵以献：

　　三月草萋萋，黄莺歇又啼。柳桥晴有絮，沙路润无泥。禊事修初
毕，游人到欲齐。金钿耀桃李，丝管骇凫鹥。转岸回船尾，临流簇马
蹄。闹翻扬子渡，蹋破魏王堤。妓接谢公宴，诗陪荀令题。舟同李膺
泛，醴为穆生携。水引蕚心荡，花牵醉眼迷。尘街从鼓动，烟树任鸦
栖。舞急红腰软，歌迟翠黛低。夜归何用烛，新月凤楼西。[1]

白居易在诗序中提到，这次由李珏与裴度出面举办的祓禊之游共有
十五人参加。从史料记载来看，其中至少有八人（李珏、裴度、刘禹
锡、裴恽、苗愔、裴俦、杨鲁士、白居易）及进士第。由此可见，唐代女
妓之盛是与进士集团的政治、社会地位的急剧上升紧密相关的。[2]

# 女　尼

　　佛教与唐代妇女生活的关系是近来唐史研究中的热点之一，不

---

[1]《全唐诗》卷456。
[2] 参见姚平《以寻欢作乐为社会身份——中国唐代的女妓与文人的关系》（Pleasure as status: courtesans and literati connection in Tang China［618—906］），《妇女史杂志》（Journal of women's history），第14辑（2002）第2期，第26—53页。

少学者在研究敦煌文稿和唐墓志祭文的基础上，对唐代的女尼、寺院
生活、贵族女性的佛教信仰、佛教与妇女生活的联系的特殊性及其历
史发展均有深切分析。比如，严耀中先生在《墓志祭文中的唐代妇女
佛教信仰》中指出，唐代女尼在佛教界和社会上与男僧地位相等，她们
在佛学上也多有创见。此外，不少女尼同时还是宫人，这可以说是唐
代女尼的一个非常有特征的现象。[1]韦闻笛(Wendi Adamek)指出，
唐代女尼(或者说中国僧尼)的一个重要特点是与自己家族和亲属的
紧密联系，唐代女尼虽然是一个从属于父权社会的团体，但尼寺的存
在至少为她们以及笃信佛教的妇女们创造一个独特的空间。[2]而
伯纳德·佛尔(Bernard Faure)则强调了唐代女尼对父权式宗教与政治
体系的积极挑战。[3]本小节的撰写即得益于他们的研究成果。[4]

　　在现存的唐代墓志中，为女尼撰写的墓志或塔铭等共有77篇，
记录的女尼有78位[5]，占唐代女性墓志总数的5％。据严耀中先生

---

[1]参见严耀中《墓志祭文中的唐代妇女佛教信仰》，收于邓小南主编，高世瑜、荣新
　　江副主编《唐宋女性与社会》上海辞书出版社2003年版，第467—492页。
[2]韦闻笛(Wendi Adamek)《宝山灵泉寺比丘尼题记研究》(Inscriptions for Nuns at
　　Lingquan Temple，Bao Shan)，收于邓小南主编，高世瑜、荣新江副主编《唐宋女
　　性与社会》上海辞书出版社2003年版，第493—518页。
[3]参见伯纳德·佛尔(Bernard Faure)《异议之声——早期禅宗和天台宗中的女
　　性》(Voice of Dissent：Women in Early Chan and Tiantai)，《禅文化研究所纪要》
　　24(1998)，第25—66页。
[4]参见李玉珍《唐代的比丘尼》(台湾学生书局1989年版)，郝春文《唐后期五代宋初
　　敦煌僧尼的社会生活》(中国社会科学出版社1998年版)，焦杰《从唐墓志看唐代
　　妇女与佛教的关系》(《陕西师范大学学报》2000年3月第一期)，以及苏士梅《从
　　墓志看佛教对唐代妇女生活的影响》(《史学月刊》2003年第5期)等。
[5]其中《续集》贞观060的塔铭之主是两位女尼：圣道寺大比丘尼智海法师及清行
　　寺大□菩尼智□。

的统计，除了这些女尼墓志外，还有35篇唐墓志铭提到墓主的姊妹或子女出家为尼。[1]大多数女尼墓志记载了女尼的家庭出身、入道原因、所居寺院、死亡年代，以及她们的宗教生活和社会地位等，其内容之丰富、涉及时代之久、地域之广，是其他任何种类的唐史料所不能匹比的。

　　从年代分布来看，初唐时期女尼的比例最高（见图7.1"唐代女尼墓志的年代分布"）。在74篇记有年代的墓志中，高宗-武周时期（650—704）的女尼墓志竟有39篇之多，其中至少有8篇的墓主是宫尼。高宗-武周朝显然不是唐代女尼人数最多的时代，唐代史料中关于僧尼人数的记载有两处。《新唐书·百官三》记载道，开元年间，天下有"僧七万五千五百二十四，尼五万五百七十六"[2]，而到了会昌五年（845）武宗灭法时，天下还俗僧尼达"二十六万五百人之多"[3]。但是高宗-武周时代女尼墓志数多说明为女尼（特别是宫尼）建塔撰志是当时的风尚。从《唐会要·寺》的记载来看，高宗-武周朝也是兴修尼寺的高峰时期，这与当时女尼墓志数多是一致的。[4]据《新唐书》，武则天本人曾在太宗死后"削发为比丘尼，居于感业寺"，后因"高宗幸感业寺，见而悦之"，才"复召入宫"。[5]高宗-武周时期女尼

[1]　见严耀中《墓志祭文中的唐代妇女佛教信仰》，邓小南主编，高世瑜、荣新江副主编《唐宋女性与社会》上海辞书出版社2003年版，第481页。
[2]　《新唐书》卷48。
[3]　《旧唐书》卷18《武宗本纪》。
[4]　《唐会要》卷48。张国刚先生指出，唐代建立寺院在太宗贞观、玄宗开元和宣宗大中以后形成三次大高潮。见张国刚《佛学与隋唐社会》，河北人民出版社2002年版，第99页。
[5]　《新唐书》卷4《则天顺圣武本纪皇后本纪》。

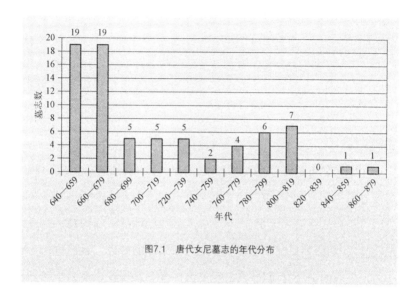

图7.1 唐代女尼墓志的年代分布

墓志之多当与武则天本人的经历有关。[1] 此外,不少学者们还指出武则天崇佛完全是出于政治目的,从颁《大云经》于天下至诏令"释教在道法之上、僧尼处道士女冠之前"[2],佛教一直是武则天取得并巩固她的皇权的工具。[3]

---

[1] 此外,唐代女尼与男僧的比例显然远高于宋代。比如,开元年间的尼僧比例为1∶1.49(《新唐书·百官三》),而宋代的比例则为1∶8.3。见黄敏枝《宋代妇女的另一侧面——关于宋代的比丘尼》,收于邓小南主编《唐宋女性与社会》,上海辞书出版社2003年版,第568页。

[2]《旧唐书》卷6《则天皇后本纪》。

[3] 参见陈寅恪《武曌与佛教》,收于《金明馆丛稿二编》,上海古籍出版社1980年版,第147—155页;富安敦(Antonino Forte)《中国七世纪末之际的政治宣传与理念》(Political Propaganda and Ideology in China at the End of the Seventh Century),意大利那波利大学东方学研究所(Istituto Universitario Orientale, Napoli),1976年;斯坦利·维恩斯坦(Stanley Weinstein)《唐代的佛教》(Buddhism Under the T'ang),剑桥大学出版社1987年版,第27—47页;以及桂雨时(R. W. L. Guisso)《武则天与唐代中国的政权合法化》(Wu Tse-T'ien and the Politics of Legitimation in T'ang China),西华盛顿大学东亚研究所1978年版。

值得一提的是,有些唐墓志只记录了为死者造灰身塔的年代,而没有记录其死亡年代。[1] 如《汇编》显庆 041 写道:"圣道寺故大比丘尼慧澄法师灰身塔,大唐显庆二年七月八日,弟子德藏等敬造。"但从一些同时记载死亡年代与造塔年代当的墓志来看,造塔年代一般与死亡年代相距不远。如贞观年间的《故清信女大申优婆夷灰身塔记》记载道:"大唐贞观十八年五月廿七日终,至十九年二月八日有三女为慈母敬造。"[2] 其死亡至造塔的间隔不到一年。而在开元年间的《大唐嵩岳闲居寺故大德珪禅师塔记》[3] 中,墓主李元珪死于开元四年(716)八月,其塔落成于开元十一年(723)七月,其间隔为七年,基本上属于同一时期。

记载女尼死亡年龄的墓志共有 40 篇,其平均死亡年龄为 64.7 岁,远远超过唐代妇女的平均死亡年龄(52.1 岁),甚至还超过了唐代男性的平均寿命(60.6 岁)。这一现象从侧面反映了生育及社会动乱对唐代妇女生活的消极影响:女尼们或幼年入道,或夫亡后落发,尼

---

[1] 仅记录造塔年代的墓志为:《汇编》贞观 128,显庆 041、061、066、067、098,开元 070;《续集》贞观 055、056、057、060,永徽 010、026、027、032、037、039,显庆 017、019、040,龙朔 002、031,乾封 001、009,总章 002,上元 013,垂拱 014。记录死亡年代的墓志为:《汇编》龙朔 077,永隆 009、010,仪凤 026,万岁通天 002,开元 300、367、459、464、479,天宝 177,大历 042、069,兴元 002,贞元 029、031、051、085、117,元和 010、084、118,大中 150,广明 002;《续集》显庆 021,龙朔 004、008、009,麟德 005、006、021,乾封 002,仪凤 011,调露 008,永昌 002,长安 005、020,神龙 014,开元 170,天宝 103,建中 004,大历 002,贞元 042、057、067,元和 064;及《全唐文》卷 913。无法确定年代的墓志为:《汇编》残志 051、052、053、054;《续集》残志 004。
[2] 《汇编》贞观 106。
[3] 《汇编》开元 170。

寺的生活相对来说受到政治波动的冲击小,因此她们的平均寿命比唐代妇女的总平均寿命要长。[1]

　　记载墓主所属寺院的墓志共有 64 篇,提及寺院共 25 座。它们是:圣道寺(共有 19 篇墓志提及此寺)[2]、德业寺(7 篇)[3]、光天寺(6 篇)[4]、法云寺(4 篇)[5]、济度寺(4 篇)[6]、安国寺(4 篇)[7]、龙花寺(2 篇)[8],以及唐安寺(即中唐以前的法云寺)[9]、清行寺[10]、澄心寺[11]、□明寺[12]、宁刹寺[13]、静乐寺[14]、兴圣寺[15]、宣化

---

[1] 详见本书第九章《生育》中关于唐代妇女的死亡年龄以及因产而亡的现象的讨论。

[2]《汇编》显庆 041、067,残志 053;《续集》贞观 055、056、057、060,永徽 027、032、037、039,显庆 040,龙朔 002、031,乾封 001、009,总章 002,上元 013。

[3]《续集》显庆 021,龙朔 004、008、009,麟德 005、006,永昌 002。德业寺在《旧唐书》卷 4《高宗本纪》中有记载:"(麟德元年)三月辛亥,展大赦礼。丁卯,长女追封安定公主,谥曰思,其卤簿鼓吹及供葬所须,并如亲王之制,于德业寺迁于崇敬寺。"

[4]《汇编》显庆 066、098,残志 054,《续集》永徽 002、026,显庆 019。

[5]《续集》天宝 103,贞观 040、057,元和 064。

[6]《汇编》龙朔 077,永隆 009、010,开元 459。

[7]《汇编》开元 464,兴圣 002,贞元 051,元和 084。《唐会要》卷 48 载:"安国寺:长乐坊,景云元年九月十一日敕舍龙潜旧宅为寺,便以本封安国为名。"

[8]《汇编》贞元 085,元和 118。《全唐诗》卷 442 有白居易诗《龙花寺主家小尼》:"头青眉眼细,十四女沙弥。夜静双林怕,春深一食饥。步慵行道困,起晚诵经迟。应似仙人子,花宫未嫁时。"

[9]《汇编》大中 150。《唐会要》卷 48 载:"会昌六年正月⋯⋯法云寺改为唐安寺。"

[10]《续集》贞观 060。

[11]《续集》仪凤 011。

[12]《续集》垂拱 014。

[13]《续集》大历 002。

[14]《续集》贞观 067。

[15]《汇编》开元 300。《唐会要》卷 48 载:"兴圣寺:通义坊,本高祖潜龙旧宅,武德元年以为通义宫。贞观元年立为尼寺。"

寺[1]、景福寺[2]、真化寺[3]、法界寺[4]、敬爱寺[5]、麟趾寺[6]、昭成寺[7]、应天禅院[8]、崇业寺[9]、幽栖寺[10]、崇敬寺[11]等（各1篇）。这些尼寺或有史籍可稽，或遗址至今尚在（如圣道寺、光天寺等）[12]，反映了唐代妇女落发为尼规模之大。

　　正如严耀中所指出的，唐代女尼的一个特殊现象是宫尼。这些尼姑同时又是宫中女官，她们是内道场的基本组成人员，统称"内尼"。现存的唐墓志中有11篇是为宫尼所作的[13]，占女尼总数的14％。除此之外，女尼墓志中还有一篇是为尚未受比丘尼戒的沙弥尼作撰写的[14]；墓主所居寺院不详者两篇[15]，道墓主终于私宅者

_____

[1]《汇编》开元367。《全唐诗》卷477有李涉诗《题宣化寺道光上人居》。

[2]《汇编》开元479。《唐会要》卷48载："天女寺：敦业坊，贞观九年置为景福寺。"

[3]《汇编》大历042。

[4]《汇编》贞元029。

[5]《汇编》贞元037。《唐会要》卷48载："敬爱寺：怀仁坊，显庆二年，孝敬在春宫，为高宗武太后立之，以敬爱寺为名，制度与西明寺同。天授二年改为佛授记寺。其后又改为敬爱寺。"

[6]《汇编》贞元117。

[7]《汇编》元和010。《唐会要》卷48载："昭成寺：道光坊，本沙苑监之地。景龙元年，韦庶人立为安乐寺。韦氏诛，改为景云寺。寻又为昭成皇后追福，改为昭成寺。"

[8]《汇编》广明002。

[9]《汇编》残志52。

[10]《汇编》开元070。

[11]《汇编》大历069。《唐会要》卷48载："崇敬寺：静安坊，本隋废寺，高祖为长安公主立为尼寺，高祖崩后改为宫，以为别庙。后又为寺。"

[12]参见大内文雄《宝山灵泉寺石窟塔铭の研究——隋唐时代の宝山灵泉寺》，《东方学报》69期（1997）第287—355页。

[13]《汇编》龙朔077，仪凤026，万岁通天002；《续集》龙朔008、009，麟德021，调露008，永昌002，长安005、020，神龙014。

[14]《沙弥尼清真塔铭并序》，《汇编》残志051。《续集》残志004与此铭重复。

[15]《续集》建中004；《全唐文》卷913。

两篇[1]。

　　唐代女尼多出身高贵。在提及女尼家庭出身的 31 篇墓志中,至少有两位墓主是皇室亲戚。在景龙年间的《大唐□□寺故比丘尼法琬法师碑文》中,墓主法琬是中宗之"三从姑"。而开元年间的《大唐都景福寺威仪和上龛塔铭》记载道:"和上讳灵觉,俗姓武氏,则天(下缺)之次女也。"则灵觉很可能是武则天的宗女。此外,三篇为亡尼所作的墓志铭简单地提到她们出身良家。比如永昌年间的《大唐故德业寺亡尼七品墓志》[2]云:

　　亡尼者,不知何许人也。少以良家应选,言行彰于六宫;晚以禅律归心,忍进称于梵宇。春秋七十有二,以永昌元年二月二日,奄从风烛,呜呼哀哉! 即以其月十四日葬咸阳原。其铭曰:
　　四德标美,六度精修。泉扃永闭,松风自秋。

　　出身士族的女尼墓志有 24 篇,占提及女尼家庭出身的墓志的82%,可见出身于士族家庭的女性是中原地区尼寺的主要来源。对大多数唐代士族家庭来说,儿子们担当着修身、齐家、治国、平天下的职责,而女儿们落发为尼是遵儒之外的另一种信仰表现。在某种程度上来说,它还是一种身份和地位的表现,因为非士族家庭一般会通

―――――――――

[1]《汇编》天宝 177;《续集》开元 170。
[2]《续集》永昌 002。其他两篇为《汇编》万岁通天 002;《续集》长安 005。

T7-3　万岁通天元年亡尼捌品墓志铭（《汇编》万岁通天002）

过嫁女儿来获利,而地位高的士族家庭则没有这种需要。因此,至少从唐代的墓志来看,士族家庭中女儿出家的比例要比儿子出家的比例大。这种士族家庭在佛教信仰中"重女轻男"的倾向在子女的命名上也有明显的反映。相对来说,士族家庭出身的男性的名字多取自于儒家典籍,而女性的名字中则有不少带有佛教色彩。[1] 比如,武德三年(620)出生的李氏"讳灌顶"[2];武德五年(622)出生的郭氏"讳宝,字法相"[3];终于圣历元年(698)的赵氏"讳慧,字总持"[4];弘道元年(683)出生的赵郡李氏"讳清禅"[5]。又如,据元和年间的《唐右金吾卫曹参军郑公夫人陇西李氏墓志铭并序》,郑李两人共有子女四人:"(长子)曰绩,商州上洛县尉;次曰绛,小名彬郎;次曰纁,小名小彬;一女,观音。"[6]

墓志铭中记载平民出身女尼的只有一篇,即贞元年间的《唐龙花寺墓志铭并序》。[7] 此志记载道,墓主实照,俗姓王,她的父亲王思海"味道高情,云鸿淡虑",可见他从未有过一官半职。

唐代女性选择入道的年龄是与她们入道的原因紧密相关。幼年度为女尼的往往是因为父母的意愿、长辈的死亡或本人多病。如,天宝年间的《大唐法云寺尼辩惠禅师神道志铭并序》记载道,辩惠禅师在祖母死后百日从父母之命而被度为沙弥尼,时年9岁。这篇墓志还详细陈述了出身士族之家的辩惠禅师从沙弥尼到法云寺名尼的经历:

---

[1] 见姚平《女性身份的产生——唐代的取名制度》(Invoking a Woman's Identity: Naming Practices in Tang China),1999 年全美亚洲研究年会第 83 组讨论会;苏士梅《从墓志看佛教对唐代妇女生活的影响》,《史学月刊》2003 年第 5 期。

[2] 《汇编》光宅 006。

[3] 《汇编》万岁登封 005。

[4] 《汇编》圣历 023。

[5] 《汇编》神龙 046。

[6] 《汇编》元和 124。

[7] 《汇编》贞元 085。

禅师释名辩惠,字严净,俗姓房氏,清河人也。家声世德,前史递书。曾祖父皇金紫光禄大夫、卫尉卿、赠兵部尚书、清河忠公,讳仁裕。王父皇银青光禄大夫、冀州刺史、胶东成公,讳先质。烈考皇朝太子文学,讳温。国华人望,士林宗范。禅师九岁,祖母琅琊郡君王氏薨,百日斋,度为沙弥尼,荐以景福,承尊命也。呜呼!所天服缞,哀毁弃背,茕茕孤幼,慈亲训育。确然一心,成先志也。

十八受半戒,廿受具戒。才三日,于东都大安国寺通诵声闻戒经。圣言无遗,清音如贯。释门称以敏识。启心要于大照禅师,依教任于悟空比丘尼。坚持禁律,深证圆境,法流宗以精进。及空禅师亡,正名隶于西京法云寺宿德尼无上律仪之首,由是依止焉。常以禅师总持内密,毗尼外现,每见称叹,得未曾有。方期弘长度门,永延寿福。岂图命偶深疾,药无良医。以天宝十三载十二月廿二日,于延康里第跌坐正念,德音具存,椎磬焚香,超然乘化。僧腊卅有四,享年五十三。

呜呼痛哉!亲族衔哀,攀号不及;道俗奔走,荣慕交深。粤以来年二月十二日壬寅迁座于城南毕原。禀前命也。穿土为空,去棺薄窆。弟子侄女昭、弘照等,泣奉遗愿,敢违话言。追惟天资净直,道心虚旷。色无喜愠,言必详益。不为为之,离我我所,真道之蕴、菩提之器欤?呜呼!孤苦因依,荼毒如昨。又罹凶酷,何负幽明!泣血摧心,去文叙实。铭曰:

释门诸姊,宿承喻筏,世业庆灵,觉心浚发。四依圆满,一住超越,皎皎戒珠,明明禅月。实惟具美,宜保永年,谁云遘疾,有加无

疼。徽音在耳，委顺恬然，制终以地，超神以天。昭昧俄隔，仪形永
閟，同气何瞻，两侄谁庇？失声痛哭，脂臆流泪，哀哀毕原，泉
□□递。

表 7.2　唐代墓志中幼年出家的女尼

| | 出　处 | 墓志主 | 所属寺院 | 出家年龄 | 死亡年代 | 死亡年龄 | 家庭出身 |
|---|---|---|---|---|---|---|---|
| 1 | 永隆 009 | 法乐 | 济度寺 | 3 | 672 | 74 | 贵族 |
| 2 | 贞元 117 | 幻觉 | 麟趾寺 | 6 | 802 | 88 | 贵族 |
| 3 | 元和 084 | 性忠 | 安国寺 | 7 | 815 | 54 | 贵族 |
| 4 | 续贞元 042 | 超寂 | 法云寺 | 8 | 798 | 69 | 贵族 |
| 5 | 续元和 064 | 昙简 | 法云寺 | 8 | 816 | 47 | 贵族 |
| 6 | 续天宝 103 | 辩惠 | 法云寺 | 9 | 754 | 53 | 贵族 |
| 7 | 大历 042 | 如愿 | 真化寺 | 11 | 775 | 76 | 不详 |
| 8 | 续贞元 067 | 惠因 | 静乐寺 | 11 | 802 | 28 | 贵族 |

　　唐代女尼中幼年入道者人数当不在少数。在 24 篇明确记载墓
主入道或受具戒年龄的墓志中，11 岁以前入道者竟有 8 篇，占总数的
三分之一（见表 7.2"唐代墓志中幼年出家的女尼"）。另外，据《大唐
□□寺故比丘尼法琬法师碑文》，法琬法师 13 岁时，祖父襄邑王亡
故，她的父亲临川公李德懋"奉为亡父舍所爱之女，请度出家"[1]。
可见，她的出家的原因与 9 岁时出家的辩惠禅师相同，可以说，她们
都是父母的"孝心"的祭品。除了法琬法师及辩惠法师的墓志外，其
他 8 篇幼年出家女尼的墓志或未提及出家原因，或称墓主"自愿"出
家。如贞元年间的《唐故尼律师惠因墓铭》曰，惠因"性自善因，童稚

[1]《全唐文》卷 914。

慕道,特奉诏度,十一出家"。[1]但是据郝春文先生的研究,唐代父母强制女儿出家、受具的现象十分普遍。敦煌文稿中有《乾宁二年三月安国寺道场司常秘等状》(P. 3167)一文,郝春文先生认为:"此状是因部分沙弥尼不够受具年龄,但其父母却要求受具,道场司怕承担责任,故上状请'长史司马'裁决。"[2]此状如下:

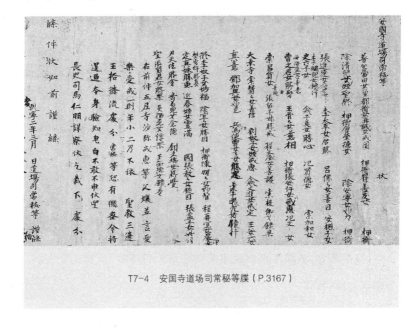

T7-4　安国寺道场司常秘等牒（P.3167）

安国寺道场司常秘等状。

　　普安营田女巧惠、都衙安再诚女戒圆、押衙翟善友女、押衙阴清儿

[1]《续集》贞元 067。

[2]郝春文《唐后期五代宋初敦煌僧尼的社会生活》中国社会科学出版社 1998 年版,第 70 页。

佺女圣修、押衙唐荣德女、阴安宁女妙力、押衙张进达女妙慈、李太平女启胜、吕像像女善因、安丑子女、李丑儿女镜行、史六子女、令狐子英女胜心、泛贤德女、索加和女、安海盈女善意、曹文君女胜智、王骨骨女慈相、押衙张安仵女戒惠、氾文文女、索昌员女善施、张留子女胜戒、程文威女善护、索提伽女镜果。

大乘寺：索赞赞女善信、刘奴子佺女戒惠、令狐文进女戒定、王安六女真意、邓加兴女妙惠、兵马使曹女女女能惠、李丑儿女镜行。

修：李奴子女妙福、阴宜宜女胜因、押衙陈明明女妙智、程再宜女严净、樊曹仵〔女〕胜真、定真妹胜惠、延春佺女灵满。

国：张敖敖女镜因、张孟子女妙信、尹天德〔女〕胜会、齐苟儿女念德、刘文瑞女胜觉。

圣：张贤君女胜果、吴福惠女信果、王富德女镜养。

右前件五尼寺沙弥戒惠等,父娘并言爱乐受戒。一则年小,二乃不依圣教,三违王格条流处分。常秘等恐有怨咎,今将逞(呈)过本身,验知皂白,不敢不申。伏望长史司马仁明详察,伏乞裁下处分。牒件状如前,谨牒。

乾宁二年三月日道场司常秘等谨牒。

此状称这些女孩的父母声称自己的女儿们"爱乐受戒",但道场司显然并不相信她们是完全出于自愿,所以才会上状请"长史司马"裁决。

幼年多病也是女孩出家的原因之一。虽然女尼墓志中没有直接提到这一现象,唐代男僧的墓志中却有一例。元和年间的《唐故沙弥僧蒋氏子墓志》写道："唐乐安人蒋氏子家字曰稚子,生四岁,疹美在手,因合而不搠。其顾复者痛之,乃命依释氏大悲之苊,将福其亏体。"[1]此外,咸通年间的《唐鸿胪卿致仕赠工部尚书琅耶支公长女练师墓》提到,墓主支志坚"稚齿报幽忧之疾,九岁奉浮图之教"[2],暗示疾病也是支氏幼年入道的原因。

从唐墓志铭来看,成年女性落发为尼者中,宫尼的比例最高。[3]宫尼入道往往是被迫的,武则天即是一例。龙朔年间的《德业寺亡七品尼墓志铭》云,墓主法师圆流年轻时被"入选宫闱",后"以哀出家"。她于龙朔元年(661)十二月十三日卒于德业寺,时年五十六岁。[4]从年龄来推算,圆流法师很可能是太宗时"入选宫闱",太宗死后又与武则天同时被迫出家为尼的。

成年女性出家的另一个主要原因是丈夫去世。在记载已婚后再落发为尼的 7 篇墓志中(见表 7.3 "唐代墓志中婚后出家的女尼"),明确提到入道原因是丈夫去世的至少有 3 篇。比如,贞元年间的实照曾经"移天张氏,相奉如宾",后"良人云亡,剃发缁服,蹂践禅律"[5];建中年间的智明"自良人弃捐,妄念都舍,恒倚法侣,参道问津"[6]。又如,广明年间的善悟俗姓王,笄年之际移天于高阳许实,

[1]《汇编》元和 109。
[2]《汇编》咸通 020。
[3]当然这个现象并不一定具有代表性,因为,现存的唐代墓志多集中在长安、洛阳两都。
[4]《续集》龙朔 008。
[5]《唐龙花寺墓志铭并序》,《汇编》贞元 085。
[6]《唐故比丘尼智明玄堂记并序》,《续集》建中 004。

育有男二人。许实在婚后二十年先逝,于是善悟"以宿殖胜缘,冥符会证,爰因持读,遂洁熏修,乃造双峰师问禅那之旨。师知其根性无伦,说无法之法。既而妙果玄通,道眼斯得,因请剃发受具为比丘尼。"[1]再如,元和年间的《昭成尼寺大德三乘墓志铭》称,三乘俗姓姜氏,曾嫁与昭陵令李昕,生有二子,长子曰谊,终余杭县令,次子曰调,终温州安固县尉,因"自中年终移天之丧,晚岁割余杭之爱,由是顿悟空寂,宴息禅林"。[2]此外,据杜文玉先生的研究,唐代女尼中有些是宦官的养女,她们以出家为尼来抵抗嫁给宦官的命运。比如,宦官仇文义有六位养女,其中五位均嫁给宦官,而第二女则落发为尼以逃避宦官婚姻。女尼中还有原是宦官之妇者,她们在丈夫死后坚决出家,逃离宦官家庭。[3]

表 7.3　唐代墓志中婚后出家的女尼

|   | 出　处 | 法号 | 所居寺院 | 出家年龄 | 死亡年代 | 死亡年龄 | 家庭出身 | 入道原因 |
|---|---|---|---|---|---|---|---|---|
| 1 | 广明 002 | 善悟 | 应天禅院 | 41 | 879 | 43 | 不详 | 丈夫去世 |
| 2 | 贞元 085 | 实照 | 龙花寺 | 47 | 797 | 79 | 平民 | 丈夫去世 |
| 3 | 元和 010 | 三乘 | 昭成寺 | 60 | 806 | 79 | 贵族 | 丈夫去世 |
| 4 | 大历 069 | 圆寂 | 崇敬寺 | 中年 | 768 | 58 | 贵族 | 自愿 |
| 5 | 续建中 004 | 智明 | 不详 | 晚岁 | 778 | 84 | 不详 | 丈夫去世 |
| 6 | 续龙朔 004 | 法矩 | 德业寺 | 不详 | 661 | 77 | 贵族 | 自愿 |
| 7 | 残志 051 | 勤策? | 不详 | 不详 | 不详 | 不详 | 贵族 | 病 |

---

[1]《唐故信州怀玉山应天禅院尼禅大德塔铭并叙》,《汇编》广明 002。
[2]《汇编》元和 010。
[3]见杜文玉《唐代宦官婚姻及其内部结构》,《学术月刊》2000 年第 6 期,第 90 页。

已婚妇女落发为尼的另外一个原因是对佛教崇信。唐代的佛教女信徒可以分为三类。第一类妇女虽然"归诚慈氏，托志空门"，但她们的信仰活动仅限于在家"深味佛经、诵读讲磨"，或临死乞得一个法号。[1] 在这类信佛妇女中，寡妇的比例非常高。[2] 在她们的生活中，佛教的色空观往往是与儒家的贞节观起着相辅相成作用的。也就是说，她们的自我标识自始至终是传统的婚姻/家庭的角色。如景云年间的《大唐故毛处士夫人贾氏墓志铭并序》写道：

> 毛氏夫人姓贾氏，讳三胜，字正念。……处士府君，中年遘疾，未几潜晖。夫人吊影孀庭，抚孤厘室，遂乃摈绝尘俗，虔归净土，最凡写大乘经五百余卷，造金铜及素像一千余躯，菜食长斋，礼忏忘倦。而箧蛇遄骇，藤鼠易危，诸佛来迎，忽睹白莲之应；高梯已至，更闻青建之谈。以景云二年闰六月九日终于洛阳立行里之私第，春秋七十有四。夫人临终设斋，延诸大德，三日行道，并放家僮四人。手足柔软，红莲比色；汤沐备具，缟服近身；瞬倏之间，溘然长谢。处士府君先以神龙元年廿六日亡，当时权窆，未树坊域。今别造新茔，迁徙旧处。越景云二年七月廿九日与夫人同葬于河南平乐乡之原，礼也。[3]

第二类妇女则是所谓的优婆夷或准优婆夷，严耀中先生称她们

---

[1] 参见《有唐卢氏故崔夫人墓铭并序》，《汇编》大中128。
[2] 参见严耀中《墓志祭文中的唐代妇女佛教信仰》，收于邓小南主编《唐宋女性与社会》上海辞书出版社2003年版，第476页；苏士梅《从墓志看佛教对唐代妇女生活的影响》，《史学月刊》2003年第5期，第85页。
[3]《续集》景云005。

是"信奉佛教的中坚力量"。[1]不少优婆夷受过五戒或菩萨戒,甚至选择了火化和塔葬[2],因此,她们的自我标识超越了婚姻和家庭的角色。比如,据开元年间的《有唐薛氏故夫人实信优婆夷未曾有功德塔铭并序》,优婆夷未曾有俗姓卢氏,出身士族,父亲卢广庆官至魏州司马。卢氏之信佛始于童年,她九岁时,"闻人诵般若,便暗习于心",后"自宗师大智茂修禅法"。据墓志称,未曾有的佛教信仰使得她对自己的儿子的夭折毫不痛心,"以短长有源,置而不问,其割弃情爱,卓拔流俗"。未曾有于开元二十六年(738)遭疾而亡,时年22岁。在还未得病之时,她早已密有遗嘱:"令卜宅之所,要近吾师,旷然远望,以慰平昔。"从这篇墓志来看,未曾有对自己优婆夷身份的注重远超过她对作妻子或母亲的责任感。[3]

　　第三类妇女则毅然决然地放弃了她们的传统角色,而选择落发为尼的道路。大历年间的圆寂可以说是这类女性的代表。圆寂俗姓李,陇西成纪人,父亲李儒珪曾任沙州长史。丈夫王辛官至河东节度使、检校尚书左仆射、同中书门下平章事,她也因夫荣而被封为陇西郡夫人。但是,步入中年之后,李氏"知生生之不可以久恃也,有离俗之志"。她的意愿遭到了王辛的强烈反对,但因"志不可夺"而被"诏度为崇敬寺尼"。[4]

---

[1]《续集》景云 005,第 477 页。

[2]如《故清信女大申优婆夷灰身塔记》(《汇编》贞观 106)、《故优婆塞孙客子灰身塔》(《续集》永徽 002)等。

[3]《汇编》开元 468。

[4]《汇编》大历 069。

虽然圆寂义无反顾地出家为尼,但直至死后,她的自我标识的选择还是没有得到王氏家族的认可。圆寂的墓志对她的信仰活动没有描写,而且与其他女尼墓志相比,赞扬圆寂的铭文部分也是以她的出身和家庭角色为重心。其铭如下:

本支茂族,百代良家,实维邦媛,用配国华。才之难得,智也无涯,霜凋蕙草,风落晴霞。天生淑人,深不可测,克迈乃训,日新其德。冀室风仪,梁门礼则,慎始敬终,温恭允塞。忽悟世谛,因归善缘,不留彤管,直指青莲。定水自满,真容莫传,应超十地,无恨三泉。

王氏家族对圆寂角色选择的异议还反映在她的葬礼以及墓志的标题上。圆寂于大历三年(768)"寝疾于太原顺天寺",但她并没有像其他女尼那样葬在本寺附近,王氏家族"启殡西归",圆寂最终入葬于可能是王氏宗族墓地所在的万年县杜陵之南原。圆寂的墓志铭题曰《河东节度使检校尚书左仆射同中书门下平章事金城郡王辛公妻陇西郡夫人赠肃国夫人李氏墓志铭并序》,完全否认了她死时的女尼身份。

唐代女尼墓志还反映了一个特殊的佛教现象——尼姑住在俗家。唐墓志中至少有 4 篇提及妇女落发缁服后仍住在本家的现象。[1] 比如,开元年间的《大唐故空寂师墓志》写道:

---

[1] 它们是:《汇编》贞元 018,咸通 020;《续集》开元 170,天宝 028。

师俗姓庞,名六儿,法号空寂,右千牛将军同本之第六女也。生长贵门,栖□禅寂。年十五,自割发帔法服,将军不能遏。年五十二,以开元六年六月终于家。以开元廿七年廿四日葬于奉天县秦川下原,祔先君之茔侧也。[1]

从这篇墓志来看,空寂在十五岁时不顾父亲的反对而"割落发帔法服",但她似乎终身未入尼寺居住,最终死于自己的家中,并葬于本宗坟地。虽然我们很难判断空寂是否受具戒,但她终身未婚,并以法号为自己的身份,可见她当是一位住家的尼姑。

另一篇墓志,天宝年间的《大唐故通议大夫上柱国剑州刺史晋阳县开国男郭府君夫人新郑君河南元氏权殡墓志》,详细叙述了墓主元氏从受菩萨戒到受具戒的过程。不过,不知是因为郭氏家族或元氏的子女不愿意承认她的女尼身份,还是因为她的"受具足戒"并不符合正常的"年满二十直使女三师授之"[2]的程序,这篇墓志不仅没有提到她的法名,而且还暗示元氏将与她的丈夫合葬。所以我们很难肯定元氏是一位女尼。这篇墓志介绍道,元氏名婉,字婉,永隆元年(680)出生于一个士族家庭。"年将及笄"时,嫁与郭氏,育有子女八人。婚二十余年后,即开元七年(719),郭氏去世,元氏自是思游净

[1]《续集》开元170。
[2]据竺昙无兰《大比丘二百六十戒三部合异序》:"比丘尼当三受戒五百戒。比丘尼满十二岁乃中为师。初受十戒时,索二女师。当使持律沙门授戒,乃付女师,令教道之。次受二百五十戒,年满二十,直使女三师授之耳。"见僧佑《出三藏记集》卷11,中华书局1995年版。

域，奄弃幻身：

夫人自安厝毕，丧制终，曰：有无上道，吾将栖焉。开元十七年，诣天竺寺崇昭法师受菩萨戒，持金刚经，转涅盘经，于大昭和上通戒，得禅定旨。又于寿觉寺主惠猷禅师受具足戒，于弘正惠干禅师皆通经焉。戒珠光明，心地清静，忽尔言说，若见端兆，顾谓左右，广修功德，乃舍财宝，放家僮，转大藏经，发最上愿。虽福之无等，而生也有涯，以天宝五载正月三日殁于洛阳里第，春秋六十七。即以二月三日权殡于府君茔东北一里北原，礼也。有子希秀等八人，并哀哀孝思，柴毁泣血，宁戚过于常人，来载十月，当拟合祔。[1]

女尼住于俗家的原因之一可能是尼寺的缺乏。从贞元年间的《唐故游击将军行蜀州金堤府左果毅都尉张府君夫人吴兴姚氏墓志铭并序》中，我们得知，墓主姚氏有子女各三人。她的二女儿已入道多年，但始终没有找到一个接受她的尼寺。这篇墓志描写了姚氏临终前对女儿前途的关心：

夫人临终遗令，属念诚深，忧之季男，悯于仲女。仲女久披缁服，竟无房院住持；季男初长成人，未有职事依附。缅想尔等，栖栖者欤！吾言及痛心，不忍瞑目。[2]

---

[1]《续集》天宝028。
[2]《汇编》贞元018。

看来,姚氏夫人对女儿选择终身为尼的决定很支持,而她临终的焦虑
则反映了当时尼寺人满为患的状况。唐代住家女尼的现象在敦煌文
稿中也有反映,如,《沙州尼海觉牒》一文中提到,"从妹尼无边花,比
日往来,多在俗家"[1],说明虽然唐代敦煌地区的尼寺众多,但女尼
的人数还是超过了尼寺所能容纳的程度。[2]

# 女道士

唐代虽然是三教并立的时代,但道教在社会上的影响却并不及
儒佛两教广泛。从墓志来看,士族中女子出家为女道士的远远少于
落发为尼的。现存唐代墓志中只有 13 篇是为女道士撰写的(见
表 7.4 "唐代女冠墓志状况"),约为女尼墓志数的六分之一;而史料
所记载的女道士比例更低。据《新唐书·百官三》,开元年间"天下观
一千六百八十七,道士七百七十六,女官九百八十八",[3]则当时的
女道士数仅是女尼数的五十分之一。中外学者对墓志中所见唐代女
道士的生活尚未有系统研究,而关于唐代道教与妇女关系的研究也

---

[1]伯 3730。关于《沙州尼海觉牒》讨论,参见郝春文《唐后期五代宋初敦煌僧尼的社
    会生活》中国社会科学出版社 1998 年版,第 88 页。
[2]关于唐代敦煌地区的尼寺数与女尼数,参见郝春文《唐后期五代宋初敦煌僧尼的
    社会生活》中国社会科学出版社 1998 年,第 97 页,丘古耶夫斯基《敦煌汉文文书》
    第三部分,上海古籍出版社 2000 年版第 117、119 页。
[3]《新唐书》卷 48。

主要集中在女仙事迹、道教理论与实践中的男女平等思想，以及女冠诗等课题上。[1]

表7.4　唐代女冠墓志状况

| | 出　　处 | 墓主 | 法号 | 寺院 | 出身 | 入道年龄 | 入道原因 | 死亡年代 | 死亡年龄 | 婚姻状况 |
|---|---|---|---|---|---|---|---|---|---|---|
| 1 | 全231 | 和丽妃 | 不详 | 宫室 | 玄宗妃 | 不详 | 自愿 | 726 | 34 | 婚 |
| 2 | 续开元145 | 金仙公主 | 不详 | 不详 | 睿宗女 | 18 | 自愿 | 732 | 44 | 未婚 |
| 3 | 圣武001 | 马凌虚 | 不详 | 开元观 | 歌舞妓 | 21 | 托身君子 | 756 | 23 | 未婚 |
| 4 | 续建中011 | 不详 | 淳一 | 至德观 | 士族 | 35 | 自愿 | 772 | 65* | 未婚 |
| 5 | 续永贞001 | 不详 | 尚简 | 九华观 | 士族 | 54 | 夫亡 | 805 | 76 | 婚 |
| 6 | 续元和020 | 冯氏 | 得一 | 五通观 | 士族 | 不详 | 自愿 | 809 | 71 | 未婚 |
| 7 | 大和025 | 徐盼 | 天福 | 家 | 非士族 | 24 | 病 | 829 | 23 | 婚 |
| 8 | 续大和028 | 能去尘 | 不详 | 永穆观 | 士族 | 不详 | 夫亡 | 830 | 63 | 婚 |
| 9 | 续大和033 | 樊自明 | 不详 | 玉晨观 | 士族 | 25 | 夫亡 | 831 | 68 | 婚 |
| 10 | 开成045 | 柳默然 | 不详 | 王屋山 | 士族 | 不详 | 夫亡 | 840 | 68 | 婚 |
| 11 | 大中071 | 刘氏 | 志柔 | 茅山燕洞宫 | 不详 | 中年 | 自愿 | 849 | 62 | 婚 |
| 12 | 咸通020 | 支氏 | 志坚 | 家 | 士族 | 34 | 武宗灭佛 | 861 | 50 | 未婚 |
| 13 | 续咸通021 | 贺幽静 | 不详 | 不详 | 不详 | 不详 | 不详 | 864* | 108 | 不详 |

＊ 估计数

[1] 参见孙亦平《论道教女仙崇拜的特点——从杜光庭〈墉城集仙录〉谈起》，《中国道教》2001年第1期；李素萍《从道教成仙修炼看女性之地位》，《中国道教》2001年第3期；柯素芝(Suzanne Cahill)《超凡与神圣的激情 —— 中国中世纪时期的西王母》(Transcendence & divine passion: The Queen Mother of the West in Medieval China)，斯坦福大学出版社1993年版；《"自恨罗衣掩诗句"——李冶、卢眉娘、鱼玄机诗作中女性的声音》(Resenting the silk robes that hide their poems: female voices in the poetry of Tang dynasty Daoist nuns)，收于邓小南主编《唐宋女性与社会》，上海辞书出版社2003年版，第519—566页；荣新江、徐俊《唐蔡省风编〈瑶池新咏〉重研》，《唐研究》第七卷(2001)，第125—144页。

在现存的十三篇唐代女冠墓志中，12 篇的墓志主是皇室成员或贵族妇女。[1] 其中地位最高的是睿宗女金仙长公主。据《大唐故金仙长公主志石铭并序》记载道：

公主讳无上道，太宗文武圣皇帝之曾孙，高宗天皇大帝之孙，睿宗大圣贞皇帝之女，今上之第八妹也。……先帝昔居蕃邸时，封西城县主，及登极，进册金仙公主。年十八入道，廿三受法。若夫金印紫绶，县主之荣也；绀带青圭，公主之贵也。固将脱落容服，傲睨徽章，薄蓄卉而不顾，想琪林之可掇。皆公主之志也，节也。先帝亦许之，成之。于是曳月帔，震虹瑛，诣金阙，阶玉京，师大宗，位上清，荐环玦，刻金名。侣九仙而高视，齐十圣而忘情。不亦休矣。暨主上嗣升大宝，仁先友爱，进封长公主，加实赋一千四百户焉。仍于京都双建道馆。馆台北阙，接笙歌于洛滨；珠阁西临，聆箫曲于秦野。[2]

金仙长公主并不是唯一一个入道的公主，据《唐会要》，在 212 个唐公主中，至少有 10 人曾被诏度为女道士。她们是睿宗女金仙、玉真公主，玄宗女万安、寿春公主，代宗女华阳公主，德宗女文安公主，顺宗女浔阳公主，宪宗女永嘉、永安公主[3]，以及入道后又出嫁的高

---

[1] 严耀中先生指出，道教"贵族化"的原因在于道教的修炼方法成本很高，非一般人所能承担，"这不仅妨碍了其吸引更多的信仰者，也甚不便妇女此事如此的修行"。载《唐宋女性与社会》，第 475 页。
[2]《续集》开元 145。
[3]《唐会要》卷 6。

宗女太平公主[1]。而从现有的史料来看,虽然宫人和皇室女戚落发为尼者不计其数,公主中却没有一个出家做尼姑的。[2]而且,值得注意的是,所有公主入道均在武则天"释教在道法之上,僧尼处道士女冠之前"之令以后,武宗灭法崇道之前。更令人不可思议的是,武则天还曾为了她笃信佛教的母亲诏度自己的女儿太平公主为女冠。[3]可见,虽然公主们选择了出家的道路,他们所认同的标识还是与她们的公主身份紧密相连的。一、李唐皇室为了得到天命护佑而以道教创始人李耳之后代自称[4],因而,皇室成员之尊崇道教也是对自己的家族及其皇权的支持。二、道教观念以及道观生活对公主们的约束要比佛教及尼寺生活小得多。以金仙公主为例,据《唐书》记载,景云二年,睿宗下诏为金仙、玉真二公主"各造一观,虽属季夏盛暑,尚营作不止。"当时魏知古、李乂等朝官们对此非常不满,纷纷上疏劝谏,但二观的建造并没有因此而终止。[5]《大唐故金仙长公主志石铭并序》称,金仙观"馆台北阙,接笙歌于洛滨;珠阁西临,聆箫曲于秦野",可见金仙公主出家入道后其物质生活甚至比在宫内时

---

[1]《唐会要》卷50"尊崇道教"记载道:"咸亨元年(670)九月二十三日,皇后为母度太平公主为女冠。"

[2]此外,史料中还有关于朝廷在宫内设观的记载,如,《唐会要》卷50《尊崇道教》:"文明元年二月十一日。金阙亭置一女冠观。并度内人。"

[3]《唐会要·尊崇道教》曰:"咸亨元年九月二十三日皇后为母度太平公主为女冠。"

[4]关于道家与李唐政权的关系,参见提莫西·拜瑞特(Timothy H. Barrett)《唐代道教 —— 中国历史黄金时代的宗教与帝国》(Taoism under the T'ang: religion and empire during the golden age of Chinese history),维尔斯维普出版社(Wellsweep Press)1996年版。

[5]事见《旧唐书》卷98《魏知古传》,卷101《李乂传》,卷178《李蔚传》;《新唐书》卷118《韦凑传》等。

更优裕。[1]

此外,入道为冠还是金仙公主扩张、显示和巩固自己政治权力的极好机会。据《新唐书》,金仙与玉真公主入道后拜方士史崇玄为师。史崇玄本是寒人出身,因事当时权倾朝的太平公主而得"出入禁中,拜鸿胪卿,声势光重"。金仙观与玉真观始兴时,睿宗诏史崇玄护作,日万人。[2] 显然金仙公主之拜师入道是有政治野心的。

女冠墓志中唯一一篇记载非士族出身女道士的是滑州刺史李德裕为自己的妾徐盼所撰写《滑州瑶台观女真徐氏墓志铭并序》。不过,徐盼虽出身平民,入道时却已是大户人家的成员。此外,从墓志来看,徐盼的入道似乎只是一个形式。徐盼十六岁时嫁给李德裕为妾,"长育二子,勤劳八年",于"大和己酉岁(829)十一月己亥,终于滑州官舍,享年廿三"。可见她并没有真正出家过女真生活,而是于"疾呕"时在瑶台观挂个名。[3]

因为唐代女冠墓志数量太少,我们很难对唐代道教的前后期变化及其对唐代妇女的生活的影响作出一个准确的判断。但除了唐代公主只入道不为尼外,与唐代的女尼相比,墓志中所反映唐代女冠群

---

[1] 高世瑜指出,唐代公主"当了女道士不失公主的一切富贵荣华,朝廷照例供给她们资财,然而生活却比做公主更自由,更不受约束"。见高世瑜《唐代妇女》,第91页。

[2]《新唐书》卷 83《诸帝公主》。《朝野佥载》卷 5 也有类似记载:"道士史崇玄,怀州河内县缝靴人也。后度为道士,侨假人也,附太平为太清观主。金仙、玉真出俗,立为尊师。每入内奏请,赏赐甚厚,无物不赐。授鸿胪卿,衣紫罗裙帔,握象笏,佩鱼符,出入禁闱,公私避路。神武斩之,京中士女相贺。"

[3]《汇编》大和 025。

至少有三个明显的特点：一、没有幼年入道的现象；二、婚后入道的比例高；三、入道的原因比落发为尼纷杂。

唐女冠墓志中记载入道年龄的只有 7 篇，最早的入道年龄是 18 岁，最晚为 54 岁，平均入道年龄是 30.1 岁。女冠中少有幼年入道的现象，这反映了佛道两教在死亡观念上的不同。佛教有六道轮回之说，因此唐人认为，家中如有长辈死去的话，将小辈度为尼僧可以为超度死者，为死者来世祈福，这种追福报恩的愿望也是不少成年女性选择落发为尼的原因。[1] 而道家的最终目标是经过长年修炼之后成仙升天，对父母来说，子女入道并不能给自己的家族带来很大的利益。

从墓志来看，唐代女冠婚后出家的比例高于女尼中婚后出家者，这可能是与女冠中少有幼年入道者有关。此外，婚后出家女冠中因夫亡而入道的比例相当高，如大和年间的《唐故内玉晨观上清大洞三景法师赐紫大德仙官铭并序》曰：

仙师姓韩氏，讳自明。曾王父瑛，皇仪州刺史；王父琏，太子洗马；父俏，果州刺史。仙师年廿二，适孝廉张则见，既期生子而张氏卒，洎绝昼哭，托孤于父母家，栖心于神仙学。销忘彼我，齐致贵贱。乃于严君理所得同志谢自然于民间而友之。[2]

---

[1] 参见苏士梅《在墓志看佛教对唐代妇女生活的影响》，《史学月刊》2003 年第 5 期，第 86 页。
[2]《续集》大和 33。

韩自明"托孤于父母"的事迹与开元年间未曾有对儿子夭折"置而不问"的态度可说是异曲同工,反映了唐代妇女借助宗教来跨越传统的家庭角色的心态。在大和年间的《唐故女道士前永穆观主能师铭志并序》中,墓主能去尘曾嫁与钟离令河南阎君,育有二子。但阎君"不幸先殁",能去尘在"丧礼终毕"后,"遂于黄箓坛场,投迹从道",并成为永穆观之观主,"职总观务,实司纪纲"。[1]

唐代女冠入道的原因往往并不是信奉道教,杨贵妃之度为女冠即是一例。而据圣武时期的《大燕圣武观故女道士马凌虚墓志铭》,马凌虚本是一位歌舞妓,由"策名于仙官"而得以"托身于君子":

黄冠之淑女曰凌虚,姓马氏,扶风人也。鲜肤秀质,有独立之姿;瑰意蕙心,体至柔之性。光彩可鉴,芬芳若兰。至若七盘长袖之能,三日遗音之妙,挥弦而鹤舞,吹竹而龙吟。度曲虽本于师资,余妍特禀于天与。吴妹心愧,韩娥色沮,岂唯事美东夏,驰声南国而已。与物推移,冥心逝止。厌世斯举,乃策名于仙官;悦己可容,亦托身于君子。天宝十三祀,隶于开元观,圣武月正初,归我独孤氏。独孤公贞玉回扣,青松自孤,渊敏如神,机鉴洞物,事或未惬,三年徒窥;心有所□,一顾而重。笑语晏晏,琴瑟友之,未盈一旬,不疾而殁。君子曰:华而不实,痛矣夫!春秋廿有三。遂以其月景子,窆于北邙之原。[2]

[1]《续集》大和028。
[2]《汇编》圣武001。

T7-5　唐圣武元年大燕圣武观故女道士马凌虚墓志铭（《汇编》圣武001）

从墓志来看，马氏与独孤氏的婚姻"未盈一旬"，马氏因此而未被看成是独孤氏的来妇。她死时的身份仍是"大燕圣武观故女道士"。

会昌年间，武宗大兴灭法，推崇道教，"其天下所拆寺四千六百余所,还俗僧尼二十六万五百人"。[1] 这一强行还俗的政策对女尼的冲击超过了男僧,男僧还俗后可以自立、成家,但不少过了适婚年龄的女尼却不得不选择入道为冠的道路。咸通年间由墓主之弟支谟撰写的《唐鸿胪卿致仕赠工部尚书琅耶支公长女练师墓志铭并序》即描写了一位在会昌灭法之际不得不改变自己的宗教身份标识的女性:

　　师姊第卅二,法号志坚,小字新娘子。曾祖讳平,皇江州浔阳丞;祖讳成,皇太子詹事赠殿中监;显考讳□,皇鸿胪卿致仕赠工部尚书;先妣汝南谭氏,追封汝南县太君;继亲清河崔氏,封鲁国太夫人;长兄裕,早世;防,终泽州端氏令;爱弟向,终鄂州司士;询、谦,少亡;讷、诲、谟、详、让、䜣、谚,叠居官秩,咸在班朝。永惟尊灵,天植懿德,不特不怙,再罹悯凶,惟孝惟慈,性能均壹。稚齿报幽忧之疾,九岁奉浮图之教,洁行晨夕,不居伽蓝。或骨肉间有痾恙灾咎,南北支离,未尝不系月长斋,克日持念,孝悌之至,通于神明。年十八,钟汝南太君艰疢,居丧之礼,至性过人,柴毁偷生,感动顽艳。江塞浮泛,温清无违,训勉诸弟,唯恐不立。好古慕谢女之学,择邻遵孟母之规,虽指臂不施,而心力俱尽。中涂佛难,易服玄门,自大中七载,因鄂州房倾落之际,托其主孤,犹女孀妇,不离瞬息。今天子之明年,讷兄蒙授藤州牧,传闻土宜,不异淮浙,嘉蔬香稻,粗可充肠,愿执卑弟奉养之勤,得

[1]《旧唐书》卷18《武宗本纪》。

申令姊慰心之道，假路东洛，扶侍南州。到官逾旬，旋属蛮扰，方安藤水，忽改富阳，日夕有征发馈漕之劳，食膳厌甘辛丰脆之美。因涵疠气，奄然终天，端坐寄辞，沉守无挠，春秋五十，咸通二年九月十二日没于富州之公舍。

志坚本以幼年多病而在九岁时"奉浮图之教"，虽然她"不居伽蓝"，却长年"洁行晨夕"。她终身未婚，可见并不是在家修行的优婆夷，而当是受具足戒的比丘尼。武宗灭法时，志坚已三十三岁，她不得已而选择了另一个宗教标识：女冠。

唐代的女冠虽然在人数上远不如女尼众多，但她们在"公共空间"的影响力却绝不亚于女尼。正如柯素芝（Suzanne Cahill）指出的，唐代的女冠诗不仅为我们提供了直接、可靠的唐代女性之声，而且还反映出唐代女冠们敢于独立思维、独立行动和自我表达（self-expression）的能力。此外，唐墓志为我们提供非常可贵的女冠们的社会活动。如大和年间的韩自明出家后，与著名的仙师谢自然同学道于程太灵。数年后，谢自然"仙去"，韩自明乃"独布化于代"。她"操行坚苦，立德玄邈，入众妙门，知长生要。结居华阴，山侣静友，和而不乐，著于世故。"韩自明的声望还吸引众多的士族女性，《唐故内玉晨观上清大洞三景法师赐紫大德仙官铭并序》称："当时公相母妻探玄者得与师游，如登龙门附骥尾焉。"至晚年，韩自明"德既升闻"，连文宗皇帝也有意"乞言"，而"召入宫玉晨观"。此后她多次入宫讲道，每次进见，文宗"未尝不居正端拱，整容寂听，备命服之锡，崇筑室之赐"[1]。

如果说"家庭空间"(domestic sphere 或 private sphere)历来是中国传统文化为妇女所规划的天地的话,那么,相对来说,唐代的女妓、女尼和女道士则生活在一个"公共空间"(public sphere)中。虽然她们生命历程中的某个阶段也许与绝大多数的唐代妇女相同,但她们的身份标识与性别角色(gender role)却与传统的家庭角色(女儿、妻子、母亲)完全不同。正因为她们的活动远远超越了"家庭空间",她们在唐代社会中的地位和影响也是其他社会阶层和团体中的妇女难以匹比的。

---

[1]《续集》大和033。

第八章

# 母亲的形象与地位

凯风自南，吹彼棘心。
棘心夭夭，母氏劬劳。
凯风自南，吹彼棘薪。
母氏圣善，我无令人。
爰有寒泉？在浚之下。
有子七人，母氏劳苦。
睍睆黄鸟，载好其音。
有子七人，莫慰母心。

——《诗·邶风·凯风》

## 母仪的范围

唐代女性墓志铭以描写母亲为最多,这既是因为女性墓主一般已成年成家,也是因为撰写墓志者或办丧事者多是死者的子女。唐代墓志铭一般以"母仪"来概括母亲的品质和职责[1],如"母仪熏懿""姆仪成规""母仪斯在""母仪可传""母仪端肃""母仪取式""母仪夙著""母仪高令""母仪光乎内外""母仪光乎六行""母仪抗于姜女""母仪妇则兮可教国人""母仪可以肃四邻""为母仪之懿躅""总母仪而有裕""首望母仪""郁为母仪""克柔母仪""道光母仪""昭母仪之合则""迥然物表,卓而母仪",以及"以母仪训子"等。[2]可见"母仪"是

---

[1] 其他用词包括"母训"(如《汇编》永淳026,永昌001,圣武011);"母范"(《汇编》会昌003);"母道"(如《汇编》开元397,会昌011);"母德"(如《汇编》景云013,天宝262,会昌045)等。

[2] 分别出自:《汇编》永徽101、107,垂拱031,乾符031,天授026,天宝006,贞元106,大中095,开元027,宝应003,总章002,元和124,开成034,麟德003;《续编》证圣004;《汇编》载初006,元和152,贞元044,大中122,神龙039,天宝1694,贞元019。

唐代社会有关母亲角色的规范性观念的总结。

　　"母仪"一词可以追溯到《列女传》的卷名《母仪传》。此卷共有14篇，分别记载了汉以前的贤母故事，它们是：（1）有虞二妃之以尊事卑、（2）弃母姜嫄之清静专一、（3）契母简狄之事理之教、（4）启母涂

T8-1　大唐贞观八年故田夫人墓志铭（《汇编》贞观043）

山之教训以善、(5) 汤妃有莘之和好众妾、(6) 文母大姒之慎为胎教、
(7) 卫姑定姜之慈惠远识、(8) 齐女傅母之防女未然、(9) 鲁季敬姜
之通达知礼、(10) 楚子发母之刺子骄泰、(11) 邹孟轲母之择邻断机、
(12) 鲁九子母之不掩人情、(13) 魏芒慈母之爱亲假子、(14) 齐田稷
母之责子受金。

　　唐代社会对《母仪传》的《邹孟轲母》最为推崇,唐墓志中往往以
孟母的事迹作为母仪的标准,如"慈训轲母""依孟家之教""诲子亦同
于孟母""训子道逾于孟母""训导无亏,同孟门之三徙""训子有方,实
无惭于孟母""树德徙邻,孟里以之为美""蹈孟母之高踪""不乏孟家
之训""劝学断机,易邻励子""节高二义,鉴逾三徙""断织垂谋""断机
昭训,徙宅□仁,教义有方,克昌贻厥""伟孟母之慈仁,断莺机而诫
子",以及"或择邻而居,或断织以示,训育渐长,器皆老成"等。[1] 不
过,细读唐墓志铭,我们可以看出,唐人对母仪的形容非常具有时代
特征,而与《列女传》则有较大的差别。下面来看一篇颂扬母仪的墓
志铭——白居易为元稹的母亲郑氏所撰写的《唐河南元府君夫人荥
阳郑氏墓志铭》:


　　有唐元和元年九月十六日,故中散大夫、尚书比部郎中、舒王府
长史、河南元府君讳宽夫人荥阳县太君郑氏,年六十,寝疾,殁于万年

---

[1] 分别出自:《汇编》龙朔082,宝应002,圣武011,宝应006,万岁登封005,万岁通
　　天005,长安049,大中039,乾符023,显庆014,上元028,垂拱031,天授004,太
　　极001,元和040。

县靖安里私第。越明年二月十五日,权祔于咸阳县奉贤乡洪渎原,从先姑之茔也。

夫人曾祖讳远思,官至郑州刺史,赠太常卿。王父讳瞡,朝散大夫、易州司马。父讳济,睦州刺史。夫人,睦州次女也。其出范阳卢氏。外祖讳平子,京兆府泾阳县令。夫人有四子二女。长曰沂,蔡州汝阳尉;次曰柜,京兆府万年县尉;次曰积,同州韩城尉;次曰稹,河南县尉。长女适吴郡陆翰,翰为监察御史;次为比丘尼,名真一。二女不幸,皆先夫人殁。

府君之为比部也,夫人始封荥阳县君,从夫贵也。稹之为拾遗也,夫人进封荥阳县太君,从子贵也。天下有五甲姓,荥阳郑氏居其一。郑之勋德官爵,有国史在。郑之源流婚媾,有家谍在。比部府君世禄、官政、文行,有故京兆尹郑云逵之志在。今所叙者,但书夫人之生事而已。

初,夫人为女时,事父母以孝闻,友兄姊、睦弟妹以悌闻。发自生知,不由师训,其淑性有如此者。夫人为妇时,元氏世食贫,然以丰洁家祀,传为诒燕之训。夫人每及时祭,则终夜不寝,煎和涤濯,必躬亲之。虽隆暑沍寒之时,而服勤亲馈,面无怠色,其诚敬有如此者。元、郑皆大族好合,而姻表滋多,凡中外吉凶之礼有疑议者,皆质于夫人。夫人从而酌之,靡不中礼。其明达有如此者。

夫人为母时,府君既没,积与稹方龆龀,家贫,无师以授业。夫人亲执书,诲而不倦。四五年间,二子皆以通经入仕。积既第,判入等,授秘书省校书郎;属今天子始践祚,策第三科以拔天下贤俊,中第者凡十八人，稹冠其首焉。由校书郎拜左拾遗，不数月，谠言直声，动于朝廷，以是出为河南尉。长女既适陆氏，陆氏有舅姑，多姻族；于是以顺奉上，以惠逮下，二纪而殁，妇道不衰。内外六姻，仰为仪范。非夫人恂恂孜孜善诱所至，则曷能使子达于邦，女宜其家哉？其教诲有如此者。

既而诸子虽迭仕，禄稍甚薄，每至月给食、时给衣，皆始自孤弱者，次及疏贱者。由是衣无常主，厨无异膳，亲者悦，疏者来。故佣保乳母之类，有冻馁垂白不忍去元氏之门者，而况臧获辈乎？其仁爱有如此者。

自夫人母其家，殆二十五年，专用训诫，除去鞭扑。常以正颜色训诸女妇，诸女妇其心战兢，如履于冰。常以正辞气诫诸子孙，诸子孙其心愧耻，若挞于市。由是纳下于少过，致家于大和，婢仆终岁不闻忿争，童孺成人不识榎楚。闺门之内，熙熙然如太古时人也。其慈训有如此者。

噫！昔漆室、缇萦之徒，烈女也；及为妇，则无闻。伯宗、梁鸿之妻，哲妇也；及为母，则无闻。文伯、孟氏之亲，贤母也；为女为妇时，亦无闻。今夫人女美如此，妇德又如此，母仪又如此，三者具美，可谓冠古今矣！呜呼！惟夫人道移于他，则何用而不臧乎？若引而伸之，可以肥一国焉。则《关雎》《鹊巢》之化，斯不远矣。若推而广之，可以肥天下焉。则姜嫄、文母之风，斯不远矣。岂止于训四子以圣善，化一家于仁厚者哉？

居易不佞，辱与夫人幼子稹为执友，故聆夫人美最熟。稹泣血孺慕,哀动他人,托为撰述,书于墓石,斯古孝子显父母之志也。呜呼!
斯文之作,岂直若是而已哉? 亦欲百代之下,闻夫人之风,过夫人之
墓者,使悍妻和,嚚母慈,不逊之女顺云尔。铭曰:

　　元和岁,丁亥春。咸阳道,渭水滨。云谁之墓,郑夫人。[1]

　　白居易的这篇墓志描写了一位唐代的模范女性。郑氏为女时,
"事父母以孝闻,友兄姊、睦弟妹以悌闻";为妇时,恭奉祭祀,"服勤亲
馈"。但是郑氏最大的成就在于她的"母仪夙著"。从这篇墓志铭来
看,她的"母仪夙著"使得她女儿不仅"宜其家",而且还被夫家的"内
外六姻仰为仪范";她的儿子们不仅"皆以通经入仕",而且还"达于
邦"。此外,自从她"母其家"后,元氏家族中"婢仆终岁不闻忿争,童
孺成人不识楚"。闺门之内,熙熙然如太古时人"。综合而论,郑氏
的母仪主要反映在三个方面:训育女儿、执教诸子、主持家政。而从
墓志铭和其他文献来看,唐代社会确实非常强调母亲的这三个职责。
　　首先我们来看看唐代社会对母亲的"训育女儿"职责的强调。在
《列女传·母仪传》中的 14 篇贤母故事中,我们找不到任何关于母亲
对女儿教育的记载,唯一一篇以训育女子为主题的是"齐女傅母",讲
的是卫庄公夫人庄姜的傅母的故事。据《列女传》称,庄姜初为卫庄
公夫人时,"操行衰惰,有冶容之行,淫泆之心",傅母见其妇道不正而
诫谕之。[2] 然而,从唐代墓志铭来看,母亲对女儿的教育与对儿子

---

[1]《白居易集笺校》第 5 册,第 2715—2718 页。
[2]《列女传》卷 1。

的教育同样重要。比如,开元年间的《故尚辇直长崔公故夫人荥阳郑氏墓志铭并序》赞扬墓主郑氏夫人(讳敏、字敏)能"训男以义方,示女以柔顺"。[1]在贞元年间的《唐故游击将军行蜀州金堤府左果毅都尉张府君夫人吴兴姚氏墓志铭并序》中,墓主姚氏夫人"有子有女各三人",她"教子以义方,诫女以贞顺"。姚氏于贞元四年(788)五月八日寝疾,终年六十七岁。临终之际,她对自己的季男仲女犹为牵挂,嘱咐道:"仲女久披缁服,竟无房院住持;季男初长成人,未有职事依附。缅想尔等,栖栖者欤! 吾言及痛心,不忍冥目。"[2]在元和年间的《唐朝议郎行凤州司仓参军上柱国司马君夫人新安孙氏墓志铭并序》中,墓主孙氏(字坚静)生有二女一男,她"训女四德,示男六经"。[3]又如,在大和年间的《唐郑府君古夫人京兆杜氏墓志铭并序》中,郑氏"有女一人,缕裙相系,数十年间,教以三从,示以四德"。[4]

唐代墓志铭不仅视训育女儿为母仪之重要内容,而且还非常强调母女间的亲情。比如,乾符年间的《唐故北海范氏夫人墓志铭并序》就描写一位因思女心切而不远万里探望女儿的母亲——范氏。范氏最后竟死于回程的旅途中:

夫人即故淮海节度押衙兼监察讳宁之长女。幼自闺帷,克修令

---

[1]《汇编》开元516。
[2]《汇编》贞元018。
[3]《汇编》元和153。
[4]《汇编》大和023。

范，及笄，适东海徐公鼎。公少探武略，早迹辕门，守职□州，居貔貅之列，防遏长容镇，颇著抚御之能。夫人凤持妇道，雅习母仪。生女三人，长适崔氏元甫，凤翔右职；次适赖氏途，亦汧陇崇班，台宪殿中；次适夏侯氏名脩，试大理评事，即当代名族。夫人令范雍和，显播六亲；端严干济，超迈九族。节操无亏于妇道，贞庄不徇于夫荣。偏钟爱于夏侯氏之幼女，涉江波，历途路，未尝暂忘膝下之欢。遂感夏侯评事之敬奉承顺，知无不为。方自宣城，将还洛邑，不意遘疾，于乾符二年七月七日终于扬州扬子县之旅馆，享年五十五。[1]

在大中年间的《唐故留守李大使夫人曲氏墓志铭并序》中，曲氏（号丽卿）在得知女儿李云卿怀孕时，以书戏之曰："金扇两重，玉颜双美。"曲氏还期待李云卿能在"分娩之月，不惮省亲之劳"。可惜的是，曲氏不久即得"寒热之疾"。病重期间，她告诫儿子及家人："慎无报吾女。吾女性孝和，必惊奔请视吾疾。吾疾不疗，兼病吾女。"在寝疾临终之际，曲氏"尚口占其书，训女深切"。[2]

唐代墓志铭在描写母亲教育女儿之成功时往往会提到女儿出嫁之后如何受夫家的喜爱。比如，元稹为他姐姐所撰写的墓志铭《夏阳县令陆翰妻河南元氏墓志铭》讲道：

我太夫人圣善仪六姻，训子妇以悯默，罚奴仆佣保以庄厉，为鞭

[1]《续集》乾符002。
[2]《汇编》大中160。

笞用，至于儿稚不能名夏楚，而嚅嚅于他门。肆我伯姊穆其严风，柔以慈旨，于人有加矣。生十四年遂归于吴郡陆翰。……姑爱之若慈母，妇敬之若严君。[1]

母亲之训育女儿的职责以及母女间的亲情在敦煌文稿多有记载。其中颇有代表性的是《崔氏夫人训女文》(P. 2633)。这篇诗歌以第一人称的口气叙述了一位母亲对临上轿的女儿的劝诫：

> 香车宝马竞争辉，少女堂前哭正悲。
> 吾今劝汝不须哭，三日拜堂还得归。
> 教汝前头行妇礼，但依吾语莫相违。
> 好事恶事如不见，莫作本意在家时。
> 在家作女惯娇怜，今作他妇信前缘。
> 欲语三思然后出，第一少语莫多言。
> 路上逢人须敛手，尊卑回避莫汤前。
> 外言莫向家中说，家语莫向外人传。
> 姑嫜共语低声应，小郎共语亦如然。
> 早朝堂上起居了，诸房叔伯并通传。
> 妯娌相看若鱼水，男女彼此共恩怜。
> 上和下睦同钦敬，莫作二意有庸偏。

[1]《全唐文》卷 655。

夫婿醉来含笑向,迎前扶侍送安眠。

莫向人前相骂辱,醒后定是不和颜。

若能一一依吾语,何得翁婆不爱怜。

故留此法相教尔,千古万秋共流传。

　　此外,敦煌文稿中母亲写给儿女们的书札模板《与男女书》
(P.4050),不仅反映了母亲与出嫁的女儿间的密切关系,而且也证实
了以上的《唐故留守李大使夫人曲氏墓志铭并序》所反映的母女通信
的情况。《与男女书》全文如下:

　　久不见汝,想念盈怀。大寒,汝等佳吉。吾如常,念自爱慎,勿
使吾忧。未卜见汝,忆念空多。因使遣书不多。娘书付某省。月日
准上。

　　唐代母仪的第二个方面是对儿子的教育。与《列女传》中的母仪
相比,唐代母亲对儿子的教育更强调对儿子们仕途的指点以及对他
们学业的亲自辅导。[1] 比如,在天宝年间的《故寿安县主簿郑君夫
人清河崔氏墓志铭并序》中,崔氏丧夫二十余年,"有子三人,时称贾
虎。闻诗闻礼,往法鲤趋;卜宅卜邻,几为孟徒。俾之早荷荣禄,克播

---

[1] 参见傅永聚、马林涛《论唐代的母训文化》,载《烟台师范学院学报·哲社版》2000
年第1期,第18—22页。

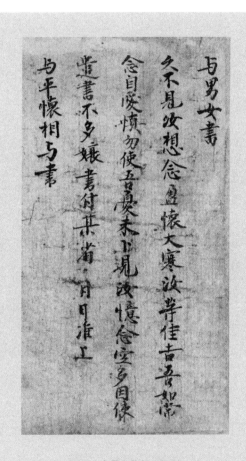

T8-2 与男女书 (P.4050)

令名，非贤不生，非教不至，尝试窃比，实获古人"。[1] 在大历年间的《故衢州司士参军李君夫人河南独孤氏墓志铭并序》中，李涛的夫人独孤氏被推为"母师"，因为她"专以诗礼之学，训成诸孤。亲族是仰，比诸孟母"。[2] 这种对儿子仕途的关切在唐代笔记小说中也有不少记载。比如《唐语林》即描写了一位时时处处以儿子们的"学问成立"为奋斗目标的母亲：

> 李尚书[3]景让少孤，母夫人性严明，居东都。诸子尚幼，家贫无资。训励诸子，言动以礼。时霖雨久，宅墙夜隤，僮仆修筑，忽见一船槽，实之以钱。婢仆等来告，夫人戒之曰："吾闻不勤而获，犹为之灾；士君子所慎者，非常之得也。若天实以先君余庆悯及未亡人，当令诸孤学问成立，他日为俸钱入吾门，此未敢取。"乃令闭如故。其子景温、景庄皆进士擢第，并有重名，位至方镇。[4]

唐代母仪的第三个特点在于渲染母亲的能干。比如开元年间的《大唐故十学士太子中舍人上柱国河间县开国男赠率更令刘府君墓志》用了大量的篇幅描写了死者刘浚的夫人陇西太原李氏。李氏在武则天当政时，严诫诸子，不准他们"事伪朝"；武则天死后，李氏率子入都，"修词诣阙"，顷刻间，诸子皆得班秩：

---

[1]《汇编》天宝234。
[2]《汇编》大历052。
[3] 李景让在宣宗大中六年被任命为吏部尚书。
[4]《唐语林》卷4。

及公枉殁南荒，夫人携幼度岭，行哭徒跣，扶榇还乡，寒暑四年，江山万里，一朝而止，谁不嗟伏。夫人之舅太常崔公，夫人妹婿使君王公，皆当时贵杰，各与昆季谋议，遣子女供承，冀染清规，争求近习，其钦望也如此。太后（指武则天）自永昌之后，宽典行焉，如公数家，例还资荫，夫人诫其子曰："用荫足免征役，不可辄趁身名。汝祖父忠贞，亡身殉国，吾今食周粟，已愧明灵，汝傥事伪朝，如何拜扫！"二子亲承训诲，甘守乡园。神龙之初，中宗监国，诏国夜过，夫人凤兴，因率一子入都，修词诣阙。时有亲表愚昧，非笑是行。数日之间，果有恩命，各授班秩，咸惊讶焉。其为识见如彼。……临绝之际，叹曰："古有失行者，耻见亡灵，所以用物覆面。后人相习，莫能悟之。吾内省无违，念革斯弊。"[1]

在乾符年间的《唐故文林郎试左武卫兵曹参军彭城刘府君夫人太原王氏墓志铭并序》中，王氏以善持家政而著称：

（王氏）中馈得其宜，主祀不失职，亲戚疏近，咸所欢心。唱于彼而我随，泰其生而身约。……三年丧阕，益栖心释氏，每用崇信，荤血不及于口，食粝诵佛经偈，重治产而宝诲一子及妇与诸孙，愈肥其家，以炽乎族。[2]

[1]《汇编》开元304。
[2]《汇编》乾符030。

再如，由韩愈撰写的《息国夫人墓志铭》称赞道，当息国夫人何氏的丈夫灵州节度使、御史大夫李栾死后，何氏"遂专家政"。她"御僮使、治居第生产，皆有条序。居卑尊闲，无不顺适"。[1]

## 唐代母亲形象与地位的特点及前后期变化

与唐代前后的社会相比，唐代母亲的社会地位和家庭地位都非常高。唐代母亲的地位变化的最明显的标志是高宗上元元年（674）武则天所上的"意见"——"请子父在为母服三年"。[2] 在武则天之前，父在，子仅为母服丧一年，父死，为母服丧三年。但是无论母在或不在，子为父服都是三年。武则天上表曰：

至如父在为母服止一期，虽心丧三年，服由尊降。窃谓子之于母，慈爱特深，非母不生，非母不育。推燥居湿，咽苦吐甘，生养劳瘁，恩斯极矣！所以禽兽之情，犹知其母，三年在怀，理宜崇报。若父在为母服止一期，尊父之敬虽周，报母之慈有阙。且齐斩之制，足为差减，更令周以一期，恐伤人子之志。今请父在为母终三年之服。[3]

---

[1]《全唐文》卷564。
[2]《旧唐书》卷5《高宗本纪》。
[3]《旧唐书》卷27《礼仪志》。

武则天的"意见"立即得到了高宗的赞许,乃下诏:"依议行焉。"[1]正如陈弱水先生指出的,延长父在为母服的丧期是武则天采取的最明显提高妇女地位、尊崇女性的行动,它"具有清楚的提高母亲地位的意涵",也反映了唐代存在着一种"女性主义的冲动"。[2]

如果说,武则天当道使得唐代母亲的地位在法制及礼仪上有极大提高的话,那么唐代的佛教则从情感方面强调对母亲的爱。它既反映了佛教对唐代有关母亲的规范性观念的参与,也可以说是佛教中国化的最重要的标志之一。美国学者太史文(Stephen F. Teiser)曾对唐代变文《目连救母》以及盂兰盆节作过研究,他指出,佛教的盂兰盆节之所以在唐代特别盛行是因为它强调了和尚目连的为人之子的身份,而这种对父母和家庭的强调是早期佛教所缺乏的。[3]郑阿财先生认为,"盂兰盆会中宣说佛弟子目连之孝行至为脍炙人口,其后释门化俗乃更有为贴近庶民而有援引中国孝子事迹以为宣传者,终至有《父母恩重经》的出现",它反映了"佛教为消弥与中国文化抵触之弘法障碍而积极提倡孝道"的意图。[4]《父母恩重经》长篇大论地阐述了母亲生育和抚养子女之艰辛,甚至将母亲的恩德与佛的恩

---

[1]《旧唐书》卷27《礼仪志》。
[2]陈弱水《初唐政治中的女性意识》,邓小南主编《唐宋女性与社会》,第659—694页。
[3]参见太史文(Stephen F. Teiser)《中国中世纪的鬼节》(The ghost festival in Medieval China),普林斯顿大学出版社(Princeton University Press)1988年版,第196—214页。
[4]郑阿财《〈父母恩重经〉传布的历史考察——以敦煌本我中心》,项楚、郑阿财编《新世纪敦煌学论集》,巴蜀书社2003年版,第46—47页。

德相提并论：

> 释迦圣主慈悲力，但是众生总怜惜。
>
> 个个提携证涅盘，不曾有意言恩德。
>
> 慈母心，无顺逆，但是女男皆护惜。
>
> 个个教招立得身，不曾有意言恩德。
>
> 佛惜众生，母怜男女。
>
> 一例垂情，从头爱护。
>
> 佛如母意无殊，母似佛心堪谕。
>
> 今日座中人，分明须会取。[1]

由此可见，在唐代，佛教已成为唐代母亲地位之尊的重要动力之一。唐代的民间文学作品也反映了这种重母之情。比如项托七岁为孔子师的故事在《战国策》《论衡》及《淮南子》中都有记载，但孔子与项托间的对话却并没有流传下来，这就给了民间文学一个创作的空间。到了唐代，孔子与项托居然有一段关于妇与母孰亲的对话：

夫子语小儿曰："汝知夫妇是亲，父母是亲？"

小儿曰："父母是亲。"

夫子曰："夫妇是亲。生同床枕，死同棺椁，恩爱极重，岂不亲乎？"

---

[1]《敦煌变文集新书》卷2。

　　小儿答曰："是何言与！是何言与！人之有母,如树有根；人之有妇,如车有轮。车破更造,必得其新；妇死更娶,必得贤家。一树死,百枝枯；一母死,众子孤。将妇比母,岂不逆乎？"[1]

　　唐代母亲社会地位变化的另一个特点是对"夫死从子"的低调处理。虽然"三从"的概念是"邹孟轲母"故事的核心,但是,唐人却只强调孟母"劝学断机,易邻励子"[2]的精神。从唐代文献来看,母子关系的重点是在子对母而不是母对子的遵从。比如《新唐书·杨收传》记载道：

　　收七岁而孤,处丧若成人。母长孙亲授经,十三通大义。善属文,所赋辄就,吴人号神童。……及壮,长六尺二寸,广颡深颐,疏眉目,寡言笑,博学强记,至它艺无不解。贫甚,以母奉浮屠法,自幼不食肉,约曰：尔得进士第,乃可食。[3]

这种父死而子从母的道德规范在上文所提到的开元年间刘浚夫人李氏的故事中也有反映。《大唐故十学士太子中舍人上柱国河间县开国男赠率更令刘府君墓志》记载道,李氏夫人之舅太常崔氏和她的妹婿使君王公"皆当时贵杰",李氏完全可以以"资荫"为儿子求

---

[1]《孔子项托相问书》,《敦煌变文新书集》卷7。
[2]《汇编》显庆014。
[3]《新唐书》卷184。

得一官半职。但是她却因"食周粟"而感到愧对丈夫亡灵,所以坚决不让自己的儿子"事伪朝"。她的两个儿子皆"亲承训诲,甘守乡园"。[1]

在会昌年间的《唐故太原府参军赠尚书工部员外郎苗府君夫人河内县太君玄堂志铭并序》中,作者苗愔(牛僧孺之婿)阐述了母亲张氏的慈旨慈训对他们子女的影响力,读来颇为感人:

维会昌元年岁次辛酉三月壬申朔十三日甲申,河内县太君捐养于江州刺史之官舍,享年六十七。既翌月考时,其孤愔泣血徒跣,祗奉裳帷以遵路。又翌月,达于洛之里第,称礼备物,练吉卜□,以其年七月已巳二十九日丁酉,虞祔于洛阳县之平阴原。皇考赠尚书工部员外郎之兆繇周,礼也。其外姻之至者相与谋曰:孤之室,金不贯缗,粟不墭囷,取何以买铭于达官巨卿?况其兄且弟三人,皆繇教训,得以文章窃科名,而欲因他人言语以光扬淑德,孝岂然耶?愔惧不敢酬,乃茹毒操觚以图微懿,曰:

夫人姓张氏,自远祖汉丞相安昌侯禹为河内人,源深而流远,祉茂而庆长。丞相之裔孙曰衡,仕宇文周朝,为度支尚书,封清河县。其子孙缵承,入唐而封爵者,皆称清河。古韩文公之志皇考墓云:夫人清河人。皇祖重光,为尚书左丞;烈考继,为夏阳县令,娶姑臧李夫人,生三女。夫人其季也。始夏阳府君以谏谪去庐陵,遂终于次,夫

---

[1]《汇编》开元304。

人生始五岁，哀至于毁。宗亲内外，惊犉嘻咨，遂闻天下。姑臧夫人当时申姓闺仪母教，百氏范仰。

　　夫人既笄而有行，皇考始以德行文学为乡里举，得太常第，辟贤侯府，调参太原军事，而以懿图，丁否数至，德终下位，生子男三人，曰悁、曰恽、曰恪；女五人。是八孤者，长始孺而少未孩也。天之宽耶？无宫以与麻；地之夐耶？无田以与殖。中无为支，外无为儒，牵携勤艰，经营穷寒，育之教之，殆十五年，皆几于就成。女得好仇，男得贤交，有禄为养，有立为荣，虽未迄令人，庸免于戾。搢绅之知者，咸咏其慈明哲睦，秩秩整整，古之敬姜、孟母、陶母，光显图谍，我不愧也。至若孝为行先，而天命之于性，仁为履，本□自□之于心，敬以接中外，雍以率闺门，九族怀仁，众人归美，而明惟神授，静与道符，四德并包而不耀，一物不达为深耻，粱盛豆登、针管线纩之外，考协声律，探究坟素，玄经释籍，前言往行，一经于耳，必注于心；一合于理者，必行诸己。

　　悁之既升朝籍，再为御史郎官。朝廷覃大庆诏以尚书郎为皇考赠，而夫人得启封邑，为命妇于内朝。君子曰：仁之蕴也深，则祉之报也速。非工部之大德有开，夫人之茂范宜庆，孰为然哉？不然，何以无似之屏，亦能有以集其荣乎？悁既刺九江，板舆在前，彤幨在后，导有长戟，殿有高旗，养丰可荣，禄厚可乐，而蜉彰罪戾，天降鞠凶，风树遽摇，昊穹曷诉。呜呼酷哉！时次子恽时以外台御史奏记于徐方，小子恪为协律郎从知于巴蜀，皆来宁远道，抱蜉中途，千里见星，一月及次。夫人之女五人，凡三人有适，一人未行，皆先夫人而殁。次女道真,早宗于释,坏服为尼。夫人常命愔曰:"若三人求妇,必于孝仁知礼之家。"故先择今丞相司徒公陇西牛僧孺之长女为愔娶,复选故绛守河间刘元鼎之次女为恽妻,又选故溧阳令范阳卢揆次女为恪妇,皆慈旨也。

三子之孙六人,舆吕氏之外孙二人,胜哀者皆哭于位,愔抱衅残骸,累息待尽,毒灼居内,主于不文。铭曰:

天有卿云,地有醴泉,储祥合粹,降为硕人。履礼蹈道,毓德配贤,嫔则攸举,母范光宣。为兰则薰,为珪则温,量芳校德,孰曰如仁。祸之降兮,繇庆之顽;惠不吊兮,衅斯上延。肝屠脑刲兮,哀以吁天;扬休阐淑兮,沥血濡翰。修邙隆隆兮,清洛溅溅;以夷以涸兮,令德长存。

孤子朝散大夫、前使持节江州诸军事守江州刺史、上柱国愔撰。

孤子前徐、泗、宿、濠等州观察判官,将仕郎,监察御史里行恽书。[1]

从其他一些墓志来看,儿子从母而改宗佛教或道教者也在数不少。比如,在长寿年间的《唐故邢州任县主簿王君夫人宋氏之墓志铭并序》中,墓主宋氏"心依释教,情远俗尘,虽匪出家,恒希入道",她的儿子玄嗣后"遣度为大周东寺僧"。[2] 在景云年间的《大唐故南海县主福昌县令长孙府君夫人李氏墓志铭并序》中,墓主李氏(法号弥勒)

---

[1]《汇编》会昌003。
[2]《汇编》长寿011。

乃是唐高祖的孙女、韩王李元嘉的女儿。因韩王坐事而被贬为平民。自此"头陁存念,都捐有累之身,心识是空,忽去无常之境"。她的儿子们深受她的影响,均"箕裘共习,礼仪相熏",最终离家出走而"寻受业之师",竟没有参加他们的母亲的葬礼。[1]

据开元年间的《唐故河南府参军范阳张府君墓志铭并序》,墓主张轸"年九岁,以母氏宿愿,固请为沙门,自削发缁流,持衣绀宇"。[2]又如,贞观年间的《齐得州平原县令张明府杨夫人墓志铭》记载道,杨夫人笃信佛教,因此她的子女们也都成了佛教徒:

犹是降其英捷,仁孝弘慈,心慕献灯,情存救蚁,精诚经诫,夫人谓矣。夫人躬行长者之事,每济十千之鱼,常相余林之中,志求挂衣之分。夫人女则出家景福,男则恒修上道,合门积善,咸有直方。[3]

再如,在元和年间的《唐故边氏夫人墓记》中,边氏自称"早遇善缘,了知世幻",临死时要求火葬,"灰烬分于水陆"。而她的第二个儿子何琇从小就"归释氏"。[4]

唐代末年的《大唐故幽州节度要籍祖君夫人弘农杨氏墓志铭并序》则提到,墓主杨氏"学道自怡,探微愈晦,闺门坐肃,埃墲潜融",因而她的儿子祖瞳也"不仕王侯,高眠薮泽,洞启老庄之肩镳,退全箕颍

---

[1]《汇编》景云 002。
[2]《汇编》开元 382。
[3]《汇编》贞观 107。
[4]《汇编》元和 054。

之性情"。[1]《因话录》记载道，唐朝后期刑部郎中元沛之妻刘氏寡居后，信奉道教，并受箓于吴筠先生。她的小儿子刘察虽"进士及第，累佐使府"，但最终还是选择了道学，隐居庐山。刘察生有二儿，"长子潾，好道不仕；次子充，进士及第，亦尚道家"。[2]

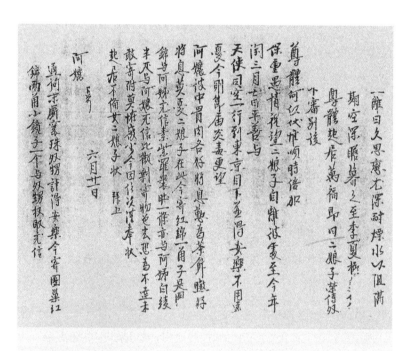

T8-3　唐咸通七年　二娘子家书（安徽省博物馆藏）

[1]《汇编》中和 001。

[2]《因话录》卷 3。

从唐代墓志来看,女儿从母亲之信仰的更是不计其数。如天宝年间的《大唐朝议郎行洪府法曹参军荥阳郑府君故夫人河南万俟氏墓志铭并序》记载道,墓主万俟氏的女儿"随母师训诲,志法王戒律"。[1] 在贞元年间的《唐故游击将军行蜀州金堤府左果毅都尉张府君夫人吴兴姚氏墓志铭》中,姚氏"孀居毁容,回心入道,舍之缯彩,弃以珍华。转《法华经》,欲终千部;寻诸佛意,颇悟微言。与先辈座主为门人,与后学讲流为道友"。她的第二个女儿也"久披缁服"。[2] 又如,天宝年间的《有唐故蔺夫人龛铭并序》记载道,墓主蔺氏早寡,此后"刻意缁门,虔心正惠"。她生有一男二女,其中一女出家,"法名光严自晤,已祛于女相"。[3] 再如,贞元年间的《唐故秦州上邽县令豆卢府君夫人墓志》写道,墓主魏 34 岁时丧夫,于是她"仰苍昊而罔极,嗟人生如梦幻,欻然自悟,归信释门"。她的女儿也崇信佛教,得法名为道峻。[4]

唐代母亲形象与地位在前后期有所不同。唐代前期的母亲形象倾向于强调母亲对儿子们仕途的指点,而唐代中后期则强调母亲对儿子们的学业的亲自辅导以及对他们的科举考试的督促。这一变化是与唐皇室在中后期偏重以科举取人的历史背景切切相关的。

从《新唐书·王珪传》中我们可以看出,唐代前期的母亲所关心的是儿子将来能否"贵":

[1]《汇编》天宝 066。
[2]《汇编》贞元 018。
[3]《续集》天宝 042。
[4]《汇编》贞元 106。

　　始,(王珪)隐居时,与房玄龄、杜如晦善,母李尝曰:"而必贵,然未知所与友者何如人,而试与偕来。"会玄龄等过其家,李窥,大惊,敕具酒食,欢尽日,喜曰:"二客公辅才,汝贵不疑。"[1]

　　《新唐书》还记载道,与王珪同时代郑善果被誉为"清吏",这是与他的母亲崔氏的辅助和指导分不开的:

　　善果母崔,贤明晓政治,尝坐阁内听善果处决,或当理则悦,有不可,则引至床下,责愧之。故善果所至有绩,号清吏。[2]

　　唐代前期的墓志铭行文较短,且多套语,如"亲训诸子,钟心庭玉"[3]等,而反映母亲关心儿子仕途的真实故事并不多。不过这种情况到了开元年间便有所改变。比如在开元年间的《大唐故中书侍郎赠卫尉卿河内司马府君妻范阳郡君卢氏墓志铭并序》中,墓主卢氏"体协孤幼,训诱名节,恐不克家贤,常以严教子。长曰苍,至□之邑丞;次曰垂,益□郡之从事;季曰望,游于国庠"。[4]而大历年间的《有唐安平县君赠安平郡夫人王氏墓志》则对墓主王媛(字正一,开元九年[721]去世)在儿子仕途上的指导大加赞扬:

_____

[1]《新唐书》卷98。
[2]《新唐书》卷100《郑善果传》。
[3]《汇编》总章038。
[4]《汇编》开元165。

初少子沔，除殿中侍御史，职多皇华，虑阙温清，辞不拜职。夫人诲之曰："汝门绪不昌，令兄天丧，宜恭恩命，以承家业，朝廷孝理，亦将及于汝也。"俄而大君叹美，有命宪曹，俾都留台，兼遂忠孝。孝子怀舍肉之赐，母师遇登台之渥，彰慈教也。前年沔自秘书少监迁左庶子加朝散大夫，夫人当进封太君，巫请申叙。夫人喟然而言曰："汝以我故也，国恩宽假，从容禄养，外无汗马行役之劳，内无危言謇谔之节，而坐致荣进，将何以安之？吾承先大夫余荫，旧封县君，不愿有所加也。"卒不许叙。天下称仁焉。[1]

到了唐代中期，进士集团已渐趋强大并在唐皇朝的权力机构中占据主导地位，唐朝文献对母亲形象的描写也因之而有所变化。中唐以后的墓志常以大量篇幅描写母亲对儿子们学业的亲自辅导以及对他们进士及第的向往和追求。比如，大中年间的《唐姚夫人权葬石表》记载道：

太夫人归刘氏，生一子，始稚孺，坐于膝，手持《孝经》，点句以教之，既长，抔揆不纵戏惰，令从师学古文，既壮，为达者所称，以其往往天得远蹀绝迹。太夫人喜曰："吾之子斯足矣。万钟岂厌吾心乎？"所谓无能则怜之是也。蜕不天，进士及第。[2]

---

[1]《汇编》大历 063。
[2]《汇编》大中 130。作者为墓志主之子刘蜕。

为了渲染这种母亲独自"亲执诗书""点句以教之"的形象,白居易甚至故意改变家世以夸张自己的母亲陈氏的功绩。白居易的父亲白季庚于 794 年因病去世,当时白居易本人已 22 岁,他的弟弟白行简已 18 岁,但在记载白季庚身世的《襄州别驾府君事状》中,白居易写道:

> 及别驾府君(白季庚)即世,诸子尚幼,未就师学;夫人(陈氏)亲执诗书,昼夜教导,恂恂善诱,未尝以一呵一杖加之。十余年间,诸子皆以文学仕进。[1]

这种渲染母亲对儿子在科举上的成功主导作用反映了唐中期以后进士集团利用各种机会来展现自己地位的状况。显然,墓志铭在这一"权力扩张"中起了极大的作用。在为元稹母亲所撰写的《唐河南元府君夫人荥阳郑氏墓志铭》中,白居易写道:

> 府君既没,积与稹方龀龅,家贫,无师以授业。夫人亲执书,诲而不倦。四五年间,二子皆以通经入仕。稹既第,判入等,授秘书省校书郎;属今天子始践祚,策三科以拔天下贤俊,中第者凡十八人,稹冠其首焉。

而五代时成文的《旧唐书》几乎完全接受了这种渲染,其《元稹传》陈

---

[1]《白居易集笺校》第 5 册,第 2838 页。

述道：

　　稹八岁丧父。其母郑夫人，贤明妇人也，家贫，为稹自授书，教之书学。稹九岁能属文。十五两经擢第。二十四调判入第四等，授秘书省校书郎。二十八应制举才识兼茂、明于体用科，登第者十八人，稹为第一。[1]

## 继母的形象与地位

　　从法律上来说，唐代继母的地位要比唐以前以及唐以后的继母地位高，这主要是因为在唐代妾与婢不能被提升为正妻，所以也就保证了继室及继母的地位。《唐会要·百官家庙》记载道："古之继室。皆媵妾也。今之继室。并嫡妻也。"[2] 在《唐律疏议》中，继母的定义为："嫡母或亡或出，父再娶者。"[3]《唐律疏议》还规定，如果嫡子之母"出"，继母的地位就完全相当于其嫡母，嫡子要为继母之党服丧；但如果嫡母"亡"，嫡子"为亲母之党服，不为继母之党服"。[4] 这种继室地位远高于妾的制度到了宋代开始松弛。比如，《宋史·职官》

---

[1]《旧唐书》卷 166。
[2]《唐会要》卷 19。不过违反这一准则而以媵妾甚至以婢为继者也时有之。比如，《新唐书》卷 223《许敬宗传》记载道："敬宗营第舍华僭，至造连楼，使诸妓走马其上，纵酒奏乐自娱。嬖其婢，因以继室，假姓虞。"
[3]《唐律疏议》卷 6，第 52 条。
[4]《唐律疏议》卷 1，第 6 条。

记载道,天禧年间(1017—1021),宋朝廷令为文武群臣母妻封号时,如果"父亡无嫡、继母,听封所生母"。[1] 又如,宋太宗之孙赵宗景"丧其夫人,将以妾继室,先出之于外,而托为良家女且纳焉"。[2] 而以妾为继室的现象在明清时代已很普遍。

在唐朝,"父再娶者"为数不少,墓志铭中纪念继母的也就特别多。总的来说,对继母的赞扬往往注重其"均养之慈"[3],甚至对前妻之子之"慈"加于己子。比如,在武则天时期的《大周朝散大夫行定王府掾独孤府君故夫人杨氏墓志铭并序》中,杨氏"爰自入门,便为继室,抚育诸子,有甚己生"。[4] 在天宝年间的《大唐故奉义郎行洪州高安县令护军崔府君夫人河南独孤氏墓志铭并序》中,崔府君"前室有女",独孤氏"继亲鞠育,情深若己"。[5] 大历年间的《大唐故秘书郎席府君夫人弘农县君杨氏墓志铭并序》描写道,杨氏初嫁作者之舅席府君时,席已有四子。杨氏对继子们慈爱备至,"慈加己子,衣食准节,顺时遂性",她不仅获得席府君的信任,而且还使得"稚齿忘露,臣妾敬德"。[6] 在贞元年间的《唐金州刺史郑公故夫人范阳卢氏墓志铭并序》中,卢氏"抚诸子如己生"。[7] 在会昌年间的《唐故滑州白马县令赠尚书刑部郎中乐安孙府君继夫人河东县太君裴氏墓志铭并

[1]《宋史》卷170《职官》。
[2]《宋史》卷245《镇王元偓传》。
[3]《续集》万岁通天004。
[4]《汇编》长安020。
[5]《汇编》天宝035。
[6]《续集》大历023。
[7]《汇编》贞元068。

序》中，裴氏"自授室至未亡，妇之礼无违……训抚诸孤，得贤母道"。裴氏的继子孙景商对之非常感激，乃为裴氏及继弟孙向向朝廷请，裴氏得封河东县太君，孙向得授右清道率府兵曹。[1]

武则天时期的《大周故纳言博昌县开国男韦府君夫人琅耶王氏墓志铭并序》更是非常生动地描写了一位典范继母：

夫人讳婉，字贞徽，琅耶临沂人。魏尚书令宣简公肃之玄孙女也。自邠岐兆迹，神构敞于云霄；伊洛腾仙，灵源派于江海。秦之离翦，有茂勋鸿伐；汉之吉骏，有盛烈高名。太保休征之孝德，丞相茂弘之忠范。长发纯嘏，莫之与京。衣冠礼乐，尽出于其辈矣。敦景纯有，言准永纪。王氏灭，本枝繁衍，抑有冥征者欤？曾祖绪，南齐著作郎、北齐徐州大中正、太常卿、冀州刺史、琅耶郡开国公；祖令思，隋梁郡围城县令，吕亳二州别驾；父元慎，唐复州司户参军、博州堂邑县令：并道擅人宗，器标时望，惠业光懿，休声畅穆。

夫人含象巽离，禀灵娥婺。孝友之性，幼而冥极；柔裕之怀，凤有成量。年在髫龀，特为伯父越州长史楷、叔父吏部郎中元寿所爱重，常谓亲戚曰："此女年虽幼，惟质性颇殊，光吾族者必此女也。"洎乎六加登序，百两戒期。继延于先府君博昌公，盖潘阳之嘉偶也。于是聿修妇道，□理□仪，奉事先舅任丘府君、先姑陇西李夫人，躬勤纺绩，以申孝养。纫针佩管，每候晨而凤兴；整袂端襟，常分宵□假寐。炎

----

[1]《汇编》会昌011。

曦夏灼，不以隆暑懈其容；飞霰冬严，不以祁寒怠其事。先府君荣□未陟，禄秩尚微。廪俸所资，才充馈养；妻孥所给，不瞻寒温。夫人疏非自甘，浣濯为服，执爨卑役，不推仆御；捧箕末任，必也躬亲。朝夕艰勤，曾无愠色。□情鉴察，赏叹特深。严始敬终廿余载。及先府君晚登隆贵，郁为宰辅。夫人克享上荣，受封命。初拜琅耶县君，寻加授郡君，虽褕翟增晖，而荆著在念。祔簟之具，去其重复；衾帻之饰，绝于新丽。或经数稔而不制一衣，但补缉陈旧，取蔽风霜而已。至若皇恩降锡，宸贶俯沾，鸳锦霞开，鹤绫云委。莫不随时施道，浃洽亲姻。筐篚旦盈，缄縢暮竭。囊褚之内，分寸不留。资性方严，甚有威望，动静进退，容止肃然。体柔顺而济之刚烈，执坚贞而适于通变。常读《礼》至《内则篇》，必再生返覆。闺庭政令，率而行之。由是四海诸姬，九族群媛，瞻望仪范，田成楷模。若众川之长大溟，犹列宿之宗朗月。

前夫人子承庆，八岁偏罚，十岁便为夫人所养，抚存训奖，慈爱无隆，学宦婚娶，并夫人所成立。常谓所生子嗣立、淑等曰："时俗妇人，罕有明识，前妻之子，多被憎嫌，孝已、伯奇，皆其人也。此吾之所深诫，亦尔辈所明知。昆季友于，骨肉深至，既称同气，何限异生。宜识我心，倍加殷睦，幼事长以敬，长抚幼以仁，使外无闲言，则吾无忧矣。"诸子恭承训诫，奉以周旋，共被同蔬，怡怡如也。

先府君薨□之后，妇人年□□□，曹大家之法度，守而莫失；鲁敬姜之礼节，遵而不渝。承庆任凤阁舍人，夫人蒙拜琅耶郡太君，从子之命也。所冀高堂展养，百福无疆；长筵保骔，万寿增永。岂谓树风难静，隙晷遽驰，未极暇年，奄迁徂化。以万岁通天元年八月十二日遘疾，终于神都崇政里第，春秋七十有一。临将属纩，呼三子者而谓之曰："汝等宜善为兄弟，深相友爱，吾今困惫，余何所言。"因涕泣久之，绝于长妇之手。

　　厥明将敛，特降中使临吊，仍赠绢布七十段。又有敕赠绢布卅段，米粟五十石。还日，所司为造灵舆。葬日量偕手力幔幕，家口并给传乘，以致哀荣之礼。先妣崔夫人早卒弃背，逮乎迁祔之日，占考或有不安，随事之宜，遂不合葬。乃与先府君并坟接圹而安厝焉。夫人平昔之时，言及窀穸之事，亲戚有希望颜色请申合葬之礼者，夫人怃然而应之曰："生者必死，人之大端。葬之言藏，礼有恒制。魂而有识，何往不通？知或无知，合之何益？况合葬非古，前圣格言。先嫔已创别坟，吾复安可同穴。若余生就毕，启手归全，但于旧茔因地之便，别开幽室，以痊残骸。亲属子孙勿违吾意。"孤子前凤阁舍人承庆，前来庭县令嗣立，前左羽林卫兵曹参军淑等，险衅不天，诚孝无感，奄丁酷罚，永隔慈颜，□辞苍昊，肝心陨绝，敢遵遗命，虔奉尊灵。即以万岁通天二年岁次丁酉一月戊戌朔廿四日辛酉，归附于雍州万年县铜人原之旧茔，但域内先有二坟，左右更无余地。乃窆于先考博昌公大坟之傍穴。虽桐阁近隔，颇分寻丈之间，而蒿隧潜通，自合幽冥之路。

　　承庆孝惭鲍永，人谢伏恭，均养之慈，终天莫报；日严之养，毕壤无追。将恐深谷为陵，高山若砺。母仪形管，或坠芳编；神道玄扉，冀存贞础。内言在阃，外听罕周。是用抽竭荒襟，诠序徽烈，余喘尪颖，触感穷迷，揽牍哀号，甄录无次。凤阁舍人赵郡李峤，时秀朝英，文宗学府，胶庠朋故，枢近官联，敬托为铭，庶扬其德。其词曰：

轩丘积庆，姬水开祥，世济其美，休有烈光。资忠履孝，衮服古裳，葳蕤丹篆，氤蔼青箱。〔其一〕　迈种不忘，诞兹淑令，兰蕙凝馥，松筠挺性。肇允幽闲，率由庄敬，峻范伊符，贞规可咏。〔其二〕　高门有阅，之子于归，乘龙比德，占凤齐飞。肃雍无怠，琴瑟靡违，怡声洁馈，申讽裁机。〔其三〕　蝉冕登朝，翚褕命灵，汤沐开赋，乡亭视秩。浣濯防奢，杯盘诚逸，去浮敦本，捐文徇质。〔其四〕　荧闱在疚，孀馆缠悲，永惟柔则，方称母师。七子均养，三至奚疑，曾堂锡美，广被隆慈。〔其五〕　价轶双珠，名优两骥，钟釜荣禄，珪珩宠位。静树俄住，寒泉奄洎，孺慕号天，充穷扣地。〔其六〕　合葬非古，乃创姬篇，猗欤明达，高风凛然。爰矫同窆，更辟幽埏，潜交滕室，迥接原阡。〔其七〕　戒期先□，岁□云暮。背清洛而超忽，历□洲而径度。瞻吊鹤之徘徊，视惊骖之顾步，垂芬懿于兰菊，怀罔极于霜露。〔其八〕[1]

从这篇墓志来看，唐代社会对继室并不歧视。墓志主王婉出身于大族官员之家，而她嫁入韦家时，韦府君"禄秩尚微"，一子已10岁，但王家的亲戚对她"继延"韦府君毫无意见。想来女性早亡的事实以及望族自为婚姻的需要使得继室成为维持既成婚姻制度的必要

[1]《续集》万岁通天004。

手段。此外,这篇墓志还提到,虽然王氏是继室,而且临终关照"先嫔已创别坟,吾复安可同穴",但她的继子却以"域内先有二坟,左右更无余地"为借口,将她的棺椁窆于韦府君大坟的傍穴,并"辟幽埏,潜交滕室",事实上是将她与韦府君合葬。由此可见,继室的地位在唐朝是非常高的。

然而,唐朝墓志对继母的"均养诸子"的赞扬也暗示了继母重己子的存在。事实上,继母虐待前妻子女的情况在唐朝当不在少数。武则天时期的《大周故纳言博昌县开国男韦府君夫人琅耶郡君王氏墓志铭》透露:"时俗妇人,罕有明识,前妻之子,多被憎嫌,孝已、伯奇,皆其人也。"[1]又如,在大中年间的《唐故荥阳郑夫人墓志铭并序》中,墓主郑子章 14 岁嫁给给事郎守国子监国子助教卢知宗,生三男二女,死于大中七年(853),终年 23 岁。她的丈夫在墓志中"自誓"不再继娶。他写道:"世以婴孺之无恃也,必曰傅母保之,不若继之之慈也。而自中古已来,天下人之子酷于继者日有之。"[2]

总而言之,自唐初以来,唐代母亲(包括继母)在社会和家庭中的地位都比较高,这是当与武则天的一系列提高妇女地位的措施分不开的。唐代有关母亲角色的规范性观念注重母亲训育女儿、执教诸子、主持家政的职责,而对传统的"夫死从子"的教条并不作强调。中唐以后,随着进士集团的政治地位的上升,母亲的形象与母仪的

---

[1]《续集》万岁通天 004。
[2]《汇编》大中 083。唐朝笔记小说也时有关于继母虐待前妻子女的情况。如《本事诗·征异第五》记载道:"开元中,有幽州衙将姓张者,妻孔氏,生五子,不幸去世。复娶李氏,悍妒狠戾,虐遇五子。日鞭棰之。"

内容也因此发生变化:"亲执诗书",教子以科举入仕成了最理想的母亲角色。这既反映了唐代政治结构的变化对母仪观的影响,也反映了进士集团通过塑造"亲执诗书"的母亲形象来显示自己的成功的意图。

第九章

生 育

惟愿日临月满，果生奇异之神；

母子平安，定无忧嗟之厄。

观音灌顶，得受不死之神方；

药上扠摩，垂惠辰长之恒安；

母无痛恼，得昼夜之恒安；

产子仙童，似披莲花而化现。

惟愿身如松岳，命等山河；

福广惠深，弥增佛日。

然后四生离苦，三有获安；

同发菩提，成正觉道。

——敦煌文稿《难月文》

# 怀　孕

十月怀胎是生儿育女的第一阶段，从生理上来说，怀孕的经历古今中外都是一样的。但是，每个社会以及每个历史阶段对怀孕的认识和感受却往往带有其社会及时代特征。比如文化人类学家指出，各个社会对怀孕起因的解释往往是它的文化标识（cultural identity）和社会体系的反映。比如，巴布亚新几内亚的特洛波然德（Trobriand）是一个母系社会，当地人相信男性与怀孕毫不相干：胎儿的形成是已死的特洛波然德变成一个"小精灵"（spirit child）进入女性的子宫与其经血混合的结果。[1] 然而，在许多父权社会的民间信仰中，胎儿往往被看成是父亲种下的种子，母亲只是提供了土壤而已。[2] 在中国古代神

---

[1] 参见阿奈特·B·维那（Annette B. Weiner）《巴布亚新几内亚的特洛波然德人》（The Trobrianders of Papua New Guinea）豪特-林哈特-温斯敦出版社（Holt, Rinehart and Winston）1988年版。

[2] 参见卡洛·德莱尼（Carol Delaney）《种子和土壤——土耳其村落社会中的社会性别及宇宙观》（The seed and the soil: gender and cosmology in a Turkish village society），加利福尼亚大学出版社1991年版。

话中,如果说简狄吞卵与姜嫄踩熊迹是母系社会的遗迹,那么"鲧复生禹"[1]则反映了父系社会的形成。又如,尽管大多数社会把怀孕看成喜事,孕妇常常会受到特别的照顾,但在维多利亚时代的英美上层社会中,孕妇往往被"软禁"在家,因为在维多利亚时代,性被看成是耻辱的事,而身孕无疑就是干丑事的证据,所以决不能暴露在光天化日之下。[2]

中国社会自古以来将怀孕看成喜事,但是历代关于怀孕的讨论却有不同的着重点。最明显的例子可能就是胎教了。胎教的概念当在先秦时代即已形成,史传周文王母大任怀文王时,"目不视恶色,耳不听淫声,口不出敖言"[3]。至西汉,胎教的理论已很健全,贾谊《新书》有《胎教篇》,阐述胎教的理论根据、历史背景,以及胎教的基本原则。[4]从汉代有关胎教的文字来看,儒家的"礼乐"是胎教的核心。比如《大戴礼记·保傅篇》写道:

胎教之道,书之玉板,藏之金匮,置之宗庙,以为后世戒。青史氏之记曰:"古者胎教,王后腹之,七月而就宴室,太史持铜而御户左,太宰持斗而御户右。比及三月者,王后所求声音非礼乐,则太师缊瑟而称不习;所求滋味者非正味,则太宰倚斗而言曰:不敢以待王太子。

---

[1]《山海经·海内经》。参见比勒尔(Anne Birrell)《中国神话导论》(Chinese mythology:an introduction)第五章《神奇诞生》(miraculous birth)。约翰斯·霍布金斯大学出版社(Johns Hopkins University Press)1993年版。

[2]参见利维特(Judith Leavitt)《带到床上——美国1750至1950年期间的生育》(Brought to Bed:Childbearing in America 1750—1950),牛津大学出版社(Oxford University Press)1986年版。

[3]《列女传》卷1《母仪》。

[4]贾谊《新书》卷10。

太子生而泣，太师吹铜曰：声中其律。太宰曰：滋味上某。"然后卜名。上无取于天，下无取于地，中无取于名山通谷，无拂于乡俗，是故君子名难知而易讳也。此所以养恩之道。[1]

唐代有关胎教文字多以文王母大任的故事为准则，但是我们也可以看到佛教在唐代的深入已经逐渐改变了传统的胎教观。比如，天宝年间的《大唐故尚书祠部员外郎裴公夫人荥阳郑氏墓志铭并序》称，郑氏的"胎教之功"是完全基于对佛教的信仰，而且其结果远远超过先代的"矜庄坐立，讽诵诗书"的方法：

夫人高晤玄微，深穷旨赜，常希潜运之力，用孚胎教之功。每占熊有期，设弧及月，辄严室斋戒，手写真经，竭力匮财，无非佛事。故得身相毕具，灾害不生，鞠之育之，以至成长。虽古之矜庄坐立，讽诵诗书，方斯神功，万不如一。[2]

与唐以前的有关怀孕的观念和实践相比，唐人更注重对妇女"孕而不育"以及"不育而死"的担忧及防备。唐代妇产科医书在数不少，据马大正的研究，至少有十四种唐代医书专题讨论妇科与产科[3]，

[1]《大戴礼记》卷48。
[2]《续集》天宝108。
[3] 包括《妇人方》十卷、《妇人方》二十卷、《小女方》十卷、《小女杂方》二十卷，俞宝的《小女节疗方》一卷、崔知悌的《产图》一卷、孙思邈的《崔氏产鉴图》一卷、许仁则的《子母秘录》十卷、昝殷的《经效产宝》三卷、杨归厚的《产乳集验方》三卷、时贤的《产经》一卷（或作二卷），以及王岳的《产书》一卷。见马大正《中国妇产科发展史》，陕西科学教育出版社1991年版，第110页。

而方药书籍中涉及妇产科者更多[1]，其中最有影响者当数孙思邈的《千金要方》。从这些书籍中我们可以看到唐人在妇女求孕、妊娠恶阻、胎动不安、因妊娠腰腹疼痛而引起的滑胎及妊娠水肿的治疗、对妊娠期间的传染性热病的预防，以及妊娠期间的生活调养等课题上比前人都有突破。[2]台湾学者李贞德指出，初唐时期医书中妇产科成分的剧增反映了中国妇产科突破阶段。[3]美国学者费侠莉（Charlotte Furth）也认为，虽然妇产科到宋代才成为一门独立的医学科目，宋人的妇产科知识却基本上传承了唐人的研究。[4]唐初妇产科的发展既是唐代社会稳定、经济繁荣的反映，也是对人口增长需求的一种适应。

不过，唐代妇女"作腹不孕""孕而不育"以及怀孕后"不育而死"的情况还是不少。《新唐书》记载道，唐玄宗之妃、寿王瑁之母惠妃曾"频妊不育"。[5]而唐墓志铭则记载了不少妇女终身不育的实例，虽然其中有些是因为丈夫早亡而终身守寡，但也有不少作腹不孕或孕

---

[1] 如孙思邈的《千金翼方》、王焘的《外台秘要》、日本丹波康赖的《医心方》、崔知悌的《崔氏纂要方》、苏游的《玄感传尸方》、孟诜的《必效方》《食疗本草》、甄立言的《古今录验方》、苏敬的《新修本草》、陈藏器的《本草拾遗》、唐玄宗的《开元广济方》、唐德宗的《贞元集要广利方》，以及亡名氏的《延年秘录》《近效方》等。见《中国妇产科发展史》，第110—111页。

[2] 参见《中国妇产科发展史》，第108—141页。

[3] 见李贞德《汉唐之间求子医方试探 —— 兼论妇科滥觞与性别论述》，载"中研院"历史语言研究所集刊第68本（1997）第2分，第283—367页。

[4] 参见费侠莉（Charlotte Furth）《盛阴：中国中世纪史中的社会性别，从960年到1665年》（A flourishing yin: gender in China's medical history, 960 - 1665），加利福尼亚大学出版社1999年版。全书对孙思邈有多处讨论。

[5] 《新唐书》卷82《寿王瑁传》。

而不育的情况。比如,在贞元年间的《唐故泗州长史试殿中监京兆田府君墓志铭并序》中,墓主田伾死于贞元三年(787),时年50岁,他的夫人冀氏死于贞元十一年(795),虽年龄不详,当也在50岁上下。因为冀氏"作腹不孕,□又无别息",故"以侄孙益继福其后",田伾与冀氏的丧事即是由过继的田益操办的。在贞观年间的《大唐故文安县主墓志铭并序》中,文安县主与工部尚书驸马都尉纪公之子段俨结婚七年后去世,其墓志铭描写她是"李径初华,梅林未实"[1],可见她也没有生育过。墓志中经常有类似的感叹来暗示墓主终身不育的境遇,如"积善余庆,岂曰虚哉""余庆虚语,与善徒欺""无三年之服者""己无有出",以及"当室无嗣子,向帐惟僮仆"等。[2]

唐代墓志铭中还有不少关于妇女在怀孕期间死亡的记载。比如,唐代中期建中年间的《郝氏女墓志铭并序》记载道,墓主郝闰十六岁时"侍巾栉于柱史李君之门",三年后有身孕,不幸的是她"怀孕八月而遭疾,弥留。以建中四年(783)八月七日终于河阳县花林里之私第,享年一十有九"。[3]在开成年间的《唐故崔夫人墓志》中,崔夫人的丈夫桂休源记载道,崔夫人名霞,字幼云,与桂休源结婚近八年才怀孕,但不久却不育而死:

(夫人)十岁通何论古诗,工为裁制之事。大和三年夏四月,归于

---

[1]《汇编》贞观147。
[2]《汇编》龙朔003、063,开元227,会昌041;《续集》贞元049。
[3]《续集》建中009。

我,凡奉养蒸尝之助,繄夫人之勤。……开成二年冬方娠有期,孕而不育,十二月乙卯,殁于洛阳利仁之里第,春秋廿四。[1]

　　在大历年间的《前左骁卫兵曹参军河南独孤公故夫人韦氏墓志》中,"孕而不育"直接导致了孤独及之妻韦氏的死亡:

　　夫人孝慈贞俭,温惠淑慎,文敏好礼,三者皆天机生知,不待师训而致。广德二年夏六月,归于我。衣服饮食,躬自菲薄,夙夜戒敬。致孝于荇菜,接娣姒以谦,驭幼贱以敬。敦善劝恶,恕不知而矜不能,喜怒未尝见于容止也。其德礼所化,宗族以睦,儿童知让。生一子,四岁而夭。大历四年(769)夏六月再孕不育,乙卯,殁于舒州。[2]

　　"孕而不育"还间接导致了柳宗元妻子的死亡。柳宗元在《亡妻弘农杨氏志》中写道,杨氏十三岁时嫁入柳家,后"素被足疾,不能良行。……未三岁,孕而不育,厥疾增甚。明年以谒医就药之便,来归女氏永宁里之私第。八月十日甲子,至于大疾。年始二十有三"。[3]从这篇墓志来看,虽然杨氏是"孕而不育"的第二年才去世的,但她的疾病的"增甚"是从"孕而不育"开始的。

　　十月怀胎之危难在唐代佛教文献中也有反映。比如敦煌变文

[1]《汇编》开成 013。
[2]《全唐文》卷 390。
[3]《全唐文》卷 591。

《父母恩重经讲经文》写道:"经云:阿娘怀子,十月之中,起座不安,如擎重担,饮食不下,如长病人。"其讲经文解释道:"此唱经文,是世尊重明怀任(妊)艰难也。准《花严经》说,我等身揽父母赤白二物,成此身形。此有五色,初生羯逻蓝方知我等于母腹内,受多少苦辛。阿娘形貌汪嬴。"又曰:

> 十月怀躭诸弟子,万苦千辛逐日是。
>
> 起坐朝朝体似山,施为日日心如醉。
>
> 凤钗鸾镜不曾捻,玉貌花容转枯悴。
>
> 念佛求神即有心,看花逐乐都无意。
>
> 十月怀躭弟子身,如擎重担苦难论。
>
> 翠眉桃脸潜消瘦,玉貌花容顿改春。
>
> 云鬓不梳经累月,镜台一任有埃尘。
>
> 缘贪保惜怀中子,长皱双眉有泪痕。
>
> 行叹恨,座悲愁,怀躭十月抵千秋。
>
> 心中不醉长如醉,意内无忧恰似忧。
>
> 闻语笑时无意听,见歌欢处不台头。
>
> 专希母子身安乐,念佛焚香百种求。[1]

学者大多认为这篇成文于七世纪的《父母恩重经讲经文》的目的在于

---

[1] 黄征、张涌泉《敦煌变文校注》,中华书局1997年版,第971页。

扩大佛教在下层民众中的影响[1]，近来，也有学者认为它实际上反映了作者对中国传统父系社会中"孝"观念的支持。[2] 但是它对十月怀胎的描写也从侧面反映了唐人对怀孕之艰辛的感受，这在唐以前的文字中是很少见的。

最后值得一提的是，据《唐律》，父母丧期中，子女不应有婚嫁与生育之事，但这个传承三礼的规定显然只是"具文"而已，它对唐人的生活似乎并没有什么直接的影响。比如在 1995 年出土于西安市东郊的《唐故朝请郎右卫骑曹参军马君墓志铭并序》中，墓志马璘于"贞元元年九月，丁国夫人（马璘之母魏国夫人房氏）艰"，一年多后，他自己因"哀毁成疾"而卒于贞元二年正月，死时，其妻清河崔氏已"遗体在妊"。[3] 而从他的妻子崔氏的墓志中，我们得知，崔氏在马璘殁后四个月的贞元二年五月去世，死前产下一女。[4] 由此可见，崔氏在魏国夫人房氏殁后不到一年就已怀孕。马璘和崔氏的墓志对马、崔两人不仅赞词有加，而且也不避讳他们"服内而怀"之事，想必《唐律疏议》中的"服内而怀者，依律得罪"[5] 只是道义上的约束，而并没有

————————

［1］见陈观胜（Kenneth Ch'en）《佛教的中国化》（The Chinese transformation of Buddhism），普林斯顿大学出版社（Princeton University Press）1973 年版，第 41 页。

［2］参见寇爱伦（Alan Cole）《中国佛教中的母子》（Mothers and sons in Chinese Buddhism），斯坦福大学出版社 1998 年版，第 132—158 页；郑阿财《〈父母恩重经〉传布的历史考察——以敦煌本为中心》，项楚、郑阿财主编《新世纪敦煌学论集》，第 27—48 页。

［3］见王育龙、程蕊萍《陕西西安新出土唐代墓志铭五则》，《唐研究》第七卷（2001），第 446 页。

［4］见《唐故左骁卫骑曹参军夫人清河崔氏墓志铭并序》，同上，第 447—448 页。

［5］《唐律疏议》卷 3《名例》。

真正的法律作用。


# 分　娩


唐代墓志铭中虽然有关于妇女"孕而不育"及"因产而亡"的记载，却没有直接反映妇女分娩前后的记载。不过，唐人的产科知识及其对生产过程的描述在医书中多有反映，李贞德认为："最晚到了唐代，已有包括分娩诸事的统一产图，而最迟到了宋代，产图已贴于产房内，安产、埋胞皆依图在房内进行。"[1]孙思邈的《千金要方·产难》强调道："凡生产不依产图，脱有犯触，于后母子皆死；若不至死，即母子俱病，庶事皆不称心。若能依图无所犯触，母即无病，子亦易养。"[2]王焘的《外台秘要》则详细描写了峦公北平阳道庆儿媳的分娩过程：


儿妇腹痛，似是产候。余（王焘）便教屏除床案，遍一房地，布草三四处，悬绳系木作衡，度高下，令得蹲当腋得凭，当衡下敷慢毡，恐儿落草误伤之。如此布置讫，令产者入位，语之坐卧任意，为其说方法，各有分理，顺之则全，逆之则死，安心气，勿怖强，此产亦解人语。

---

[1]参见李贞德《汉唐之间医书中的生产之道》，《"中研院"历史语言研究所集刊》第67本(1996)第2分，第545页。

[2]孙思邈撰，高保衡、林亿等校正，《千金要方》卷5，上海古籍出版社1991年版，第63页。

语讫闭户,户外安床,余共庆坐,不令一人得入,时时隔户问之何似,答言小痛可忍。至一更,令烂煮自死牝鸡,取汁作粳米粥,粥热,急手搅,使浑浑适寒温,劝令食三升许,至五更将末,便自产,闻儿啼声,始听人入,产者自若,安稳不异,云小小痛来,便放体长吐气,痛即止,盖任分和气之效也。庆问:“何故须食鸡肉汁粥?”答云:“气将下,恐肉体不卒消为妨。”问:“何故与粥?”答云:“若饥则气上,气下则速产,理不欲令气上故耳!”庆以此为产术之妙,所传之处,无不安也。[1]

　　佛教文献对妇女分娩过程也有大量描写,虽然其着眼点在于强调人生之苦,但也非常形象地反映了唐人的感受。比如《庐山远公话》写道,人生一世可以总结为“八苦交煎”,其第一苦乃为“生苦”,它包括婴儿在胎内时的痛苦以及母亲生育时的痛苦:

　　生身托母荫在胎中,临月之间,犹如苏酪。九十日内,然可成形,男在阿娘左边,女在阿娘右胁,贴着俯近心肝,禀气成形,乃受诸苦,贤愚一等,贵贱亦同。慈母之恩,应无两种。母吃热饭,不异镬汤煮身;母吃冷物,恰如寒冰地狱。母若食饱,犹如夹石之中;母若饥时,生受倒悬之苦。十月满足,生产欲临,百骨节开张,犹如锯解。直得四支体折,五藏疼痛,不异刀伤,何殊剑切。千生万死,便即闷绝,莫

--------

[1] 王焘《外台秘要》卷 33《产乳序论三首》,人民卫生出版社 1982 年版,第 924 页。

知命若悬丝,不望再活。须臾母子分解,血似屠羊,阿娘迷闷之间,乃问是男是女。若言是女,且得母子分解平善。若道是儿,总忘却百骨节疼痛,迷闷之中,便即含笑,此即名为孝顺之男。若是忤逆之子,如何分娩,在其阿娘腹内,令母不安,蹴踏阿娘,无时暂歇,忽居心上,忽至要间,五藏之中,无处不到。十月满足乃生,是时手把阿娘心肝,脚踏阿娘胯骨,三朝五日,不肯平安。从此阿娘大命转然,其母看看是死,叫声动地,似剑剜心。兄弟阿娘,莫知为计,怨家债主,得命方休。既先忍子,还须后死。即此为生。[1]

而在《父母恩重经讲经文》中,母亲生产时不仅"百骨节开张",而且还如同宰猪宰羊一般"血流洒地":

此唱经文,明产相貌也。孩子未降,母忧性命逡巡;及至生来,血流洒地。浑家大小,各自忙然,只怕身命参差,急手看其好恶。

月满初生下,慈母怀惊怕,

只恐命无常,赤血滂沱洒。

苦恼莫能言,是事都来罢,

保借若违和,便是身乖差。

生时百骨自开张,諕得浑家手脚忙。

未降孩儿慈母怕,及乎生了似屠羊。

---

[1]《敦煌变文校注》,第259—260页。

唐代妇女从结婚到第一胎的时间间隔大约多长？唐代墓志铭虽没有大量直接的材料，但是我们还是可以间接地作一些推测。在唐墓志铭中共有 171 篇同时记载了死者的结婚年龄及有过生育，但其中提到儿女年龄或生育时间的只有 19 篇。[1] 在这 18 篇墓志中，墓主早亡的占多数，18 位墓主死于 33 岁以前，一位死于 46 岁。在 46 岁以后去世的妇女的墓志中，没有一篇提到子女的年龄或墓志主的生育时间。在这 19 篇基础上计算出来的平均值为 2.9 年。[2] 值得指出是，这一数值并不真正具有统计学意义，因为：第一，记载妇女第一胎时间的墓志太少；第二，墓志所提供的数据往往不能精确到月份，所以其误差约为正负各半年。比如在《唐朝请郎前行陕州大都督府文学李瞻亡妻兰陵萧氏墓志》[3]中，李瞻写道：

> 夫人姓萧氏，兰陵郡人也。门风奋扬于百代，家声籍于四海。……年十八，归之于我。……以元和七年龙集壬辰七月一日终

---

[1] 它们是：《汇编》贞元 075、121，元和 015、073，长庆 007，开成 030、042，会昌 005，大中 022，咸通 005、040，乾符 017；《续集》大历 013，元和 040，大和 003，大中 066，咸通 003、011。

[2] 据美国学者泰尔福德 (Ted A. Telford) 的统计，明清以来，中国夫妇从婚礼到第一胎儿子间的平均间隔是六年半。见泰尔福德《清代中国的家庭与国家——桐城氏族的婚姻，1650—1880》(Family and state in Qing China：marriage in the Tongcheng lineage，1650 - 1880)，收于"中研院"近代史研究所编《中国近代史中的家庭程序与政治程序》(Family process and political process in modern Chinese history) 第 2 卷，"中研院"近代史研究所 1992 年版，第 924 页；《男性初婚年龄的共变——中国家族与历史人口学》(Covariates of men's age at first marriage：the historical demography of Chinese lineages)，《人口研究》(Population studies) 第 46 卷 (1992) 第 1 期，第 19—35 页。

[3]《续集》元和 040。

于商州官舍,疾也,享年二十三。有女子一人,曰璎珞奴,年始四岁。

萧氏与李瞻结婚约五年,女儿璎珞奴"年始四岁",则实际年龄当在二岁半至三岁半左右,以此推算时璎珞奴约在婚后一年半至两年半间出生,因而笔者在计算平均值时将她的出生定在两年。又如,咸通年间的《崔氏亡室李夫人墓志》写道:

> 有唐前乡贡进士崔凝亡室陇西李……皇考公仪,洪州都督府别驾。妣范阳卢夫人。咸通二年亲迎于邓州。八年六月廿七日殁于孟州汜水县,年二十五。有男一人,泳郎,五岁。[1]

这篇墓志虽然提到李夫人的死亡日期,但却没有记载她婚礼的年月或者她儿子泳郎的生日,我们只能大致估计李氏夫人与崔凝结婚有六年,而泳郎的实足年龄当在四岁左右,即他是在崔李成婚两年之后出生的。

　　从已育妇女的墓志来看,晚婚妇女的婚礼至生育的间隔期明显的要比早婚的妇女短。特别是结婚年龄在 20 岁以上的。比如大中年间的《唐北平田君故夫人陇西李氏墓志铭并序》记载道,李氏讳鹄,于大中十一年冬十一月嫁于前沧齐协律田宿,以大中十三年五月十九日寝疾,生一子字玉同,"始二岁"。[2] 看来李氏结婚后很快有了

[1]《续集》咸通 003。
[2]《续集》大中 066。

身孕,玉同可能最晚在大中十二年十二月生,也就是说,李氏婚礼至生育的间隔期在一年左右。而早婚者,如贞元年间十三岁结婚的京兆韦氏,往往要到生理完全成熟时才生育。在《大唐故朔方节度掌书记殿中侍御史昌黎韩君夫人京兆韦氏墓志铭》中,韦氏"年十三,执妇道于昌黎韩氏",而韩氏被吐蕃杀害时,"夫人时年始十有七矣。有女子一人,其生七月而孤",[1]可见,韦氏约在结婚三年之后才有生育。墓志中从结婚到第一胎间隔最长的是六年左右。《故京兆韦氏夫人墓志铭》写道:

　　夫人南阳张氏,曾祖晓,皇祠部郎中;祖伯尝,皇京兆府云阳县令;父沼,皇黔府观察使赠左散骑常侍。夫人即常侍之女。年十六,适京兆韦顼。如宾之敬,迨今十有八年矣。夫人天生婉淑,性本孝慈,恭竭宗亲,辛勤妇道,谓其福善,寿享期颐,遘疾有加,攻达无效,遽归泉壤,天不慭留。以大中二年十月十四日终于东都行修里之私第,享龄三十三。有女一人曰崔五,年十三;男二人,曰弥勒,年九岁;裴六,年七岁。以其年十一月十六日归葬于河南府洛阳县平阴乡邙山之原。悲夫!有生必终,自然至数,共尽之理,夫复何言!顼追痛靡及,词岂尽哀。铭曰:
　　洛水之北,邙山之阳,有淑德者,封乎此岗。[2]

---

[1]《汇编》贞元121。
[2]《汇编》大中022。

此志中,韦顼的夫人张氏去世时已结婚18年,其长女崔五却年仅十三岁,可见崔五是在张氏结婚后六年左右才出生。

唐代医书对产后调护多有建树,不仅强调食品及药品的得当,还十分注重产妇的生活环境及心理健康。[1]比如,孙思邈的《千金药方》提出:

凡妇人非止临产须忧,至于产后,大须将慎,危笃之至,其在于斯,勿以产时无他,乃纵心恣意,无所不犯。犯时微若秋毫,感病广于嵩岱,何则?产后之病,难治于余病也。妇人产讫,五藏虚羸,唯得将补,不可转泻,若其有病,不须快药,若行快药,转更增虚,就中更虚,向生路远。所以妇人产后百日已来,极须殷勤,忧畏勿纵,心犯触及,即便行房,若有所犯,必身反强直,犹如角弓反张,名曰蓐风,则是其犯候也。若似角弓,命同转烛。凡百女人,宜好思之,苟或在微不慎,戏笑作病,一朝困卧,控告无所。[2]

唐代有没有"坐月"的习俗?产妇分娩后一般休养多长时间?"坐月"一词并不见于唐人以及唐以前的医书[3],不过,汉代的《礼记·内则》中就有"妻将生子,及月辰,居侧室",以及分娩后三月之末

---

[1]参见《中国妇产科发展史》,第122—128页。

[2]《千金药方》卷10《虚损》,第71页。

[3]医书中最早提到"坐月"的是宋朝陈自明(1190—1270)的《妇人大全良方》。《妇人大全良方》共24卷,分为《调经》《众疾》《求嗣》《胎教》《妊娠》《坐月》《产难》《产后》等八门。见盛维忠等《精选中医妇科名著》,中国中医药出版社1996年版,第2—425页。

"妻抱子出自房""以子见于父"的规定。从分娩到"出自房"的三个月中,产妇及新生儿均由保姆照料。这当是坐月子习俗的最早记载。李贞德指出:"从先秦到唐代的医书中,对于分娩后的各种不适,皆以'产后'病称之。至于'产后'所指为何,则有三日、七日、三十日、满月、百日、半年甚至一年的各种说法。"[1]不过,从唐代法律来看,百日似乎是一个界限。《唐律·断狱》规定妇人怀孕期间及产后百日不能拷决,"若未产而拷决者,杖一百","产后未满百日而拷决者,减一等"。《疏议》曰:"妇人怀孕,犯罪应拷及决杖笞,皆待产后一百日,然后拷决。若未产而拷及决杖笞者,杖一百。"[2]

　　回娘家坐月子的习俗在唐代即已存在。比如,大中年间的《唐故留守李大使夫人曲氏墓志铭并序》[3]中提到,当曲氏的女儿云卿怀孕时,曲氏写信给女儿提醒她"分娩之月,不惮省亲之劳"。又如,在《玄怪录·齐饶州》中,饶州刺史齐推的女儿嫁与湖州参军韦会,长庆三年,韦会"将赴调",但他的妻子怀孕在身,不便随行,于是便决定回娘家生养。[4]

## 因产而亡

　　因产而亡是自古至前现代各社会中育龄妇女死亡的首要原因。

［1］李贞德《汉唐之间医书中的生产之道》,第558页。
［2］《唐律疏议》卷30,第495条。
［3］《汇编》大中160。
［4］《玄怪录》卷3。

在古希腊,因产而亡是斯巴达社会的一个巨大心理负担。斯巴达政府规定:男性在战争中牺牲者及女性因产而亡者的名字应被铭刻在石碑上。此外,许多古希腊时代的阿提卡墓碑刻画了妇女分娩的情景,这些当是死者因产而亡的记录。[1] 据杰力斯(Jacques Gélis)对1776—1786 年间法国霍特尔—迪尤医院(Hôtel-Dieu)档案的研究,在 18 世纪法国,除去难产之外,仅产蓐热就导致 6.4% 产妇的死亡。[2] 此外,根据利维特(Judith Walzer Leavitt)的统计,在 1900 年前后的美国,每 154 个分娩事件中就有一个因产死亡的事故,照此推算,如果一个妇女一生中平均生养五个孩子的话,那么百分之三的妇女会在她们的育龄期内死于分娩。[3]

　　西方学者统计因产死亡比率的方法可以大致分为两种。一种是在直接的死亡记录基础上做统计,这类记录包括政府档案中明确记

[1] 见迪曼德(Nancy Demand)《古典希腊的生育、死亡、与母性》(Birth, death, and motherhood in classic Greece),约翰斯·霍布金斯大学出版社 1994 年版,第121—134 页。

[2] 见杰力斯 (Jacques Gélis)《生育史》(History of childbirth),莫力斯(Rosemary Morris)译,美国东北大学出版社 (Northeastern University Press)1991 年版,第247 页。

[3] 见利维特(Judith Walzer Leavitt)《美国的妇女与保健——历史读物》(Women and health in America: historical readings),魏斯康辛大学出版社 (University of Wisconsin Press) 1999 年版,第 25 页。不过也有学者认为,历史学家对前现代时期妇女因产而亡的研究夸张了历史现实。比如,在《母亲们真的死了吗?〈我们所失去的世界〉中的三个世纪的产妇死亡率》(Did the mothers really die? three centuries of maternal mortality in the world we have lost)一文中,肖非德(Roger Schofield)认为,虽然前现代社会的妇女死于分娩的危险大于现代社会,但其死亡率比我们所想象的要低得多。见 邦非德 (Lloyd Bonfield)、斯密施 (Richard M. Smith)、赖特森 (Keith Wrightson)编《我们所获得的世界——人口与社会结构的历史》(The world we have gained: histories of population and social structure),布莱克维尔出版社 (Blackwell Publishers)1986 版,第 260 页。

载死因的死亡名单（bills of mortality）及人口动态登记录（vital registers）。另一种方法是在缺乏直接记录的情况下间接推算，比如，妇女在分娩后一个月内死去者往往会被列为因产而亡。[1] 在唐代墓志铭中，明确提到墓志主因产而亡的只有三篇。第一篇是开成年间的《顿丘李公彭城刘氏夫人墓志铭并序》。其志文写道：

> 懿范闺闱，聿修家道，习勤积功，信蘁谷之美喻；处贞执礼，规慝野之可俦。邕邕四德，已闻琴瑟之调；落落七篇，伫守贤□之戒。令问备已，又何加焉。夫人曾祖讳胜之，皇大理寺丞；祖讳初，皇试大理评事，从事南海，为观察判官。父讳重咏，皇试太子通事舍人；代袭庆余，簪绂莫坠，皆执宪孤立，钦礼束身，直而不挠，动必励志。夫人即舍人仲子也。
>
> 自十八适于公，移天就君，义重同穴，松萝互映，贞条合茂，岁弥逾操，相敬如宾。夫人享年二十九，唐开成五祀，岁当庚申，六月卅日，因负蓐劳，终于江阳县延喜里私第。夫人出一男名崇德，始龆之年，天资聪惠，孜孜习读，不言寒暑；一女生才六日，未立小字，孤孤□然，无已过也。燆龟告吉，以明月廿三日葬于当县弦歌坊东，礼也。□以虞陵更迁，纪□贞物。[2]

在以上这篇墓志中，刘氏与李公结婚 11 年，生一男一女，于开成五年

---

[1] 参见肖非德《母亲们真的死了吗？〈我们所失去的世界〉中的三个世纪的产妇死亡率》，第 233 页。

[2]《汇编》开成 042。

(840)六月三十日生下女儿后的第六天因产蓐病而去世。第二篇提及因产而亡的墓志记载了大中年间宫女赠才人仇氏的"蓐祸"。《故南安郡夫人赠才人仇氏墓志铭并序》记载道,仇氏"初以才貌,选充后宫",因宣宗皇帝宠遇而得"行止侍随"。她先为宣宗生下一女,但在大中五年(851)五月十八日生下一男之后,"未涉逾旬,蓐祸斯至",死时年仅二十四岁。[1] 宣宗有十一子、十一女,但史书除了对懿宗皇帝之母(元昭太后)有明确记载外,其余的母亲皆不知其姓氏以及在宫中的身份[2],因此,仇氏的墓志铭不仅为我们提供了宝贵的生育史资料,还弥补了唐史中的一个空缺。

　　第三篇提及因产而亡的是咸通年间河中节度押衙兼后院将兵马使唐思礼撰写的《亡妻太原王夫人墓志铭》。文中叙述道,王氏十七岁嫁给唐思礼,至二十三岁才生下第一胎。她的儿子是咸通三年(862)十一月十六日初夜出生的,不幸的是,"及二更,不育。夫人方在蓐中,而伤惜之情,不觉涕下。三更,夫人无疾,冥然而终于河中府官舍"。[3] 虽然此志称王氏"无疾而终",但它又详细地记下了她生产的确切时间(初夜)、婴儿"不育"的时间(二更)以及王氏本人去世的时间(三更),其目的显然是要说明王氏的真正死因是分娩。虽然笔者尚没有找到唐人忌讳因产而亡的记载,但从这篇墓志对王氏死因的表述方法以及记载因产而亡的墓志数量极少的现象来推测,唐

---

[1]《汇编》大中 055。

[2] 参见《新唐书》卷 82《十一宗诸子传》,卷 83《诸帝公主》。《十一宗诸子传》记载道:"宣宗十一子:元昭太后生懿宗皇帝,余皆亡其母之氏、位。"

[3]《续集》咸通 011。

人很可能认为妇女死于分娩是不吉利的。

此外,如果我们将虽未明确记载"因产而亡"但产妇在分娩不久死去的墓志也计算在内的话,那么,唐墓志中因产而亡之数就增至八例。比如,在开元年间的《大唐河南府君阳县录事乐安蒋敏故妻清河张氏墓志并序》中,张氏与蒋敏生有一男一女,但张氏在生下女儿后不久即"寝疾"而卒,时年三十二岁。其墓志感叹道:"始欢弄瓦永荣,倏奄鼓盆之祸。"[1]在天宝年间的《大唐前汉中郡都督府西□李少府公故夫人扶风窦氏墓志铭并序》中,张氏生下儿子李总后七日后"遽奄百龄"。[2]第三篇记载产妇在分娩后不仅死去的墓志是大历年间的《前京兆府蓝田县丞窦公夫人弘农杨氏墓志铭并序》,它记载道,杨氏夫人(讳莹、字谛听)曾抱病多年,"及生子,寝疾弥留,大历十二年(777)三月,终于洛阳殖业里之旅舍,春秋卅有一"。[3]此外,在元和十三年(818),柳宗元的外甥女崔蹈规死于分娩后一个月。柳宗元在《唐郎州员外司户薛君妻崔氏墓志》中写道:

唐故永州刺史博陵崔简女,讳蹈规,字履恒,嫁为郎州员外司户河东薛巽妻。……元和十三年五月廿八日,既乳,病肝气逆乘肺,牵拘左腋,巫医莫能已。期月之日,洁服饰容而终,享年三十一,归于薛凡七岁也。[4]

[1]《汇编》开元539。
[2]《汇编》天宝133。
[3]《汇编》大历053。
[4]《续集》元和075。

最后一例是大中年间卢知宗为他的妻子撰写的《唐故荥阳郑夫人墓志铭并序》。卢知宗记载道，卢郑两人结婚十年，生有三男二女。郑氏在大中七年(853)十月二十五日生下小女儿后，"浃月遘病"，卒于十二月二十四日，享年仅二十三。

除了以上这五篇间接提到"因产而亡"的墓志外，也有一些墓志提到墓志主死去时，她的孩子十分幼小，他们或"犹未胜衣"，或依然"在褓"，或"呱呱父傍"，或"藐然始孩"，或幼而"未名"。[1]

不过与西方学者的研究结果相对照，唐代妇女的"因产而亡"的比率远远低于世界史上其他任何一个前现代社会中的比率。这个现象是不是唐代妇产科的发达所带来的呢？唐代墓志有没有隐略妇女"因产而亡"的真相呢？要解开这些难题我们必须寻找一个新的统计"因产而亡"比率的途径。所幸的是，唐代墓志中记载死者的死亡年龄的材料十分丰富，从这些墓志中我们可以勾勒出唐代男女性死亡年龄的分布。我们发现，唐代男性的死亡年龄分布是逐渐递增的，其死亡高峰是在 60 至 70 岁之间(参见图 9.1"唐代男性死亡年龄分布")。与之相反，唐代妇女的死亡年龄有两个高峰。第一个死亡年龄高峰与妇女生育年龄高峰正好相吻合，在 22 岁与 27 岁之间，而第二个高峰则与男性的死亡年龄高峰接近，在 60 与 70 岁之间(参见图 9.2"唐代女性死亡年龄分布")。

***

[1]《续集》开元 132、138，大和 139、042。

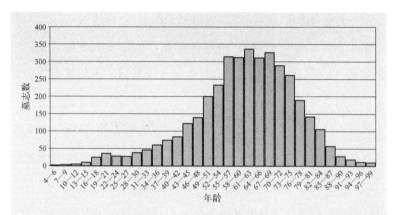

图9.1　唐代男性死亡年龄分布*

* 在3 850篇记录男性死亡年龄的墓志中，有五篇记录了死者的年龄在100—108岁之间。

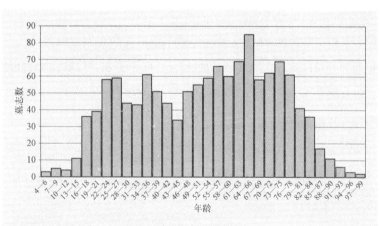

图9.2　唐代女性死亡年龄分布*

*在1 304篇记录妇女死亡年龄的墓志中，有一篇记录了死者的年龄为108岁。

现在再来看看一些更具体的数字。在 3 850 篇记录男性墓志主死亡年龄的唐墓志铭中,墓主死于 16 至 45 岁者有 540 篇,占总数的 14％。但是在 1 304 篇记录女性墓志主死亡年龄的唐墓志铭中,墓主死于 16 岁至 45 岁者有 469 篇,占总数的 36％。也就是说,在唐代,育龄妇女的死亡率要比相同年龄男性的死亡率高一倍多。此外,唐代男性的平均寿命是 60.6 岁,而女性的平均寿命却是 52.1 岁,其差别在 8.5 岁之多。然而,如果一位妇女活过她的育龄高峰时期(36岁),她的寿命往往比男性平均寿命长。

如果我们将唐代男女性的平均死亡年龄按年代来统计的话(参见表 9.1"唐代男女性平均寿命差别的变化";图 9.3"唐代男女性平均寿命变化的对照"),我们会发现唐初以来妇产科的发展对"因产而亡"的防止并没有起到很大作用。相反地,从唐初至唐末,男女性之间的平均死亡年龄的差别越来越大。在墓志数较多的 651—660 年间,唐代男女性的死亡年龄的差别是 -0.43,也就是说,女性比男性的平均寿命长半年。但是在 721—730 年,其差别遽增至 10.81,也就是说,男性的平均寿命比女性要长近 11 年。在安禄山叛变的年代里及其以后的二十年,男性的平均寿命比女性长 12 年。这一差别在唐末达到高峰,在881—900 的二十年间,男性的平均寿命比女性的平均寿命长 16.3 岁。

表 9.1　唐代男女性平均寿命差别的变化 *

| 年　代 | 男　性 | | 女　性 | | 差　别 |
|---|---|---|---|---|---|
| | 墓志数 | 死亡年龄 | 墓志数 | 死亡年龄 | |
| 611—620 | 34 | 56.47 | 5 | 44.8 | 11.67 |
| 621—630 | 41 | 61.05 | 6 | 54.83 | 6.22 |

| 年　代 | 男　性 | | 女　性 | | 差　别 |
| --- | --- | --- | --- | --- | --- |
| | 墓志数 | 死亡年龄 | 墓志数 | 死亡年龄 | |
| 631—640 | 95 | 59.76 | 20 | 59.9 | −0.14 |
| 641—650 | 162 | 60.24 | 29 | 57.59 | 2.65 |
| 651—660 | 272 | 63.1 | 86 | 62.67 | 0.43 |
| 661—670 | 252 | 62.56 | 85 | 57.89 | 4.67 |
| 671—680 | 203 | 60.64 | 63 | 62.02 | −1.38 |
| 681—690 | 177 | 58.82 | 51 | 57.82 | 1 |
| 691—700 | 206 | 60.77 | 42 | 59.88 | 0.89 |
| 701—710 | 161 | 61.68 | 64 | 56.02 | 5.66 |
| 711—720 | 133 | 62.1 | 39 | 53.72 | 8.38 |
| 721—730 | 196 | 62.22 | 39 | 51.41 | 10.81 |
| 731—740 | 177 | 60.06 | 68 | 50.35 | 9.71 |
| 741—750 | 185 | 60.09 | 53 | 50.19 | 9.9 |
| 751—760 | 136 | 60.68 | 52 | 53.13 | 7.55 |
| 761—770 | 76 | 58.03 | 19 | 46.05 | 11.98 |
| 771—780 | 83 | 60.3 | 25 | 48.56 | 11.74 |
| 781—790 | 71 | 59.07 | 29 | 54.41 | 4.66 |
| 791—800 | 126 | 60.3 | 45 | 51.47 | 8.83 |
| 801—810 | 159 | 60.35 | 66 | 48.24 | 12.11 |
| 811—820 | 154 | 60.61 | 60 | 46.52 | 14.09 |
| 821—830 | 122 | 60.58 | 41 | 46.54 | 14.04 |
| 831—840 | 111 | 59.04 | 61 | 45.15 | 13.89 |
| 841—850 | 114 | 60.77 | 70 | 48.91 | 11.86 |
| 851—860 | 97 | 59.46 | 65 | 44.05 | 15.41 |
| 861—870 | 89 | 56 | 60 | 43.15 | 12.85 |
| 871—880 | 75 | 56.83 | 41 | 42.46 | 14.37 |
| 881—890 | 21 | 58.9 | 7 | 62.43 | −3.53 |
| 891—900 | 19 | 58.47 | 6 | 42.17 | 16.3 |

　　* 在记录男性墓志主死亡年龄的墓志铭中,20篇墓志铭提及墓志主死于611年之前,4篇提及墓志主死于900年之后。在记录女性墓志主死亡年龄的墓志铭中,2篇墓志铭提及墓志主死于900年之后。

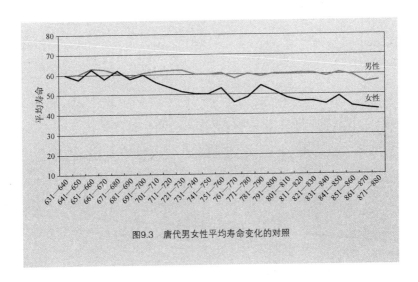

图9.3　唐代男女性平均寿命变化的对照

　　如果我们将在育龄阶段去世的唐代妇女按年代来排列的话(参见图9.4-7,初唐、盛唐、中唐、晚唐时期妇女死亡年龄),那唐代男女性平均寿命差别递增之谜就不解而开了。很显然,唐代育龄女性的死亡比率随着唐代的渐趋衰落而剧增。

　　从图9.4-7我们可以看出,唐代育龄妇女的死亡率在唐中期以后明显增加,到了唐晚期,育龄期的死亡率甚至超过了正常死亡的高峰期(60—70岁)。此外,我们可以进一步将这些数据换算成百分比。在唐代初期,有25％的妇女死于育龄阶段(16—45岁),而盛唐时期40％妇女死于育龄阶段,中唐时的比率是38％,晚唐的比例增至46％(参见表9.2"唐代育龄妇女死亡率的变化")。

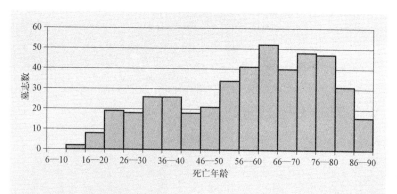

图9.4 初唐时期（618-713）妇女死亡年龄

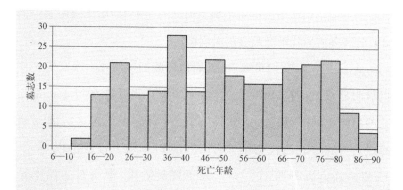

图9.5 盛唐时期（714-766）妇女死亡年龄

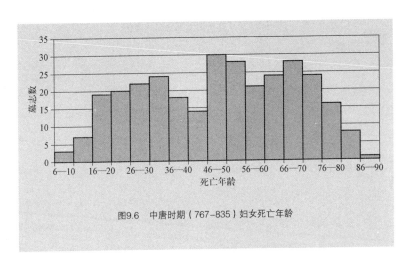

图9.6　中唐时期（767–835）妇女死亡年龄

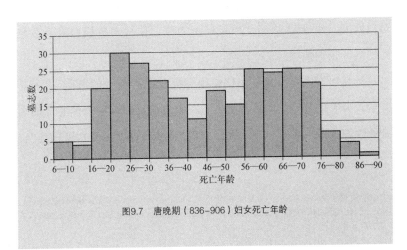

图9.7　唐晚期（836–906）妇女死亡年龄

表 9.2　唐代育龄妇女死亡率的变化

| 时　期 | 墓志数 | 死于育龄的墓志数 | 比　率 |
|---|---|---|---|
| 初唐 | 457 | 116 | 25.38% |
| 盛唐 | 253 | 102 | 40.32% |
| 中唐 | 307 | 117 | 38.11% |
| 晚唐 | 278 | 127 | 45.68% |

　　"因产而亡"并不是唐代社会的特殊现象,中国古代史中历代妇女死于分娩一定为数不少。据李贞德对六朝墓志铭的研究,六朝妇女死亡年龄的高峰在 20—30 岁间,说明妇女"因产而亡"的现象在六代一定很普遍。[1] 又如,伊沛霞指出,在宋朝,贵族妇女因产而亡的并不少见,文人官员对此现象并不避讳。[2] 不过,唐代墓志铭所反映出的因产而亡现象,不仅证明了它是前现代史中的一个普遍现象,而且还为我们研究因产而亡与社会状况的关系提供了宝贵的材料。唐朝育龄妇女死亡率的变化表明,社会动乱对妇女生活的影响要比对男性大。战争、人口流动以及经济的波动使得育龄妇女成为最容易受到冲击的牺牲品。

　　虽然唐文人作品及墓志铭中很少提及因产而亡的事例,唐人对怀孕及分娩的危险的恐惧却无处不在。最能反映这种恐惧心理的当是敦煌愿文中的患难月文。在已整理的敦煌文稿中,有六篇题为"难

[1] 李贞德 (Jender Lee)《六朝妇女的生活》(The life of women in the Six Dynasties),《妇女与性别研究杂志》(Journal of women and gender studies)第 4 辑 (1993),第 47—80 页。
[2] 伊沛霞《内闱:宋代妇女的婚姻和生活》,第 73 页。

月文"的愿文[1]，显然是有孕妇的家庭在她怀胎近十月之际到佛寺向佛像祈求平安时所念的文字。比如《敦煌愿文集》所收"难月文"写道：

若夫至觉幽深，真如绵邈；神功巨测，未证菩提。外献七珍，遂舍转轮之位；内修万行，方证无上之尊。然今施主焚香意者，奉为某人患难之所施也。患者乃遂因往劫，福凑今身；感得妇人之身，难离拓胎之患。今者旬将已满，朔似环周；虑恐有伤毁之酸，实惧值妖灾之苦。故即虔心恳切，望三宝以护持；割舍珍财，仰慈门而启颡。

伏闻三宝是济危拔苦之能人，大士弘悲，无愿不从而惠化。以斯念诵功德，总用庄严患者即体：惟愿日临月满，果生奇异之神；母子平安，定无忧嗟之厄。观音灌顶，得受不死之神方；药上拔摩，垂惠辰长之味。母无痛恼，得昼夜之恒安；产子仙童，似披莲花而化现。又持胜福，次用庄严施主合门居眷等：惟愿身如松岳，命等山河；福广惠深，弥增佛日。然后四生离苦，三有获安；同发菩提，成正觉道。摩诃云云。[2]

这种孕妇临产前家人惶惶不安的情景在五代诗人林楚翘的《禅门十二时曲》中被描写真切："悲孕妇，日将至，停烛焚香告天地。性命惟

---

[1] 它们是 S. 1441、S. 4081、S. 5561、S. 5593、S. 5957，以及北 7069。其中 S. 5561、S. 5593 及 S. 5957 文字几乎相同。
[2] 见黄征、吴伟《敦煌愿文集》，岳麓书社 1995 年版，第 56 页。

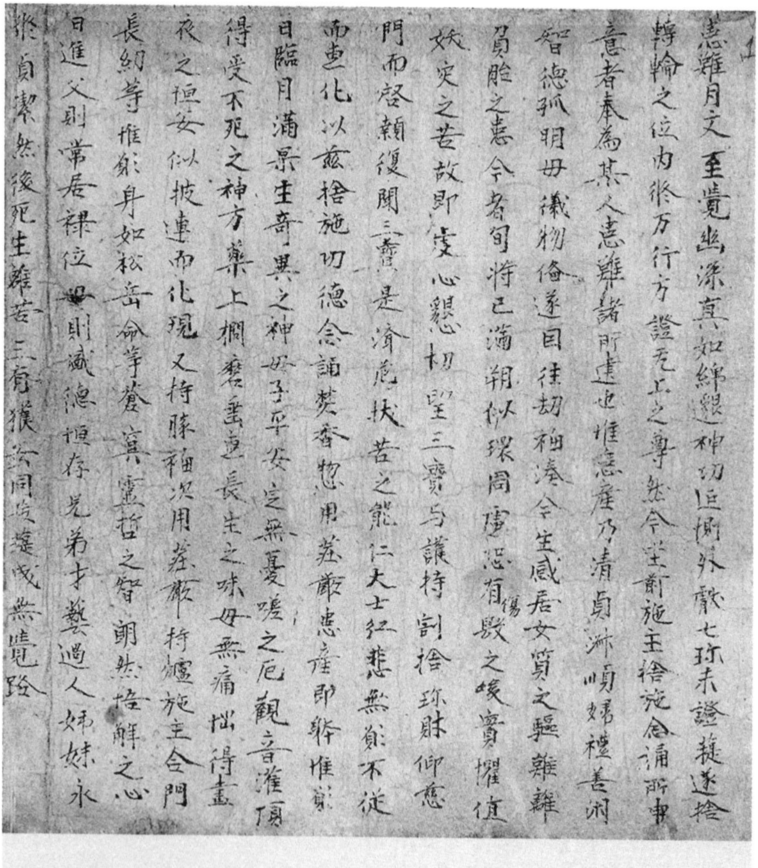

T9-1 患难月文（S.1441）

忧倾刻间,浑家大小专看侍。"[1]然而拜菩萨并没有减缓因产而亡的危险。在敦煌愿文中,有这样一篇专为因产亡而撰写的愿文:

> 惟灵貌逾南国,资越东邻;全范天生,规□自举。班氏之风光于九族,孟母之德福于六姻。将谓□天比寿,至圣齐年;何期天降斯祸,灵为灾,因产归于巨夜。嗟呼!骊珠未见兮并骊龙没,子母未分兮果柯摧。原夫生灭理常,始终寻迹;圣且未免,人其若何?是以元兴大患之嗟,仲尼有逝川之叹。去留运往,其大矣哉。[2]

这篇题为"因产亡事"的愿文描写了产妇难产以至母子双亡的情形,读来令人感叹。它也从侧面反映了因产而亡在唐代的普遍性。这种对"因产而亡"的恐惧心理还是民间产妇死者家属面戴青痣以避灾的习俗的起因。[3]

值得指出的是,墓志铭中所反映的"因产而亡"现象并不能代表整个唐代社会的妇女生育状况。因为墓志铭主多出自贵族家庭、嫁入贵族家庭,一般来说,体格都较为娇弱,难产的比例当比下层妇女

---

[1]《全唐词·林楚翘》。

[2] S.2832《因产亡事》,《敦煌愿文集》,第86页。

[3]《酉阳杂俎》前集卷8《黥》曰:"百姓间有面戴青痣如黥,旧言妇人在草蓐亡者,以墨点其面,不尔,则不利后人。"《唐五代笔记小说大观》,第616页。王焘在《外台秘要》卷33《产乳序论三首》中曾提到,峦公阳道庆之"一妹二女,并皆产死,有儿妇临月,情用忧惧",可以说是这种对因产而死的恐惧的最好证明。《外台秘要》,第923—924页。

要高。[1] 菊迪施・路易思(Judith Lewis)指出,英国贵族妇女"因产而亡"比例大约在5%左右,比当时平民妇女的比例高。除了她们体格娇弱,还有其他一些原因:一是助产医生的干预;二是贵族妇女往往早婚,而早育往往比晚育的死亡比例高;第三,贵族家庭往往雇用奶妈以增加贵族妇女的生育率,而怀孕次数越多、间隙越短,孕妇的身体就越虚弱,这也是贵族妇女因产而亡的比例高的重要原因。[2] 这一研究似乎与唐代情况吻合,比如,王焘的《外台秘要》描写道:"其产死者,多为富贵家,聚居女妇辈,当由儿始转时觉痛,便相告,傍人扰扰,令其惊怖。惊怖畜结,生理不和,和气一乱,痛切唯甚。傍人见其痛甚,便谓时至。或有约髻者,或有力腹者,或有冷水潠面者,努力强推,儿便暴出。畜聚之气,一时奔下不止,便致运绝。"[3] 王焘甚至称:"侄女偷生,贱婢独产,未闻有产死者。"[4] 由此可见,墓志中所反映的"因产而亡"比例当比唐代妇女的平均"因产而亡"比例高。

　　总而言之,唐代有关生育的观念、实践和现实具有非常强烈的时代特征。第一,唐代是中国史上妇产科走向独立学科的一个开端,它是唐初社会安定和人口急剧增长之下的一个自然的结果。第二,佛教显然对唐人有关生育的观念和实践产生了重大的影响。唐人不仅

<hr>

[1] 参见路易斯(Judith Lewis)《做一个贵夫人是一种不幸——1558—1959间英国贵族中的因产而亡》("Tis a misfortune to be a great ladie": maternal mortality in the British aristocracy, 1558 - 1959),《英国研究杂志》(The journal of British studies)第37卷(1998)第1期,第26页。

[2] 同上,第26—53页。

[3] 王焘《外台秘要》卷33《产乳序论三首》。

[4] 同上。

认为妇女崇信佛教会对胎儿有益,而且还普遍在女性怀孕和分娩前后向佛祈求保佑。第三,唐代女性因产而亡比例的前后变化是与唐代社会从繁荣走向衰落平行的。

第十章

子 女

久不见汝，想念盈怀。

大寒，汝等佳吉。

吾如常，念自爱慎，勿使吾忧。

未卜见汝，忆念空多。

因使遣书不多。

娘书付某省。

月日准上。

——敦煌文稿《与男女书》

# 生育率

唐代妇女的生育率是多少？我们能不能从墓志铭的材料中推算出一个准确的数值来？唐代妇女的生育率有什么特征？这些特征说明了什么问题？在回答这些问题之前，让我们先来看看贞元年间嗣曹王李皋之妃崔氏的墓志铭：

大唐贞元十三年夏六月乙卯廿二日景子，故山南东道节度观察处置等使兼襄州刺史、御史大夫、检校户部尚书赠尚书右仆射嗣曹王妃清河崔氏，遘祸于长安宣阳里私第，享年五十六。明月十九日，孤子道古、师古、执古泣血千里，扶护东归。以八月甲寅十七日庚午迁祔于旧茔，实河南邙山乐乡原，从周礼也。

妃讳无生忍，字无生忍，古先受氏，其太公之后乎？清名右族，善地封君，海岳拥休，忠贤济美，肆群龙接彩，朋龟束灵，葳蕤篆图，乌弈今古，自东莱徙居清河，廿九代至守道不仕知隐，卅代至尚书工部员外郎珪璋，天宝初进士及第，文华籍甚，鹰扬河朔。妃即工部第八女也。钟庆德门，嗣徽公族，柔明清慎，克举令范。嗣王出自太宗文皇之昭，附日月之重光，据公侯之大贵，威烈竞爽，冠于东藩，申以清俭，集于董华，礼让役于显贵，忠孝不坠，躬勤素风，世之望族，如旧婚媾，故妃年十有九归于我氏，事太妃以孝闻。弘娴瑟以自牧，馈奠之慎，光而有仪；祎翟之诚，敬如不及。洎嗣王四任分忧，五膺联帅，言扶衰俗，色励扛朝，金鼓建东至之勋，彤弓锡河间之德，望以为重，依以为强，则妃承方伯之华庆，袭真王之配，礼敬逾下，家邦有闻，故耳不容于郑卫之音，目不悦于组绣之丽，符彩润色，金华发挥，熙熙善心，专一忠恕。俾仁良自泰，慺鸷且柔，惠训多方，听聆知劝。其容止也，若青莲出水，映红紫而破彩；秋月澄晖，照单市而逾静。盈正之信，观盥之微，纵心不逾，亡礼必中，实壶训之仪表也。若乃务中馈鸡鸣之弼，保嗣王龙节之尊，事不外明，道弘内赞，则语于粢盛笾豆而军令补焉，顾于组纴琴瑟而邦政刑焉。曲突祸先，滥觞福始，威仪之则，视显而褒微；言笑之欢，誉一而诫百。莫不总于心极，制在清衷，通而有方，柔不可夺。

贞元初，因视子疾，至于京师，天子褒重令仪，特加封号，宠光宣于旧邸，礼命崇于本朝，优问降临，好赐相望。妃乃曰："余山东之风，以礼乐自守，褒显爵号，非余始望。况德不及于先姑，行无光于后嗣，岂余之福也！"呜咽累日，荷之若惊。诸女廿四娘、五娘、六娘，咸以门训托于君子。诸子太古、象古、道古、师古、执古，孟母之爱，期于日新。呜呼！以妃仁德之报，是膺恒文之贵，所宜有令子享其禄，有淑

孙及其养。大福不再，苍苍者何？后嗣王六年而殁。门子道古愚昧
在疚，不敢自极，祗驯襄事，哭识沈楚。铭曰：

东莱华胄兮昭令德，柔明仁惠兮宜曹国。光启封崇兮外无饰，蠲
洁蒸尝兮成内则。天命难知兮神不测，空庭奄忽兮棠阴息。望望皇
皇兮窈冥默，揭竿求海兮哀无极。千龄万代兮同此时，流水远去兮山
微微。霓裳不返兮丹旐飞，林峦徊伏兮环相依。哭无声兮泣无泪，恩
周极兮魂何归？秘岁台兮与终古，托幽志兮昭崇徽。[1]

　　这篇题为《唐故嗣曹王妃清河崔氏墓志铭并序》的墓志铭描写了
崔氏的荣耀一生。崔氏出生于望族，父亲曾任尚书工部员外郎。她
19岁嫁与嗣曹王，56岁去世，生前受到德宗的褒重和赐封，又育有三
女五男。从这篇墓志来看，崔氏的一生似乎是典型的唐代贵族妇女
的写照。但是，细读墓志文，我们发现，崔氏"诸子"中的太古和象古
可能并不是她的亲生子。墓志的第一段讲到，扶护崔氏灵柩东归的
是"孤子"道古、师古、执古。而且，墓志末还强调"门子"道古主持了
她的葬礼。如果太古和象古不是崔氏亲生子的话，那他们的母亲是
谁呢？廿四娘、廿五娘、廿六娘是不是崔氏的亲生女儿呢？所幸的
是，崔氏的丈夫嗣曹王李皋的墓志也流传了下来，为我们提供了了解
唐朝妇女生育率极好的参考材料。

　　崔氏丈夫的墓志铭题为《有唐山南东道节度使赠尚书右仆射嗣

[1]《汇编》贞元094。

曹王墓志铭并序》,志文写道:

> 王先娶妃琅琊王氏,早世;今妃清河崔氏,苹蘩浣濯,令仪令色,鹊巢之化,著于家邦。王有男七人,华而不实者二,秀而有光者五,曰太古、象古、道古、师古、遵古,并业文励学,自拾青紫,而道古擢秀才第,又献书金门,授秘书省校书郎,充集贤校理,有以光昭严训而齐美熏华者也。女三人:一适琅琊王郎;次适博陵崔至。嗣子道古等以其年三月廿有三日,护丧归于洛阳,以五月十二日克葬于河南县平乐乡之原。[1]

从这篇墓志中,我们得知崔氏并不是嗣曹王李皋的第一任妻子。李皋先娶王氏,王氏去世后再娶崔氏。此外,我们还得知李皋共有七个儿子,其中两个儿子夭亡。这两个儿子在崔氏的墓志中却并没有提到。更有意思的是主持李皋葬礼的是"嗣子"李道古,而不是太古、象古,可见太古、象古不一定是明媒正娶的王妃琅琊王氏所生,而三个女儿也并不一定都是崔氏所生的,因为她们已"咸以门训托于君子"。《唐故嗣曹王妃清河崔氏墓志铭并序》与《有唐山南东道节度使赠尚书右仆射嗣曹王墓志铭并序》两文的对照,使我们对唐墓志铭中所反映的生育率有一个约略的估价:虽然它并不是唐代妇女生育率的准确体现,但现代读者还是可以从中了解到一个大概,并藉此探索其历

[1]《汇编》贞元093。

史特征。

事实上,许多唐墓志铭或明确记载所生子女中未成人者,或分别记载前后所娶之妻的子女。比如咸通年间的《唐故太常少卿清河崔公故夫人荥阳郑氏合祔墓志铭并序》记载道:"(崔郑夫妇)有子五人。长女适京兆韦词,先夫人七岁而殁。长男及第三男皆未名而终。第二男漳,前郑州参军。第四男庆。"[1]

由此可见,在出生三个月之前(未名)夭折的婴儿也会被列入墓志。未成年而死的子女是否列入墓志可能取决于作者与死者的关系:关系越近,对死者越了解,夭亡子女列入的可能性越大。比如,《唐代墓志汇编续集》中搜集了两篇为段庚(字甚夷)作的墓志铭,一篇是由他的亲弟段廓撰写的,一篇是由他的堂弟段雍撰写的。前者在墓志铭中提到段庚"有女三人:长曰岐,先公九年早世。次曰龙、曰婉。有男一人,曰士和"[2],后者却写道,段庚"生一男曰和,年五岁;女二人,曰龙,曰婉,未笄"[3],并没有提及段庚的长女段岐。

分别记载前后妻所生子女的墓志也很多,而且男女性墓志都有。比如元和年间的《唐故陇西郡太夫人李氏墓志铭并序》写道:

> (李氏)年始合礼,归于我先人皇大理司直兼睦州桐庐县令府君讳□。府君前娶河间张氏,有三子,长曰蒙,皇秘书省正字,次曰潭,

---

[1]《续集》元和 044。
[2]《续集》咸通 081。
[3]《续集》咸通 083。

T10-1　唐咸通二年陇西李氏长女（招儿）墓志铭并序（《汇编》咸通002）

终冀州阜城县令，皆先夫人而殁。次曰瓒，前成德军节度副使、银青
光禄大夫、检校右散骑常侍、兼御史大夫、知恒州大都督府事。……
夫人一子前左金吾卫兵曹参军济，次瓒之下。[1]

————

[1]《续集》元和008。

又如,在咸通年间的《唐故集贤直院官荣王府长史程公墓志铭并序》记载道,墓志主程修己先娶夫人叶氏,有子三人;后娶石氏,有女二人。可见,从墓志材料来推测唐代妇女的生育率并不是完全不可能的。

在已发表的六千篇唐墓志铭中,2 916 篇男性墓志铭提到墓志主有子女,占男性墓志总数的 65%;849 篇女性墓志铭提到墓志主有子女,占女性墓志总数的 54%(参见表 10.1"唐墓志铭记载子女的比例";图 10.1-3 唐墓志铭记载子女、儿子、女儿的比例)。相对来说,墓志中提及生育率以及其子女性别的要少一些。1 579 份男性墓志铭提到墓志主生有儿子,占男性墓志数的 35%;618 份提到女儿,占男性墓志数的 14%。517 份女性墓志铭提到墓志主生有儿子,占女性墓志总数的 33%;315 份提到女儿,占女性墓志总数的 20%。提及子女及其性别的比例显然随着时代的发展而越来越高。比如,到了唐代晚期,87% 的男性墓志铭以及 71% 女性墓志铭提到子女;80% 的男性墓志铭以及 62% 女性墓志铭提到儿子,58% 的男性墓志铭以及 47% 女性墓志铭提到女儿。

表 10.1 唐墓志铭记载子女的比例 *

| A | B | C1 | C2 | D1 | D2 | D3 | E1 | E2 | E3 |
|---|---|---|---|---|---|---|---|---|---|
| 时代 | 墓志数 | 提及子女墓志数 | 在B列中的比例 | 提及儿子墓志数 | 在B中的比例 | 在C1中的比例 | 提及女儿墓志数 | 在B中的比例 | 在C1中的比例 |
| **初唐** | | | | | | | | | |
| 男性墓志 | 1 899 | 953 | 50% | 243 | 13% | 25% | 16 | 1% | 2% |
| 女性墓志 | 571 | 202 | 35% | 51 | 9% | 25% | 10 | 2% | 5% |
| **盛唐** | | | | | | | | | |
| 男性墓志 | 1 003 | 707 | 70% | 327 | 33% | 46% | 42 | 4% | 6% |
| 女性墓志 | 309 | 184 | 60% | 96 | 31% | 52% | 43 | 8% | 23% |

| A | B | C1 | C2 | D1 | D2 | D3 | E1 | E2 | E3 |
|---|---|----|----|----|----|----|----|----|----|
| 时代 | 墓志数 | 提及子女墓志数 | 在B列中的比例 | 提及儿子墓志数 | 在B中的比例 | 在C1中的比例 | 提及女儿墓志数 | 在B中的比例 | 在C1中的比例 |
| **中唐** | | | | | | | | | |
| 男性墓志 | 897 | 713 | 79％ | 555 | 62％ | 78％ | 252 | 28％ | 35％ |
| 女性墓志 | 345 | 249 | 72％ | 177 | 51％ | 71％ | 121 | 35％ | 49％ |
| **晚唐** | | | | | | | | | |
| 男性墓志 | 511 | 443 | 87％ | 410 | 80％ | 93％ | 297 | 58％ | 67％ |
| 女性墓志 | 301 | 214 | 71％ | 188 | 62％ | 88％ | 140 | 47％ | 65％ |
| **全唐** | | | | | | | | | |
| 男性墓志 | 4 478 | 2 916 | 65％ | 1 579 | 35％ | 54％ | 618 | 14％ | 21％ |
| 女性墓志 | 1 560 | 849 | 54％ | 512 | 33％ | 60％ | 315 | 20％ | 37％ |

*　在男性墓志铭中,468份没有提及墓志主的死亡年代。在这468份墓志铭中,101份提及子女。在女性墓志铭中,34份墓志没有提及墓志主的死亡年代,其中,2份提及子女。

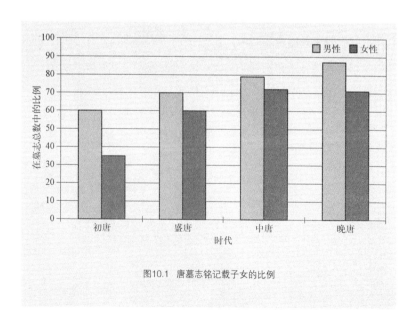

图10.1　唐墓志铭记载子女的比例

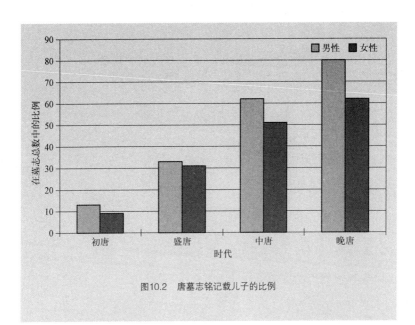

图10.2　唐墓志铭记载儿子的比例

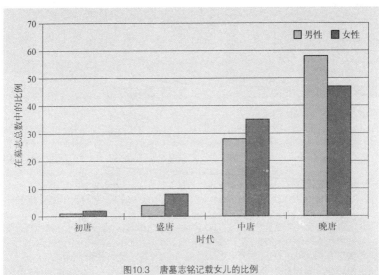

图10.3　唐墓志铭记载女儿的比例

这些图表及统计数字反映出一个非常明显的现象：随着社会的发展,唐人生活的重心逐渐地转移到了家庭内部,而子女地位的提高正是这种家庭中心的意识的反映。唐墓志铭所反映出来的这一变化是与唐代贵族、文人的渐趋内向化及私情化相吻合的。[1]

唐代夫妇平均有多少孩子？唐墓志铭中的记录为我们推测其平均数提供了基数。如果完全按照墓志铭的记载来计算的话,一个唐代妇女一生分娩 3.34 次,而唐代男性一生平均生有 3.84 个孩子。但是这些数字显然是不准确的,因为许多墓志铭只记儿子而不记女儿。如果我们假设唐代的出生性别比在 105 至 106 之间的话[2],那么每个男性的家庭平均有两个女儿未在墓志铭的记录中,每个母亲平均有 1.43 个女儿未在记录之内(见表 10.2 "唐代墓志铭所未记录的女儿")。如果我们将记载儿子与记载女儿的墓志分开后再计算其平均值的话,那么,唐代妇女平均生育 2.45 个儿子,2.03 个女儿,也就是说,妇女的平均生育率在 4.48 次;但是如果按 105—106 的出生

[1] 比如,美国学者宇文所安(Stephen Owen)指出,自中唐起,文学作品非常明显地反映了唐文人的自我意识(self-awareness)以及对私人生活(private life)的欣赏与赞美。参见宇文所安《中国中世纪之终结——中唐文人文化论文集》。又如麦大维(David L. McMullen)指出,安史之乱之后,国家(朝廷)在唐文人生活中的地位越来越不重要,由此导致了中唐以后的文人的自我意识的发展。参见麦大维《唐代的国家与文人》(State and scholars in T'ang China),剑桥大学出版社 1988 年版。
[2] 人口学家及人类学家普遍认为,自然的出生性别比应当在 105 与 106 之间。因为女孩的存活率比男孩的高,女性的平均寿命也比男性的长,这一比率使得在一个社会中男女成年结婚的性别比率正好在 100 左右。参见维萨里亚(Pravin M. Visaria)《登记相对完整的国家及地区出生性别比》(Sex ratio at birth in territories with a relatively complete registration),《优生季刊》(Eugenics quarterly)第 14 卷(1967)第 2 期,第 132—142 页。

性别比来计算的话,那么妇女的平均生育率当在 4.77 左右(见表 10.3"唐代生育率估测";图 10.4"唐代生育率估测示意图")。

表 10.2 唐代墓志铭所未记录的女儿

| 时代 | 墓志中平均子女数 | 平均子女数估测 * | 未记录的女儿数 |
|---|---|---|---|
| **初唐** | | | |
| 男性 | 3.06 | 5.67 | 2.57 |
| 女性 | 2.6 | 5.28 | 2.64 |
| **盛唐** | | | |
| 男性 | 3.28 | 6.04 | 2.72 |
| 女性 | 3.23 | 5.06 | 1.8 |
| **中唐** | | | |
| 男性 | 4.07 | 6.02 | 1.91 |
| 女性 | 3 | 4.24 | 1.21 |
| **晚唐** | | | |
| 男性 | 4.45 | 5.69 | 1.2 |
| 女性 | 3.89 | 5.1 | 1.17 |
| **全唐** | | | |
| 男性 | 3.84 | 5.88 | 2 |
| 女性 | 3.34 | 4.81 | 1.43 |

* 平均子女数估测来自平均儿子数加上同等数的 94.5%。

表 10.3 唐代生育率估测

| 时代 | 墓志中平均子女数 | 平均子女数估测 1 * | 平均子女数估测 2 * | 平均儿子数 | 平均女儿数 |
|---|---|---|---|---|---|
| **初唐** | | | | | |
| 男性 | 3.06 | 4.64 | 5.63 | 2.89 | 1.75 |
| 女性 | 2.6 | 4.44 | 5.24 | 2.69 | 1.75 |
| **盛唐** | | | | | |
| 男性 | 3.28 | 5.44 | 6.00 | 3.08 | 2.36 |
| 女性 | 3.23 | 4.63 | 5.03 | 2.58 | 2.05 |

| 时代 | 墓志中平均子女数 | 平均子女数估测 1* | 平均子女数估测 2* | 平均儿子数 | 平均女儿数 |
|---|---|---|---|---|---|
| **中唐** | | | | | |
| 男性 | 4.07 | 5.6 | 5.98 | 3.07 | 2.53 |
| 女性 | 3 | 3.96 | 4.21 | 2.16 | 1.8 |
| **晚唐** | | | | | |
| 男性 | 4.45 | 5.28 | 5.65 | 2.9 | 2.38 |
| 女性 | 3.89 | 4.76 | 5.06 | 2.6 | 2.16 |
| **全唐** | | | | | |
| 男性 | 3.84 | 5.43 | 5.84 | 3 | 2.43 |
| 女性 | 3.34 | 4.48 | 4.77 | 2.45 | 2.03 |

　　* 平均子女数估测 1 为平均儿子数与平均女儿数的总和。平均子女估测数 2 为平均儿子数加同等数字 94.5%。此外,初唐时期的平均女儿数没有包括两份与同时期材料相差甚大的墓志,一篇是《唐故东光县主神道碑铭》(全唐文卷 319);另一篇是《纪国先妃陆氏碑》(全唐文卷 992)。前者记载了墓志主生有 10 男 10 女,后者记载了墓志主生有 6 男 8 女。统计学中将这类与同时期平均值相差很大的资料称为"线外数"(outlier)。

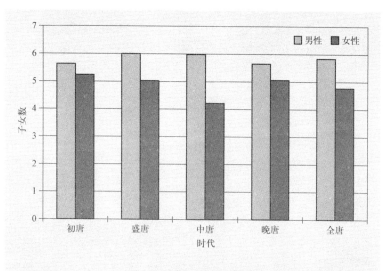

图10.4　唐代生育率估测示意图

与唐以后的妇女生育率及其他前现代社会的妇女生育率相比，唐代妇女生育率(4.77)并不高。据西方学者的研究，宋代妇女一生平均怀孕近 10 次，生育 6.1 个子女[1]，清妇女平均生育 5 至 6 个孩子[2]。达德斯(John W. Dardess)曾对现存明代江西泰和的 464 篇墓志铭做统计，他的结论是明代男性平均生有 4.58 个子女，女性平均生育 3.93 个子女。达德斯的统计数字特别低是因为他并没有将因早亡而未记录在墓志铭中的子女或在墓志中未提及女儿的因素包括在他的统计数之内。[3]

在古希腊，贵族妇女往往使用避孕方法甚至打胎来减少生育率，但她们一生平均怀孕 6 次，平均有 4.23 个存活的孩子。[4] 据路易斯(Judith Schneil Lewis)对 1731—1834 年间英国贵族妇女的研究，英国贵族妇女平均生育 7.5 个孩子，如果夫妇双方在妻子 5 岁之后都健在的话，其妻子的生育率超过 8 次。[5] 而弗兰德林(Jean-Louis

---

[1] 见伊沛霞《内闱：宋代妇女的婚姻和生活》，第 172 页。

[2] 见刘翠溶《1650—1850 年间浙江萧山的两个宗族的人口统计》(The Demography of Two Chinese Clans in Hsiao-shan, Chekiang, 1650 – 1850)，收录于汉利(Susan B. Hanley)、沃尔夫(Arthur P. Wolf) 编《东亚史中的家庭与人口》(Family and population in East Asian history)，斯坦福大学出版社 1985 年版第 28、31 页；李中清 (James Z. Lee)、王丰 (Wang Feng)《四分之一的人类：马尔萨斯神话与中国的现实》(One quarter of humanity：Malthusian mythology and Chinese reality)，哈佛大学出版社 1991 年版，第 85 页。

[3] 见达德斯(John W. Dardess)《一个明代的社会——十四至十七世纪的江西泰和》(A Ming society：Tai-ho county, Kiangsi, fourteenth to seventeenth centuries)，加利福尼亚大学出版社 1997 年版，第 81 页。

[4] 见迪曼德《古典希腊的生育、死亡、与母性》，第 21 页。

[5] 见路易斯(Judith Schneil Lewis)《家道 —— 1760 至 1860 年间英国贵族的生育》(In the family way：childbearing in the British aristocracy, 1760 – 1860)，路特格斯大学出版社 (Rutgers University Press)1986 年版，第 6 页。

Flandrin)对十五世纪的法国社会的调查则发现十五世纪时法国贵族妇女平均生养 11 个子女。[1]

　　唐朝,尤其是初唐与盛唐阶段,素以中国历史之鼎盛阶段著称,除了社会稳定、经济发达等条件之外,唐代社会还提供其他一些对妇女生育特别有利的条件,比如,唐皇室大力鼓励百姓早婚多生;唐朝的妇产科渐趋成熟[2];而且贵族家庭一般都雇佣乳母以使夫人们在分娩后能尽快怀上孕。[3]但是为什么唐代的贵族妇女的生育率会低于唐以后各代以及前现代的其他社会呢?[4]

　　唐代贵族妇女生育率低的原因之一是妻妾制的存在。[5]就唐

---

[1] 弗兰德林(Jean-Louis Flandrin)著、瑟程(Richard Southern)译《过去的家庭——氏族、家庭与性》(Families in former times: kinship, household and sexuality),剑桥大学出版社 1979 年版。

[2] 在孙思邈的《备急千金药方》中,"求子"被列为妇人方中的首要题目。见《备急千金药方》卷 2,上海古籍出版社 1991 年版,第 36—43 页。

[3] 美国学者夏费侠莉指出,雇佣乳母在中国贵族家庭中非常普遍,因为,"中国丈夫和婆婆发现乳母为尽快恢复性关系及尽早使媳妇怀孕提供了可能性"。参见费侠莉《清代中国的怀孕、分娩和婴儿期观念》(Concepts of pregnancy, childbirth, and infancy in Ch'ing Dynasty China),《亚洲研究杂志》第 46 辑(1987)第 1 期,第 23 页。孙思邈的《千金药方》也专辟章节讨论乳母的角色(见《备急千金药方》卷 9"少小婴孺·择乳母法",上海古籍出版社 1991 年版,第 134 页)。这种雇佣乳母以提高生育率的现象在前现代英国也存在过。比如,芬雷(Roger Finlay)指出,在十六至十七世纪的伦敦,富人区的妇女生育率比其他居民区要高得多,而这一高生育率完全是建立在将婴儿寄养在乳母家的结果。见芬雷《人口与大都市——1580—1650 年间的伦敦的人口统计》(Population and metropolis: the demography of London 1580 - 1650),剑桥大学出版社 1981 年版,第 133—146 页。

[4] 在《四分之一的人类——马尔萨斯神话与中国的现实》一书中,李中清与王丰提出,中国人的生育率一直低于同时代的西方社会,这一现象是由中国社会的三个人口机制造成的:一、第一胎与婚礼之间的间隔长;二、停止性生活早、三、两胎之间的间隔长。见《四分之一的人类——马尔萨斯神话与中国的现实》,第 88—90 页。

[5] 达德斯也曾提到过妻妾制与生育率低的关系,据他的研究,元明时期男性贵族平均有 1.47 个妻妾。见《一个明代的社会》,第 91 页。

墓志铭中的子女状况来看,贵族男性的子女数明显地比女性高。这是因为男性娶妾的普遍使得女性在增大生育率上处于劣势。正如著名经济学家、诺贝尔奖获得者贝克(Gary S. Becker)在《家庭论》中所证明的,一个丈夫的妻妾越多,他的妻妾的生育率就越低。[1]

从唐代具备"完全生育能力"(Completed fertility,在人口统计学中,"完全生育能力"指夫妇双方在妻子四十五岁生日之际都健在的婚姻)者的墓志来看,男性墓志所记载的平均子女数与女性墓志所记载的平均子女数显然不相等。这说明妻妾制(而不是再婚)是造成这一差额的原因之一。从墓志材料来看,具备完全生育能力者的唐代男性平均有 3.05 个儿子及 2.26 个女儿,而具备完全生育能力者的女性则生育 2.59 个儿子和 2.36 个女儿。如果按 105.5 的出生性别比来计算的话,那么,具备完全生育能力男性的子女数当在 5.94,具备完全生育能力者的女性的子女数当在 5.04(见表 10.4"唐代具备完全生育能力者的生育率"),其差别近乎一个子女。

表 10.4　唐代具备完全生育能力者的生育率*

| | 墓志中的子女数 | 子女数估测 1 | 子女数估测 2 | 平均儿子数 | 平均女儿数 |
|---|---|---|---|---|---|
| 男性 | 3.69 | 5.31 | 5.94 | 3.05 | 2.26 |
| 女性 | 4.09 | 4.95 | 5.04 | 2.59 | 2.36 |

　*　在男性具备完全生育能力者的墓志中,173 篇墓志记载了子女,其中 166 篇记录了儿子,53 篇记录了女儿。在女性具备完全生育能力者的墓志中,33 篇提及子女,其中 32 篇记录了儿子,22 篇记录了女儿。

[1] 见贝克(Gary S. Becker)《家庭论》(A treatise on the family),哈佛大学出版社 1993 年版,第 44 和 48 页。

女性长期守寡是造成唐代贵族妇女生育率低的另一个原因。虽然唐代社会并不过分渲染从一而终的儒教贞节观,但是由于佛教的渗透,许多贵族妇女在丈夫死后往往"摈绝尘俗,虔归净土"[1],甚至有不少出家为尼。比如,广明年间的《唐故信州怀玉山应天禅院尼禅大德塔铭并叙》记载道,墓主大德善悟曾嫁与高阳许公,并生有二男。丈夫死后,她"剃发受具为比丘尼":

尼大德讳善悟,俗姓王,广陵人也。幼挺端庄,长全真淑,笄移天于高阳许公讳实,凡二十年而先逝。男二人:寇七、海客,皆沐过庭之训,敦节义之风。大德以宿殖胜缘,冥符会证,爰因持读,遂洁薰修,乃造双峰师问禅那之旨。师知其根性无伦,说无法之法。既而妙果玄通,道眼斯得,因请剃发受具为比丘尼。既服忍衣,乃传心法。一百八之烦恼,仰戒日以霜消;五十五之圣阶,乘智身而海越。心心绝迹,念念离尘,去留不碍于浮云,生死是同于逆旅。解劫波巾结,一六俱亡;曜圆镜智光,大千周遍。由刹那顷,洞十方空。用寂照而不疲,驭实乘而无退,山尘海劫,定惠长圆,斯为尽道之极耳。以禅寂之余,经行云壑,思游净域,奄弃幻身,以乾符六年九月六日归寂于信州怀玉山应天禅院,享龄四十三,道腊有二。遗令火焚,从拘尸城之制也。[2]

————————

[1]《续集》景云 005。
[2]《汇编》广明 002。

与妇女丧偶之后多选择守寡的情况相反,唐代男性可能会选择终身作和尚,但很少有会选择丧偶之后终身不娶的。比如,咸通年间的《唐故银青光禄大夫检校户部尚书使持节郓州诸军事守郓州刺史充天平军节度郓曹濮等州观察处置等使御史大夫上柱国弘农郡开国公食邑二千户河南杨公墓志铭并序》记载道,墓主杨汉公在婚前就有一子(杨思愿),结婚后,他的夫人郑氏"生二子:曰筹,曰范"。郑氏死后,再娶韦氏,"生二子:曰符,曰篆",韦氏还为他生了一个女儿。除了以上这些子女外,杨汉公又有"别四女"及"别七子"。[1] 墓志中记载婚姻次数最多是大中年间的《唐故曹府君夫人荥阳郑氏墓志铭并序》。郑氏的丈夫竟"前后凡经五娶"。[2]

因女性守寡而造成的低生育率在墓志铭统计中有明显的反映。比如,当我们将统计生育率的墓志来源扩大到包括所有 45 岁以上墓主的话,男性墓志主与女性墓志主之间子女估测数的差别要比具完全生育能力者的差别大(见表 10.5 "唐代四十五岁以上男女性生育率")。换句话说,除了娶妾之外,在唐代,男性的再婚率比女性的再婚率要高。男性再婚的必然结果是夫妇之间的年龄差别比双方都是初婚的差别要大,这又使得继娶的妻子的受孕概率相应减低,因为她的丈夫已不再是精力旺盛的年轻人了,而且更有可能是,他在她四十五岁生日之前就已去世。

---

[1]《续集》咸通 008。
[2]《续集》大中 067。

表 10.5 唐代四十五岁以上男女性生育率*

| | 墓志中的子女数 | 子女数估测1 | 子女数估测2 | 平均儿子数 | 平均女儿数 |
|---|---|---|---|---|---|
| 男性 | 3.93 | 5.54 | 5.96 | 3.06 | 2.48 |
| 女性 | 3.45 | 4.6 | 4.95 | 2.54 | 2.06 |

 * 在所有四十五岁以上的男性的墓志中,1 316篇提到子女,其中1 247篇记录了儿子,498篇记录了女儿。351篇四十五岁以上的女性的墓志提到了子女,其中,记录儿子的有336篇,记录女儿的有179篇。

　　唐代女性生育率低的第三个原因是,在育龄期间死去的女性的比例高。正如笔者在本章第二节"生育"中提出的,唐代女性的死亡年龄有两个高峰,第一个高峰与女性育龄的高峰正相吻合。唐代女性在二十多岁时死去的往往只有两三个孩子。比如,在大和年间的《唐故将仕郎试恒王府兵曹参军兼充大内上阳宫医博士城阳郡成公墓志铭并序》中,墓主成璘前后曾有过三次婚姻,三位夫人均早亡,她们平均生育了2.33个孩子,她们的死因很可能与生育有关。这篇墓志写道:

　　公讳璘,蒲州人也。……夫人曰清河张氏,少亡。有三子,大曰建,次曰章,小曰偓,去宝历初年,相次身亡。次夫人曰赵郡李氏,少亡。有一男,名曰文会。见习上代之业,充大内上阳宫医博士。性气敦厚,忠孝具全。次夫人曰陇西李氏,早亡,有二男一女。大男曰简,次曰振。女适陈氏,少亡。[1]

[1]《续集》大和031。

又如,在大中年间的《唐故高阳许府君墓志铭并序》中,墓志主许挚去世时仅 44 岁,他前后结婚四次,前三位早亡的妻子各生育一个孩子,第四个妻子没有生育:

> 府君讳赟,字执中,其先高阳人。……以大中六年七月十日终于望幸乡之私第,享年卌四。府君凡四娶良偶。初徐氏,生男一人,名元宗;次王氏,生女一人,名德娘;次媲朱氏,育女一人,名定娘。不幸三夫人先府君之终。其继范氏,凤雍妇道,克谐内仪,试女训男,义方德□备也。[1]

这篇墓志并没有记录许赟结婚时的年龄。如果我们假设他在 26 岁(唐代男性的平均结婚年龄)结婚并为他的三位妻子各服丧三年的话,那么他的三位妻子前后大约都在结婚后的三年之内去世。可以想象,因产而亡可能是导致她们婚后不久就去世的主要原因。

## 子女性别比

本节对唐代生育率的估测是建立在婴儿出生时的性别比率为105.5 的基础上,但是正如表 10.1 "唐墓志铭记载子女的比例"、表

---

[1]《续集》大中 033。

10.2"唐代墓志铭所未记录的女儿",以及图 10.3"唐墓志铭记载女儿的比例"所显示的,唐墓志铭记载中所反映的性别比率是极不平衡的(见表 10.6"唐代性别比"),虽然这种情况随着朝代的发展有所减缓,但直至唐末,其比例还是远远高于自然的出生性别比。如果我们将记载儿子与记载女儿的墓志分开后再计算其平均值的话(见表10.6"唐代性别比"中"男女性别比率 1"栏),那么,唐代的平均性别比在 121(女性墓志)与 123(男性墓志)之间。但是,如果我们用儿子的总数及女儿的总数来计算的话,唐代的性别比率竟高达 196(女性墓志)与 316(男性墓志)之间。

表 10.6　唐代性别比

| 时代 | 平均儿子数 | 平均女儿数 | 男女性别比率 1 | 儿子总数 | 女儿总数 | 男女性别比率 2 |
|---|---|---|---|---|---|---|
| **初唐** | | | | | | |
| 男性 | 2.89 | 1.75 | 165 | 725 | 28 | 2 589 |
| 女性 | 2.69 | 1.75 | 154 | 137 | 32 | 428 |
| **盛唐** | | | | | | |
| 男性 | 3.08 | 2.36 | 131 | 1 008 | 99 | 1 018 |
| 女性 | 2.58 | 2.05 | 126 | 284 | 88 | 323 |
| **中唐** | | | | | | |
| 男性 | 3.07 | 2.53 | 121 | 1 706 | 638 | 267 |
| 女性 | 2.16 | 1.8 | 120 | 382 | 218 | 175 |
| **晚唐** | | | | | | |
| 男性 | 2.9 | 2.38 | 122 | 1 187 | 706 | 168 |
| 女性 | 2.6 | 2.16 | 120 | 486 | 302 | 161 |
| **全唐*** | | | | | | |
| 男性 | 3 | 2.43 | 123 | 4 759 | 1 506 | 316 |
| 女性 | 2.45 | 2.03 | 121 | 1 255 | 641 | 196 |

* "全唐"的子女数包括了没有明确记载年代的墓志。

　　唐代墓志所反映的性别比率的不平衡说明了什么？它是不是生女不养的结果呢？据李贞德的研究，自汉代至隋代，"生子不举"的现象在史书中多有记载。[1]而宋代以来的溺女婴的习俗，也是历史学家经常提到的一个现象。[2]但是，关于唐代"生子不举"的记载却很难找到。《新唐书》记载道，高祖之子巢王李元吉出生时，"太穆皇后恶其貌，不举，侍媪陈善意私乳之"。[3]《朝野佥载》提道："广平宋察娶同郡游昌女。察先代胡人也，归汉三世矣。忽生一子，深目而高鼻，疑其非嗣，将不举。"[4]但是，唐史中唯一的一个杀女婴的可靠记载是武则天为陷害王皇后而毙女于衾下的故事。[5]而且正如李贞德所指出的，"生子不举"并不是只不举女儿，自古以来，因经济或迷信的原因而杀儿子的现象也很常见。[6]可见，即使唐代存在"生子不举"习俗的话，也不应是性别比异常的主要原因。

　　美国学者达德斯(John W. Dardess)曾对明时期江西泰和县墓志中的性别比作过详细探讨。据他的统计，在1279—1644年间，当地的贵族男性共生有985个儿子、555个女儿，其性别比是177；贵族女性生育了281个儿子、155个女儿，其性别比是181。达德斯认为，墓志中的这种性别比的不平衡是有两个原因造成的：第一是许多墓志

[1]李贞德《汉隋之间的"生子不举"问题》，《"中研院"历史语言研究所集刊》，第66本(1995)，第三分，第747—810页。
[2]见刘静贞《杀子与溺女——宋人生育问题的性别差异》，《中华民国历史学会史学集刊》第26卷(1994)，第99—106页。
[3]《新唐书》卷79《巢王李元吉传》。
[4]《朝野佥载》卷5。
[5]《新唐书》卷76《则天武皇后传》。
[6]李贞德《汉隋之间的"生子不举"问题》。

只记载儿子,不记载女儿;第二个原因是墓志故意避免记载出为妾的
女儿。[1]唐墓志中所反映的性别比的不平衡可能也是由这两个原
因造成的。比如,在唐墓志铭中,只记儿子而不记女儿的墓志铭是要
比只记女儿不记儿子的墓志铭多四倍以上(见表 10.7"唐墓志铭中记
录单性后代的状况")。如果我们假设单性后代的概率男女接近于相
等的话,那么,至少有四分之三的只记儿子唐墓志铭完全忽略了女儿
的存在。达德斯所提出的第二个观点似乎也是唐墓志中性别比不平
衡的原因,唐墓志铭虽然有许多是为妾而写的,但是,平民墓志中提
到女儿为妾的非常罕见。

表 10.7　唐墓志铭中记录单性后代的状况

|        | 没有女儿的墓志主 | 没有儿子的墓志主 |
|--------|-----------------|-----------------|
| 男性墓志 | 1 080           | 251             |
| 女性墓志 | 242             | 50              |

　　墓志铭中的性别比不平衡在一定程度上反映了所谓的"曲弗斯-
威拉德模式"(Trivers-Willard Model)。在 1973 年发表的《父母亲改
变后代性别比的自然选择的能力》一文中,罗勃特 L. 曲弗斯(Robert
L. Trivers)以及 D. E. 威拉德 (D. E. Willard)提出,为了保持自己的
社会地位,父母亲往往会对"繁殖成功"(Reproductive success)可能
性高的性别有偏好并有意识地或无意识地调整后代的性别比。比
如,在传统的父系社会中,父母的社会地位往往传给儿子,那么对社

[1]达德斯(John W. Dardess)《一个明代的社会》(A Ming Society),第 82—90 页。

会地位高的父母来说,儿子越多就越有利。相反地,对社会地位低的父母来说,女儿越多就越有利,因为女儿往往能嫁到比自己社会地位高的家庭。[1] 自从曲弗斯与威拉德提出这一创见后,许多学者对此作了补充性和实验性的研究,也有学者以种种实例(特别现代社会的父母地位与子女的性别比)向这一模式挑战,但是,几乎所有的学者都承认"曲弗斯-威拉德模式"具有一定的合理性,特别是在研究传统的等级社会时。[2]

如果"曲弗斯-威拉德模式"在唐贵族中确实存在的话,那么,最好的例证可能就是唐皇室后代的性别比了。据《唐书》记载,自高祖至昭宗,唐皇室共有231个太子、210个公主(见表10.8"唐代皇帝的子女状况"),其性别比为110,它远低于唐墓志铭中的比率,但却高于105—106的正常比率。虽然我们没有确切的证据来断言(除了武则天杀死自己的亲生女儿外)唐皇室从没有"生女不举"的事例,但我们也很难想象皇后妃子会愿意放弃成为公主之母的机会。由此推测,《唐书》中所反映的唐皇室性别比(110)当接近于实际情况。

[1] 曲弗斯 (Robert L. Trivers)赫威拉德 (D. E. Willard)《父母亲改变后代性别比的自然选择的能力》(Natural selection of parental ability to vary the sex ratio of offspring),见美国《科学》(Science) 第 179 期(1973),第 90—92 页。
[2] 关于曲弗斯-威拉德模式及后人的研究的讨论,参见拉扎若斯(John Lazarus)《人类的性别比——适应与机制、难题与前景》(Human sex ratios: adaptations and mechanism, problems and prospects),收于哈迪 (Ian C. W. Hardy) 编《性别比-概念及研究方法》(Sex ratios: concepts and research methods),剑桥大学出版社 2002 年版,第 287—313 页。

表 10.8　唐代皇帝的子女状况

| 皇　帝 | 儿子数 | 女儿数 |
|---|---|---|
| 高祖 | 22 | 19 |
| 太宗 | 14 | 21 |
| 高宗 | 8 | 3 |
| 中宗 | 4 | 8 |
| 睿宗 | 6 | 11 |
| 玄宗 | 30 | 29 |
| 肃宗 | 14 | 7 |
| 代宗 | 20 | 18 |
| 德宗 | 11 | 11 |
| 顺宗 | 27 | 11 |
| 宪宗 | 20 | 18 |
| 穆宗 | 5 | 8 |
| 敬宗 | 5 | 3 |
| 文宗 | 2 | 4 |
| 武宗 | 5 | 7 |
| 宣宗 | 11 | 11 |
| 懿宗 | 8 | 8 |
| 僖宗 | 2 | 2 |
| 昭宗 | 17 | 11 |
| 总数 | 231 | 210 |

我们可以因此进一步推测,除了只记录儿子而不记录女儿或不记录出嫁为妾的女儿的情况之外,“曲弗斯-威拉德效应”(Trivers-Willard Effects)也有可能是墓志铭中的性别比不平衡的原因。

# 嗣子、过继子女

在世界史上,父系的传承可以粗分两大类,一类是财产与社会地位只传给长子,另一类是所有的儿子都有继承权。在第二类情况里,大多数的父系氏族社会给予长子更高的地位、更多的财产,中国历史上存在已久的宗法制可以说是这种偏好长子的典型表现。中国的父系传承的另外一个明显的特征是强调嫡庶的区分。正如褚遂良在谏唐太宗时所说的:

圣人尊嫡卑庶,谓之储君,故用物不会,与王共之,庶子不得为比,所以塞嫌萌,杜祸源。先王制法,本诸人情,知有国家者必有嫡庶,庶子虽爱,不得过嫡子。如当亲者疏,当尊者卑,则私恩害公,惑志乱国。[1]

依据三礼的传统,《唐律疏议·户婚》详细规定了立嫡的规则及相应的处罚:

立嫡者,本拟承袭。嫡妻之长子为嫡子,不依此立,是名"违法",合徒一年。"即嫡妻年五十以上无子者",谓妇人年五十以上,不复乳育,故许立庶子为嫡。皆先立长,不立长者,亦徒一年,故云"亦如之"。依令:"无嫡子及有罪疾,立嫡孙;无嫡孙,以次立嫡子同母弟;无母弟,立庶子;无庶子,立嫡孙同母弟;无母弟,立庶孙。曾、玄以下准此。"[2]

[1]《新唐书》卷80《太宗九王》。
[2]《唐律疏议》卷12,第158条。

唐代社会基本上遵从这种以嫡长子为尊的继承制度。比如，开成年间的右神策军正将陈士栋在未婚之前即"有子三人，曰宗敬、宗直、宗楚"，后聘娶"扶风班氏女，淑姿懿范，衣冠之华贵也。生子曰宗峻、宗师"。班氏死后，陈士栋又经三娶。但陈士栋的墓志明确提到他的"嗣子"是嫡妻所生的长子陈宗峻。[1]

　　但是，正如本书第五章第二节"妾、别宅妇、侍婢"所提到的，由于唐代妾的地位比唐以前高，所以，唐墓志铭中并不十分强调子女的嫡庶长幼之分。如果嫡子年龄幼小而庶子已成人的话，以庶长子为尊的情况也时有发生。如大中年间由中书舍人毕諴撰写的《唐故朝请大夫尚书刑部郎中上柱国范阳卢府君墓志铭并序》写道，墓志主卢就（字子业）"娶荥阳郑氏，先君而殁。有男一人曰扃，始成童。又别男四人，女三人。长曰乔，贤而有文学，始应进士，已知名；次曰宪、曰重、曰陵；长女嫁赵郡李义挹，寻终；两人皆小"。[2] 这篇墓志暗示，卢就的丧事是由庶子卢乔办理的，由毕諴来主笔卢就的墓志也是卢乔的决定。卢乔本人书写了墓志，并署名"长男孤子乔泣血书"。

　　唐代还有不少墓志铭将所有的儿子都列为嗣子。如在开元年间的《唐故大中大夫使持节青州诸军事青州刺史上柱国荥阳郑公墓志铭并序》中，墓志主郑谌（字叔信）娶杨氏，有六子：元一、贞一、太一、志一、兴一、今一。其中"贞一早亡，余实就养"。在墓志中，所有六子

---

[1] 见《故紫金光禄大夫检校太子詹事守右神策军正将兼殿中侍御史上柱国颍川郡开国公食邑二千户墓志铭并序》，《汇编》开成 033。

[2]《汇编》大中 064。

均被称为"嗣子"。[1] 又如,在同时期的《大唐故可左监门卫将军上柱国白府君墓志铭并序》中,墓志主白知礼娶刘氏,有嗣子五：万湜、光玉、如玉、奇玉、进玉。[2] 再如,咸通年间的《唐故曹府君及夫人南阳张氏合祔墓志铭并序》称墓志主曹惟政与张夫"嗣子有二：长曰幼澄、次曰敬初"。[3] 这种在嗣子选择上的灵活松动在唐代的其他文献中也有反映。向群先生曾著文探讨唐代二十五道有关继嗣问题的判文,他指出,虽然有些判文坚定地维护了"立嫡以长,不唯其贤"的礼法原则,但是,认为立嗣应考虑到"德行",可以行"权益"之道的也大有人在。向群先生指出,唐代士人对继嗣问题的热衷以及在这一问题上的灵活态度反映了唐代社会的文化发展的多元性与开放性。[4]

然而,在立嗣问题上最令唐人焦虑的是"无嗣"。显然,这是一个因生育率低而造成的社会问题,其对策是"养子"。《唐律》立则道：

准令："自无子者,听养同宗于昭穆合者。"若违令养子,是名"违法"。即工、乐、杂户,当色相养者,律、令虽无正文,无子者理准良人之例。[5]

---

[1]《汇编》开元412。
[2]《汇编》开元415。
[3]《续集》咸通036。
[4] 向群《略论唐判所见唐礼法中的继嗣问题》,见郑学檬、冷敏述主编《唐代文化研究论文集》,上海人民出版社1994年版,第463—474页。
[5]《唐律疏议》卷4,第36条。《唐律疏议》卷6,第52条称"养同宗子"的母亲为"若养者",其地位与母亲相同。

养同宗子为嗣是唐人"养子"中最普遍的,比如,开元年间的《唐衡州刺史束府君故夫人太原郡君王氏墓志铭并序》是由王氏的继子束渐撰写的,这篇墓志明确讲到王氏是作者束渐伯父的妻子,束王两人"无子储",因而选束渐为"继子"。在墓志中,束渐形容自己"惭仲容之为侄,痛伯道之无儿,号叫靡从,可谓至矣"。[1]宝历年间的《太中大夫使持节房州诸军事房州刺史上柱国魏县开国子卢府君志铭并序》深切地反映了墓志主卢全操"无子继绝"的悲哀。所幸的是,卢氏"从祖昆弟百人",卢全操的嗣子是他"元昆枝子"。这篇墓志写道:

　　君讳全操,字全操……以开元廿三年五月七日遘疾,终于官舍,春秋五十有四。夫人弘农杨氏。无子继绝,呜呼哀哉! 初公出于北齐黄门之昭也,范阳公子立,及公五世,从祖昆弟百人,衣冠半天下,可谓积庆矣。夫钟无疆之庆,而身绝之,悲夫! 夫人所以趋道楸德,乐生顺命,谓死而为归者,以皇天有福善之应,生可上中之寿,死获鬼神之依。今跃马之年,不登耳顺;彩服之养,未展膝下,庙食血祀,无子孙之凭,华屋委而莫游,佳城闭而永绝,此识者所以留恸也。噫嘻! 昔人有谓曾参浩浩而致眉寿,观公之敦尤洁廉,素履沉绰,有近之矣。爵在通列,贵为专城,珍玩不御,嫔妾不序,闺门之间,未尝忤意,亦可谓厚德矣。而寿止于此,终以无胤,岂皇天所谓报应乎? 噫! 螽斯之咏,有不然乎? 且大道之行,父不哭子,哭而不哀者,斩之极也。今送

--------

[1]《汇编》开元502。

终之哀,往而莫返,犹母之声,不其两伤欤? 内外之会葬执绋失声流
涕者千数,不唯临丧是为,亦有感于斯夫!

嗣子仲容,公之元昆枝子也。孝存锡类,义董承家,作为涂刍,俾
备灵物。以开元廿三年岁次乙亥九月癸丑朔十八日庚午迁窆北邙平
乐原,礼也。[1]

《唐律》中提到嗣子选择当在"嫡妻年五十以上无子"后决定,但
一个更常见的情况可能是但嫡妻尚未过五十但丈夫已死。比如在宝
历年间的《唐故青州户曹参军京兆韦府君墓志铭并序》中,墓志主韦
挺在"宝历元年(825)六月廿三日因宦殁于北海郡,享年五十六"。他
一生无子,只有两个女儿:"长曰映娘,年未龆龀,幼曰户户,尚居褓
褓。"从女儿的年龄来看,他的嫡妻柏氏当还年轻。韦挺的家族显然
一手操办了韦挺的后事:韦挺的长兄韦㧑决定,他自己的中子韦行
宣"可为继嗣";然后,韦挺的"嗣子行宣、长弟㩵、幼弟操、犹子仲谔
等,以宝历二年正月廿二日筮地归葬于京兆长安县义阳乡高阳之原
先茔"。[2]

除了养"同宗于昭穆合者"外,以外族子为嗣的情况也不少。比
如,在开元年间的《维大唐相州林虑县故处士张君墓志铭并序》中,墓
志主张余死于开元二十五年(737),时年 60 岁。他的妻子马氏死于
开元二十六年(738),年 65 岁。张、马两人"少无子息,养侄为男,褓

<hr/>

[1]《汇编》开元 421。
[2]《续集》宝历 006。

裸门建,家承胤子".[1] 但侄子的名字是马嘉意与马罗汉,可见他们俩是马氏的侄子而不是同宗的张姓后代。

李中清、王丰在《四分之一的人类》一书中指出,中国人口史的一个很大的特征是领养继子习俗的长期存在。据二人的统计,在各个不同的历史时期,约有十分之一到百分之一的子女是在继养的父母家长大。此外,在中国社会中,领养的子女往往已不是婴儿,有的甚至是成人。[2] 与之相反,在欧洲近代史中,领养子女几乎闻所未闻。而在现代欧洲社会中,领养子女的比例最高的在百分之一左右,低的在千分之一左右,而且领养的子女往往是婴儿。[3] 中国社会的养子习俗表明,中国家庭的领养目的是为了保证世系的传袭,所以"养同宗子"往往是在确定"无子"时才进行,而"同宗子"(特别是侄子)既是在"无嗣"的情况下与养父血缘、世系最接近者。同时,"养同宗子"又确保了家族财产不外流。正如王晓丽指出的,在唐代,"正是深深植根于人们头脑之中的宗法观念,为养子继嗣这种拟制血亲形式提供了理论基础",然而,拟制血亲关系在唐代的普及又给宗法制度本身造成了的冲击。[4]

总而言之,唐代妇女平均约生育五个子女,远低于世界史上其他社会中的妇女生育率。这个现象是与唐代男性娶妾、女性守寡,以及

---

[1]《续集》开元 161。
[2] 见李中清、王丰《四分之一的中国》,哈佛大学出版社 1999 年版,第 8—9 页。
[3] 参见杰克·戈迪《欧洲的家庭与婚姻的发展》(The development of the family and marriage in Europe),剑桥大学出版社,1983 年版。
[4] 王晓丽《唐五代拟制血亲研究》,《中国社会历史评论》第 1 卷。

女性因产而亡比例之高紧密相关的。此外，从唐墓志铭中记载子女状况的比例来看，中唐以后，唐人对子女的注重超过了初唐和盛唐时代，这个倾向反映了唐代士族的家庭观念的内向化。与之同步的则是唐代宗法观念的渐趋松动，以庶长子为尊、诸子并立为嗣，以及养子为嗣等，都是这一趋向的反映。

# 参考书目

## 中　文

《十三经注疏》,〔清〕阮元校刻,中华书局,1980 年版。

《二十二子》,浙江书局汇刻,上海古籍出版社,1986 年版。

《诸子集成》,中华书局,1986 年版。

《汉书》,〔汉〕班固撰,中华书局,1974 年版。

《后汉书》,〔南朝宋〕范晔撰,中华书局,1979 年版。

《三国志》,〔晋〕陈寿撰,中华书局,1979 年版。

《北史》,〔唐〕李延寿撰,中华书局,1974 年版。

《旧唐书》,〔后晋〕刘昫等撰,中华书局,1975 年版。

《新唐书》,〔宋〕欧阳修、宋祁撰,中华书局,1975 年版。

《新五代史》,〔宋〕欧阳修撰,中华书局,1974 年版。

《宋史》,〔元〕脱脱等撰,中华书局,1977 年版。

《唐会要》,〔宋〕王溥撰,上海古籍出版社,1991 年版。

《资治通鉴》,〔宋〕司马光撰,中华书局,1978 年版。

《大戴礼记解诂》,王聘珍撰,中华书局,1988 年版。

《大唐开元礼》,〔唐〕徐坚、萧嵩等撰,民族出版社,2000 年版。

《唐律疏议》,〔唐〕长孙无忌等撰,中华书局,1983 年版。

《千金要方》,〔唐〕孙思邈撰,四库全书本。

《外台秘要》,〔宋〕王焘撰,人民卫生出版社,1982 年版。

《列女传》,〔汉〕刘向撰,四库全书本。

《唐五代笔记小说大观》,上海古籍出版社编,上海古籍出版社,2000 年版。

《太平广记》,〔宋〕李昉等撰,中华书局,1978 年版。

《说郛》,〔元〕陶宗仪、陶珽撰,上海古籍出版社,1988 年版。

《万历野获编》,〔明〕沈德符撰,中华书局,1988 年版。

《南部新书》,〔宋〕钱易撰,丛书集成新编本,台北新文丰出版公司,1985
　　年版。

《出三藏记集》,〔南朝梁〕僧佑撰,中华书局,1955 年版。

《全唐诗》,〔清〕彭定求等编,中华书局,1979 年版。

《全唐文》,〔清〕董诰等编,中华书局,1983 年版。


毛春翔《古书版本常谈》,中华书局,1962 年版。

《长沙马王堆一号汉墓》,文物出版社,1973 年版。

傅乐成《汉唐史论集》,台湾联经出版社,1977 年版。

陈寅恪《金明馆丛稿初编》,上海古籍出版社,1980 年版。

陈寅恪《金明馆丛稿二编》,上海古籍出版社,1980 年版。

陈寅恪《元白诗笺证稿》,上海古籍出版社,1980 年版。

黄永武主编《敦煌宝藏》,台北新文丰出版社,1981 年版。

潘重规《敦煌变文集新书》,中国文化大学中文研究所,1983 年版。

半坡博物馆《西安半坡》,文物出版社,1985 年版。

陈东原《中国妇女社会史》,台湾商务印书馆,1986 年版。

卓遵宏《唐代进士与政治》,台北编译馆,1986 年版。

徐锡台《周原甲骨文综述》,三秦出版社,1987 年版。

王书奴《中国娼妓史》,三联书店,1988 年版。

高世瑜《唐代妇女》,三秦出版社,1988 年版。

李玉珍《唐代的比丘尼》,台湾学生书局,1989 年版。

陈鹏《中国婚姻史稿》,中华书局,1990 年版。

赵超《汉魏南北朝墓志汇编》,天津古籍出版社,1990 年版。

向淑云《唐代婚姻法与婚姻实态》,台北商务印书馆,1991 年版。

马大正《中国妇产科发展史》,陕西科学教育出版社,1991 年版。

周绍良、赵超《唐代墓志汇编》，上海古籍出版社，1992 年版。

鲍家麟编《中国妇女史论集续集》，台湾稻香出版社，1991 年版。

中国唐代学会编辑委员会《唐代文化研讨会论文集》，台北文史哲出版社，
　　1991 年版。

郑学檬、冷敏述主编《唐代文化研究论文集》，上海人民出版社，1994 年版。

叶骁军《中国墓葬历史图鉴》，甘肃文化出版社，1994 年版。

黄征、吴伟《敦煌愿文集》，岳麓书社，1995 年版。

蔡希勤《中国墓葬文化》，中国城市出版社，1995 年版。

周一良、赵和平《唐五代书仪研究》，中国社会科学出版社，1995 年版。

廖美云《唐妓研究》，台湾学生出版社，1995 年版。

费省《唐代人口地理》，西北大学出版社，1996 年版。

牛志平《唐代婚丧》，西北大学出版社，1996 年版。

盛维忠等《精选中医妇科名著》，中国中医药出版社，1996 年版。

朱歧群《周原甲骨研究》，台湾学生出版社，1997 年版。

郑志敏《细说唐妓》，台湾文津出版社，1997 年版。

黄征、张涌泉《敦煌变文校注》，中华书局，1997 年版。

李斌城、李锦绣、张泽咸等《隋唐五代社会生活史》，中国社会科学出版社，
　　1998 年版。

《赵守俨文存》，中华书局，1998 年版。

郝春文《唐后期五代宋初敦煌僧尼的社会生活》，中国社会科学出版社，1998
　　年版。

高国藩《敦煌俗文化学》，上海三联书店，1999 年版。

王宇信、杨升南《甲骨学一百年》，中国社会科学出版社，1999 年版。

丘古耶夫斯基《敦煌汉文文书》第三部分，中译本，上海古籍出版社，2000
　　年版。

于平《中国历代墓志选编》，天津古籍出版社，2000 年版。

周绍良、赵超《唐代墓志汇编续集》，上海古籍出版社，2001 年版。

汪盼玲《中国婚姻史》，上海人民出版社，2001 年版。

项阳《山西乐户研究》，文物出版社，2001 年版。

段塔丽《唐代妇女地位研究》，人民出版社，2002 年版。

张国刚《佛学与隋唐社会》,河北人民出版社,2002年版。

项楚、郑阿财《新世纪敦煌学论集》,巴蜀书社,2003年版。

邓小南主编,高世瑜、荣新江副主编《唐宋女性与社会》,上海辞书出版社,2003年版。

王桐龄《唐宋时代妓女考》,《史学年报》第1辑(1929)第1期。

毛汉光《敦煌唐代氏族谱残卷之商榷》,《"中研院"历史语言研究所集刊》第43本(1971)第2分。

王玉波《中国婚礼的产生与演变》,《历史研究》1990年第4期。

李贞德《汉隋之间的"生子不举"问题》,《"中研院"历史语言研究所集刊》第66本(1995)第3分。

李贞德《汉唐之间医书中的生产之道》,《"中研院"历史语言研究所集刊》第67本(1996)第2分。

李贞德《汉唐之间求子医方试探——兼论妇科滥觞与性别论述》,载《"中研院"历史语言研究所集刊》第68本(1997)第2分。

陈弱水《试探唐代妇女与本家的关系》,《"中研院"历史语言研究所集刊》第68本(1997)第1分。

焦杰《从唐墓志看唐代妇女与佛教的关系》,《陕西师范大学学报》2000年3月第1期。

傅永聚、马林涛《论唐代的母训文化》,《烟台师范学院学报·哲社版》2000年第1期。

郑阿财《二十世纪敦煌学的回顾与展望——中国大陆篇》,《汉学研究通讯》第19卷(2000)第2期。

杜文玉《唐代宦官婚姻及其内部结构》,《学术月刊》2000年第6期。

张国刚《二十世纪隋唐五代史研究的回顾与展望》,载《历史研究》2001年第2期。

孙亦平《论道教女仙崇拜的特点——从杜光庭的〈墉城集仙录〉谈起》,《中国道教》2001年第1期。

李素萍《从道教成仙修炼看女性之地位》,《中国道教》2001年第3期。

荣新江、徐俊《唐蔡省风编〈瑶池新咏〉重研》,《唐研究》第七卷(2001)。

王育龙、程蕊萍《陕西西安新出土唐代墓志铭五则》,《唐研究》第七卷(2001),
　　第 446 页。
苏士梅《从墓志看佛教对唐代妇女生活的影响》,《史学月刊》2003 年第 5 期。

# 西　文

Abu-Lughod, Lila. 1986. *Veiled Sentiments: Honor and Poetry in a Bedouin Society*. Berkeley: University of California Press.

————. 1993. *Writing Women's World: Bedouin Stories*. Berkeley: University of California Press.

Adamek, Wendi. 2003. "Inscriptions for Nuns at Lingquan Temple, Bao Shan." In Deng Xiaonan, Gao Shiyu, and Rong Xinjiang, eds. , *Tang Song nüxing yu shehui*. Shanghai: Shanghai cishu chubanshe.

Barrett, Timothy H. 1996. *Taoism Under the T'ang: Religion and Empire during the Golden Age of Chinese History*. London: Wellsweep Press.

Becker, Gray S. 1993. *A Treatise on the Family*. Cambridge: Harvard University Press.

Birrell, Anne. 1993. *Chinese Mythology: An Introduction*. Baltimore: Johns Hopkins University Press.

Cahill, Suzanne. 1993. *Transcendence & Divine Passion: The Queen Mother of the West in Medieval China*. Stanford: Stanford University Press.

————. 2003. "Resenting the Silk Robes that Hide Their Poems: Female Voices in the Poetry of Tang Dynasty Daoist Nuns. " In Deng Xiaonan, Gao Shiyu, and Rong Xinjiang, eds. , *Tang Song nüxing yu shehui*. Shanghai: Shanghai cishu chubanshe.

Ch'en Kenneth. 1973. *The Chinese Transformation of Buddhism*. Princeton: Princeton University Press.

Cole, Alan. 1998. *Mothers and Sons in Chinese Buddhism*. Stanford: Stanford University Press. Cooper, Eugene, and Meng Zhang. 1993. "Patterns of Cousin Marriage in Rural Zhejiang and in *Dream of the Red*

*Chamber.*" *Journal of Asian Studies* 52. 1: 90 – 106.

Dardess, John W. 1997. *A Ming Society: Tai-ho County, Kiangsi, Fourteenth to Seventeenth Centuries.* Berkeley: University of California Press.

Delaney, Carol. 1991. *The Seed and the Soil: Gender and Cosmology in a Turkish Village Society.* Berkeley: University of California Press.

Demand, Nancy. 1994. *Birth, Death, and Motherhood in Classic Greece.* Balitimore: Johns Hopkins University Press.

Demiéville, Paul. 1994. "Philosophy and Religion from Han to Sui." In Denis Twitchett, and Michael Loewe, eds. , *The Cambridge History of China.* Vol. 1. Cambridge: University of Cambridge Press.

Ebrey, Patricia Buckley. 1978. *The Aristocratic Families of Early Imperial China: A Case Study of the Po-ling Tsui Family.* Cambridge: Cambridge University Press.

————. 1985. "T'ang Guides to Verbal Etiquette." *Harvard Journal of Asiatic Studies* 42. 2: 581 – 613.

————. 1991. "Shifts in Marriage Finance from the Sixth to the Thirteenth Century." In Rubie S. Watson, and Patricia Buckley Ebrey eds. , *Marriage and Inequality in Chinese Society.* Berkeley: University of California Press.

————. 1993. *The Inner Quarters: Marriage and the Lives of Chinese Women in the Sung Period.* Berkeley: University of California Press.

Eyde, David B. , and Paul M. Postal. 1961. "*Avunculocality* and Incest: the Development of Unilateral Cross-cousin Marriage and Crow-Omaha Kinship Systems." *American Anthropologist* 63: 747 – 771.

Faure, Bernard. 1998. "Voice of Dissent: Women in Early Chan and Tiantai." *Chan wenhua yanjiu jiyao* 24: 25 – 66.

Finlay, Roger. 1981. *Population and Metropolis: The Demography of London* 1580 – 1650. Cambridge: Cambridge University Press.

Flandrin, Jean-Louis. 1976. *Families in Former Times: Kinship,*

*Household and Sexuality*. Richard Southern trans. Cambridge: Cambridge University Press.

Forte, Antonino. 1976. *Political Propaganda and Ideology in China at the End of the Seventh Century*. Napoli: Istituto Universitario Orientale.

Freedman, Maurice. 1958. *Lineage Organization in Southeastern China*. Lundon: Athlone Press.

Furth, Charlotte. 1987. "Concepts of Pregnancy, Childbirth, and Infancy in Ch'ing Dynasty China." *Journal of Asian Studies* 46. 1: 7 - 35.

————. 1999. *A Flourishing Yin: Gender in China's Medical History, 960—1665*. Berkeley: University of California Press.

Gallin, Bernard. 1963. "Cousin Marriage in China." *Ethnology* 2: 104 - 108.

Gélis, Jacques. 1991. *History of Childbirth*. Rosemary Morris trans. Boston: Northeastern University Press.

Goody, Jack. 1983. *The Development of the Family and Marriage in Europe*. Cambridge: Cambridge University Press.

———— and Stanley J. Tambiah. 1973. *Bridewealth and Dowry*. Cambridge: Cambridge University Press.

Guisso, R. W. L. 1978. *Wu Tse-T'ien and the Politics of Legitimation in T'ang China*. Bellingham: Western Washington University.

Gulik, Robert Hans van. 1961, *Sexual Life in Ancient China: A Preliminary Survey of Chinese Sex and Society from Ca. 1500 B. C. Till 1644 A. D.* Leiden: E. J. Brill.

Holy, Ladislav. 1989. *Kinship, Honour, and Solidarity: Cousin Marriage in the Middle East*. Manchester: Manchester University Press.

Hong, Wu, and Qiang Ning. 1999. "Paradise Images in Early Chinese Art." In Janet Baker, ed. , *The Flowering of a Foreign Faith: New Studies in Chinese Buddhist Art*. Mumbai: Art Media Resources.

Johnson, David. 1977a. *The Medieval Chinese Oligarchy*. Boulder: Westview Press.

_____. 1977b. "The Last Years of a Great Clan: the Li Family of Chao-chun in the Late T'ang and Early Sung. " *Harvard Journal of Asiatic Studies* 37. 1: 5 – 102.

Katz, S. H. , and D. F. Armstrong. 1994. "Cousin Marriage and the X-chromosome: Evolution of Longevity and Language. " In Douglas E. and Ralph M. Garruto, eds. , *Biological Anthropology and Aging: Perspectives on Human Variation over the Life Span.* Cambridge: Cambridge University Press.

Larson, Jeanne Louse. 1983. "The Chinese Poet Hsueh T'ao: The Life and Works of A Mid-T'ang Woman. " (Dissertation) University of Iowa.

Lazarus, John. 2002. "Human Sex Ratios: Adaptations and Mechanism, Problems and Prospects. " In Ian C. W. Hardy, ed. *Sex Ratios: Concepts and Research Methods.* Cambridge: Cambridge University Press.

Leavitt, Judith. 1986. *Brought to Bed: Childbearing in America 1750 – 1950 ).* Oxford University Press.

_____. 1999. *Women and Health in America: Historical Readings.* Madison: University of Wisconsin Press.

Lee, James Z. , and Wang Feng. 1991. *One Quarter of Humanity: Malthusian Mythology and Chinese Reality.* Cambridge: Harvard University Press.

Lee, Jender. 1993. "The Life of Women in the Six Dynasties. " *Funü yu liangxing xuekan* 4: 47 – 80.

Lévi-Strauss, Claude. 1969. *Elementary Structures of Kinship.* Boston: Beacon Press.

Levy, Howard. 1963 – 1964. "The Gay Quarters of Chang'an. " *Orient /West* 8. 5: 121 – 128; 8. 6: 115 – 122; 9. 1: 103 – 110.

_____. 1971. *Translations from Po Chü-i's Collected Works.* New York: Paragon Book Reprint Corp.

Lewis, Schneil Judith. 1986. *In the Family Way: Childbearing in the*

*British Aristocracy*, 1760 – 1860. New Brunswick: Rutgers University Press.

————. 1998. "'Tis a Misfortune to be a Great Lady': Maternal Mortality in the British Aristocracy, 1558 – 1959." *The Journal of British Studies* 37. 1: 26 – 53.

Liu, Tsui-jung. 1985. "The Demography of Two Chinese Clans in Hsiao-shan, Chekiang, 1650 – 1850." In Susan B. Hanley and Arthur P. Wolf, eds. , *Family and Population in East Asian History*. Stanford: Stanford University Press.

Loewe, Michael. 1979. *Ways to Paradise: the Chinese Quest for Immortality*. London: Allen & Unwin.

————. 1982. *Chinese Ideas of Life and Death: Faith, Myth and Reason in Han Period (202 BC – AD 200)*. London: Allen & Unwin.

Maynes, Mary Jo, and Ann Waltner. 2001. "Women's Life-cycle Transitions in a World-historical Perspective: Comparing Marriage in China and Europe." *Journal of Women's History* 12. 4: 11 – 21.

McMullen, David L. 1988. *State and Scholars in T'ang China*. Cambridge: Cambridge University Press.

Murdock, George. 1957. "World Ethnographic Sample." *American Anthropologist* 59: 664 – 687.

Ottenhimer, Martin. 1992. *Modeling Systems of Kinship 3. 0*. Dubuque: William C. Brown Press.

Needham, Joseph. 1973. *Science and Civilization in China*. Cambridge: Cambridge University Press.

Owen, Stephen. 1996. *The End of the Chinese 'Middle Ages': Essays in Mid-T'ang Literary Culture*. Stanford: Stanford University Press.

Pasternak, Burton. 1976. *Introduction to Kinship and Social Organization*. Englewood Cliffs: Prentice Hall.

————, Carol R. Ember, and Melvin Ember. 1996. *Sex, Gender, and Kinship: A Cross-cultural Perspective*. Englewood Cliffs: Prentice

Hall.

Rosenfeld, Henry. 1957. "An Analysis of Marriage Statistics for a Moslem and Christian Arab Village. " *International Archives of Ethnography* 48: 32 - 62.

Rotours, Robert des. 1968. "Courtisanes Chinoises à la fin des T'ang. " *Bibliothèque de l'Institut des Hautes Etudes Chinoises* 22. Paris: Presses Universitaires de France.

Schofield, Roger. 1986. "Did the Mothers Really Die? Three Centuries of Maternal Mortality in the World We Have Lost". In Lloyd Bonfield, Richard M. Smith, and Keith Wrightson, eds. , *The World We Have Gained: Histories of Population and Social Structure*. New York: Blackwell Publishers.

Scott, Joan W. 1986. "Gender: A Useful category of Historical Analysis. " *American Historical Review* 91. 5: 1053 - 1075.

Teiser, Stephen F. 1988a. "'Having Once Died and Returned to Life': Representations of Hell in Medieval China. " *Harvard Journal of Asiatic Studies* 48. 2: 433 - 464.

————. 1988b. *The Ghost Festival in Medieval China*. Princeton: Princeton University Press.

————. 1994. *The Scripture on the Ten Kings and the Making of Purgatory in Medieval Chinese Buddhism*. Honolulu: University of Hawaii Press.

Telford, Ted A. 1992a. "Family and State in Qing China: Marriage in the Tongcheng Lineage, 1650 - 1880. " In Institute of Modern History, Academia Sinica, eds. , *Family Process and Political Process in Modern Chinese History*, vol. 2. Taibei: Institute of Modern History, Academia Sinica.

————. 1992b. "Covariates of Men's Age at First Marriage: the Historical Demography of Chinese Lineages. " *Population Studies* 46. 1: 19 - 35.

Tosh, John. 2002. *The Pursuit of History: Aims, Methods and New Directions in the Study of Modern History*. London: Longman.

Trivers, Robert L. and D. E. Willard. 1973. "Natural Selection of Parental Ability to Vary the Sex Ratio of Offspring. " *Science* 179: 90 - 92.

Tung, Jowen R. 2000. *Fables for the Patriarchs: Gender Politics in Tang Discourse*. Lanham: Rowman & Littlefield.

Twitchett, Denis. 1973 " The Composition of T'ang Ruling Class: New Evidence from Tunhuang. " In Arthur F. Wright, and Denis Twitchett, eds. , *Perspectives on the T'ang*. New Haven: Yale University Press.

Visaria, Pravin M. 1967. "Sex Ratio at Birth in Territories with a Relatively Complete Registration. " *Eugenics Quarterly* 14. 2: 132 - 142.

Weiner, Annette B. 1988. *The Trobrianders of Papua New Guinea*. Austin: Holt, Rinehart and Winston.

Weinstein, Stanley. 1987. *Buddhism Under the T'ang*. Cambridge: Cambridge University Press.

Xiong, Victor. 1999. "Ji-entertainers in Tang Chang'an. " In Sherry Mou, ed. , *Presence and Presentation: Women in the Chinese Literature Tradition*. New York: St. Martin's Press.

Yao, Ping. 2002a. "Pleasure as Status: Courtesans and Literati Connection in Tang China (618 - 906). " *Journal of women's history* 14. 2: 26 - 53.

————. 2002b. "Until Death Do They Unite: Afterlife Marriages in Tang China, 618 - 906. " *Journal of Family History* 27. 3: 207 - 226.

————. 2003. "Compromised Aspirations: Tang Women's Life during the Era of the Persecution of Buddhism. " *E-Journal of Asian Studies on the Pacific Coast* 2003 http://mcel. pacificu. edu/easpac/2003/yao. php3

Yü, Ying—shih. 1964 - 1965. "Life and Immortality in the Mind of Han China. " *Harvard Journal of Asiatic Studies* 25: 80 - 122.

————. 1981. "New Evidence on the Early Chinese Conception of Afterlife — A Review Article. " *Journal of Asian Studies* 41. 1: 81 - 85.

————. 1987. "'O Soul, Come Back!' A Study in the Changing Conceptions of the Soul and Afterlife in Pre-Buddhist China. " *Harvard Journal of Asiatic Studies* 47. 2: 363 - 395.

# 唐朝年号表

| 皇　帝 | 年　号 | 元　年 | 末　年 |
| --- | --- | --- | --- |
| 高祖 | 武德 | 618 | 626 |
| 太宗 | 贞观 | 627 | 649 |
| 高宗 | 永徽 | 650 | 656 |
| | 显庆 | 656 | 661 |
| | 龙朔 | 661 | 663 |
| | 麟德 | 664 | 666 |
| | 乾封 | 666 | 668 |
| | 总章 | 668 | 670 |
| | 咸亨 | 670 | 674 |
| | 上元 | 674 | 676 |
| | 仪凤 | 676 | 679 |
| | 调露 | 679 | 680 |
| | 永隆 | 680 | 681 |
| | 开耀 | 681 | 682 |
| | 永淳 | 682 | 683 |
| 中宗 | 弘道 | 683 | 684 |
| | 嗣圣 | 684 | 704 |
| 睿宗 | 文明 | 684 | 684 |
| (周)武则天 | 光宅 | 684 | 684 |
| | 垂拱 | 685 | 688 |
| | 永昌 | 689 | 690 |
| | 载初 | 690 | 690 |
| | 天授 | 690 | 692 |
| | 如意 | 692 | 692 |

| 皇　帝 | 年　号 | 元　年 | 末　年 |
|---|---|---|---|
| | 长寿 | 692 | 694 |
| | 延载 | 694 | 694 |
| | 证圣 | 695 | 695 |
| | 天册万岁 | 695 | 695 |
| | 万岁登封 | 696 | 696 |
| | 万岁通天 | 696 | 697 |
| | 神功 | 697 | 697 |
| | 圣历 | 698 | 700 |
| | 久视 | 700 | 700 |
| | 大足 | 701 | 701 |
| | 长安 | 701 | 705 |
| 中宗 | 神龙 | 705 | 707 |
| | 景龙 | 707 | 710 |
| 少帝 | 唐隆 | 710 | 710 |
| 睿宗 | 景云 | 710 | 711 |
| 玄宗 | 太极 | 712 | 712 |
| | 延和 | 712 | 712 |
| | 先天 | 712 | 713 |
| | 开元 | 713 | 741 |
| | 天宝 | 742 | 756 |
| 肃宗 | 至德 | 756 | 758 |
| | 乾元 | 758 | 760 |
| | 上元 | 760 | 762 |
| 代宗 | 宝应 | 762 | 763 |
| | 广德 | 763 | 764 |
| | 永泰 | 765 | 766 |
| | 大历 | 766 | 779 |
| 德宗 | 建中 | 780 | 783 |
| | 兴元 | 784 | 784 |
| | 贞元 | 785 | 805 |
| 顺宗 | 永贞 | 805 | 805 |
| 宪宗 | 元和 | 806 | 820 |
| 穆宗 | 长庆 | 821 | 824 |

| 皇　帝 | 年　号 | 元　年 | 末　年 |
| --- | --- | --- | --- |
| 敬宗 | 宝历 | 825 | 827 |
| 文宗 | 大和 | 827 | 835 |
|  | 开成 | 836 | 840 |
| 武宗 | 会昌 | 841 | 846 |
|  | 大中 | 847 | 860 |
| 懿宗 | 咸通 | 860 | 874 |
| 僖宗 | 乾符 | 874 | 879 |
|  | 广明 | 880 | 881 |
|  | 中和 | 881 | 885 |
|  | 光启 | 885 | 888 |
| 昭宗 | 文德 | 888 | 888 |
|  | 龙纪 | 889 | 889 |
|  | 大顺 | 890 | 891 |
|  | 景福 | 892 | 893 |
|  | 干宁 | 894 | 898 |
|  | 光化 | 898 | 901 |
|  | 天复 | 901 | 904 |
| 哀帝 | 天佑 | 904 | 907 |

# 后 记

《唐代妇女的生命历程》终于完稿了。从我选择研究唐代妇女到完成此书的写作,十多年来,由于我不才,路走得很艰辛。如果没有众多学者、朋友和亲人的教诲和支持,我可能早就半途而废了。

首先,我要感谢我的恩师伊沛霞(Patricia Ebrey)教授。我于1990年赴美国伊利诺大学攻读文化人类学,当时伊沛霞师正在该校的历史学系执教,我修了她的《中国妇女史》课后,对她的学问和研究方式敬佩万分,便萌生了转学历史的念头。当时我的英语很差,既不敢在课堂上发言,也没能力与美国学生和教授们在课后交流,就连教授们布置的课后阅读也总完不成,但伊沛霞师还是答应收我做学生。从1992年秋正式转入历史系到1997年博士毕业,可以说我的每一步都是在伊沛霞师的扶持下走过来的。大至选择研究方向、设计博士课程、确定博士论文题目,小到英语用词的选择或某段史料的取舍,伊沛霞师总是非常耐心地点拨我、指导我。攻读历史博士这五年中,我个人生活的波动很大,伊沛霞师经常关切地对我说:如果你要有个人说话,任何时候都可以给我打电话。1997年5月,我的博士论文《白居易作品中的妇女、爱情与女性美》答辩通过,同时又得到了加州州立大学洛杉矶分校历史系的聘任,伊沛霞师特地请我去一个餐馆庆祝,我们俩都感到是打赢一场艰巨的战争。这年夏天,我到洛杉矶任职,伊沛霞师则接受了华盛顿大学的聘请而迁居西雅图。此后,她经常抽出时间来审阅我的文章,解答我的问题,提醒我最新的学术动态,她对我在学术和个人的成长上的教诲是我一生受用不尽的。

　　在写作博士论文的过程中,我对白居易及唐文人们为贵族妇女撰写的墓志铭非常感兴趣,很想依照伊沛霞师《内闱:宋代妇女的婚姻和生活》一书的模式写一本以墓志铭为核心材料的有关唐代妇女的专著。我的好友弗吉尼亚大学历史系的教授陈兼从上海讲学回美时送给我一套周绍良、赵超编的《唐代墓志汇编》,这便是我此书写作的开端。然而,加州州立大学教学任务和行政工作相当繁重,所以,只有放假的时候才有时间定下心来做自己的研究。我第一次认真阅读唐墓志铭是在 1998 年的暑假,同时开始将每篇墓志的内容输入数据库中。2002 年初,上海古籍出版社的吴旭民老师赠我《唐代墓志汇编续集》,我再将此书中搜集的墓志全部输入到我的库存中,并对所有的数据统计作了更新。虽然这项工程费时费力,但本书的写作能包括《续集》中的材料让我深感欣慰。

　　从 1999 年起,我的研究论文和学术报告基本以唐代墓志铭所见妇女生活为主题,这些论文和报告多被吸收在本书中。由于我才疏学浅,在阅读和理解墓志的过程中遇到过许多困难,经常求救于好友加州大学圣地亚哥分校的卢苇菁教授、华东师大的陈江教授、戴扬本教授等,他们无不耐心讲解,使我茅塞顿开。此外,加州大学圣地亚哥分校的柯素芝(Suzanne Cahill)教授、加州大学戴维斯分校的曼素恩(Susan Mann)教授和柏文莉(Beverly Bossler)教授、南加州大学的费侠莉(Charlotte Furth)教授、凡萨学院(Vassar College)的姜进教授、华东师大的刘善龄教授等分别审阅过我的论文,提出了许多有建设性的意见;华东师大的王家范教授以及苏州科技大学的叶文宪教授等对本书的章节安排提供了宝贵的建议。华东师大的马自毅教授与我同窗四年,相知莫逆,寻找资料、复印文章、购买书籍等事总是她一"马"当先,每每出师告捷。同窗好友学林出版社的张建一副总编仔细地阅读了全稿,使本书免去了许多错误。在此,我谨向他们表示最衷心的谢意。如果没有这些尊师挚友的帮助,这本书是不可能写成的。当然,书中一定还有不少错误和偏失,我当承担全部责任,并恳求诸位学者给予我批评和教导。

此外,我要借这个机会感谢我已故的父亲姚振泰。父亲虽不是书香门第出身,也从没有上过正规的大学,但他对知识和文化的向往近于崇拜,每以领会一件新事物而欣欣然。中年之际他竟自学成才而成为一名深受学生喜爱的职大电子学教师。1978年初,我从农场考入上海师范大学(现在的华东师范大学)历史系,成了我们家族中第一个大学生。父亲欢天喜地地请了亲朋好友来吃饭,席间还赠我一首他一生中唯一的诗作。从进师大到考入复旦历史系读硕士乃至赴美攻读人类学硕士和历史博士,父亲的榜样和他的勉励一直是我学术生涯中的一个动因。2001年春,父亲被诊断为癌症晚期,这一年及2002年的暑假我是在他身边度过的。我常常在他的写字台上读书、写作，而父亲则安静地坐在我身边看着。我想这大概是我们俩最希望的告别形式吧。

最后，我要感谢女儿任任和丈夫 Patrick。他们给我一个温馨的家，使我领悟到：能有安定的生活、做自己喜欢的研究，此生足矣。

姚平于洛杉矶